NEW PRACTICES OF
COMPENSATION INCENTIVE
BREAKING THROUGH PEOPLE EFFICIENCY DILEMMA

薪酬激励新实战
突破人效困境

孙晓平 季阳 —— 著

机械工业出版社
CHINA MACHINE PRESS

图书在版编目（CIP）数据

薪酬激励新实战：突破人效困境/孙晓平，季阳著 . —北京：机械工业出版社，2019.4
（2025.1 重印）

ISBN 978-7-111-62386-1

I. 薪… II.① 孙… ② 季… III. 企业管理 – 工资管理 – 研究 IV. F272.923

中国版本图书馆 CIP 数据核字（2019）第 056744 号

薪酬激励新实战：突破人效困境

出版发行：	机械工业出版社（北京市西城区百万庄大街 22 号 邮政编码：100037）
责任编辑：	冯小妹 责任校对：殷 虹
印　　刷：	固安县铭成印刷有限公司 版　　次：2025 年 1 月第 1 版第 12 次印刷
开　　本：	170mm×242mm　1/16 印　　张：22.25
书　　号：	ISBN 978-7-111-62386-1 定　　价：79.00 元

客服电话：(010) 88361066　68326294

版权所有 · 侵权必究
封底无防伪标均为盗版

赞　誉

张冬梅　金鹰国际集团　总裁助理

2018年，我们有机会邀请到孙晓平老师与我们分享有关人力资源专业的课程，从系统框架的阐述，到方法工具的运用以及生动翔实的案例，让我们团队的伙伴们收获满满。如今，诚合益团队用三年的时间著书立论，将薪酬激励体系从六个维度进行系统论述，并将方法工具的运用贯穿其中，同时又引入了典型的实施案例，帮助读者更好地理解与运用理论和模型。从与孙晓平老师的接触中，我们感受到这个团队的专业、专心与专注，相信这本书将给我们再次带来不同寻常的收获。

任明慧　东方购物　人力资源总经理

助力公司业务提升是我们人力资源每一次变革的核心，公司转型之际，如何通过搭建科学高效的绩效评价与激励系统真正实现价值创造、价值评价到价值分配的三者有机正向循环，是我们一直在思考探索的路径。这本书非常适时地给我们提供了战略、平衡、竞争、激励、成长、政策六大维度的框架与工具，并为我们体系变革设计与落地给出大量实证经验分享，值得反复阅读体会。

刘敏　三胞新零售产业集团人力企管总监

初识晓平老师，是在一场有关薪酬激励的分享会上，晓平老师朴实，但底蕴十足的授课风格给我留下了深刻的印象。历经三年，晓平老师的《薪酬激励新实战》一书即将问世，有幸作为第一批读者先行阅读，非常感动于晓平老师将他多年的积累毫无保留地呈现给读者，用他自己的话来说真的是一本"掏心掏肺"的书。书中阐述的薪酬激励问题都是我们在企业中真真切切实际经历的事，不免有种说到心坎上的感觉。对于致力于改善企业薪酬激励现状的读者来说，能有这样一本系统性、实操性、指导性十足的书来指点迷津一定会受益匪浅。

陆天祥　HR 江湖联合创始人 / 前阿吉豆总裁助理兼人力资源总经理

作为一名人力资源管理践行者，我一直在关注员工核心能力的持续提升、员工的价值与贡献和组织目标的达成，而系统、动态的薪酬激励是保障上述关注点有效落地的关键。

本书提炼出从战略、策略和方案三个层面设计企业薪酬激励体系。目前市场上能将薪酬激励理论和企业薪酬管理实战有效结合且通俗易懂、兼具工具和实战案例的书不多，如你希望在薪酬激励体系的搭建上有所启发和借鉴，我推荐诚合益三年用心打磨的原创书《薪酬激励新实战》。

戴一光　中国书房副董事长、原民营 500 强集团人资总监、资深管理专家

多年前，第一次读德鲁克《管理的实践》，对张瑞敏的一段推荐评语记忆尤深，他是这么说的——如果只读一本管理书，就读《管理的实践》。

今天，我将同样的话送给朋友们，如果只读一本薪酬激励书，就读《薪酬激励新实战》。

诚合益团队三年磨一剑，将他们在咨询行业赖以谋生的工具和方法和盘托出，本书不仅有大量绝对真实的实操案例，还系统地阐述了完整的薪酬激励逻辑框架和方法论体系。

毫无疑问，这是市面上独一无二的实操图书，很有可能成为经典，强烈推荐！

次次在给客户咨询和培训的交付成果上，不断地精益求精，超越期待，始终如一地坚持高标准，严要求。

新书《薪酬激励新实战》既是他十多年人力资源咨询的智慧结晶，也是团队稳扎稳打三年的坚实成果。

期待将满满的干货内容推荐给更多的企业管理者和人力资源专业领域的工作者，让更多的企业受益。

推荐序一

人力资源工作的诸多领域中，激励无疑是最为夺人眼球的课题。无论将人视为资源还是资本，使人的效用最大化始终是企业家的普遍追求。从管理学者到 HR 实践者，都将大量精力用在了对员工效能的研究上，其中对员工的薪酬激励，显然是提高员工效能的主要方法之一。

在员工激励领域，西方学者发展出了一系列管理理论和工具方法，从早期亚当·斯密的工资差别理论就开始显露激励差异化的端倪。现代薪酬激励理论则从心理学中大量获得灵感，将行为主义、认知学派的视角引入激励中，提出了期望理论、公平理论等，重视对员工最终感受的管理而不只是数字的分发。

但在中国的实践中，许多源自西方的理论工具都出现了一定程度的水土不服。尽管不会违背普遍的管理原理，但中国企业的人力资源管理在各个方面都有其独特的政策和人文环境。薪酬激励自然也不例外。当前中国环境下员工的需求特点是什么，怎样的分配方式才能最大化满足这些需求，这些需要中国的管理实践者给出属于自己的答案。

除此之外，究竟是以人为本还是以业务为中心，在思想界和实践界一直会有交锋。尽管"以人为本"的说法非常符合广大劳动者的期望，但企业实践中，这一期望在很多企业家心目中还是排在"以业务为中心"之下。这两种期望之间的矛盾，常常使薪酬体系的设计者陷入两难境地：一方面要考虑人工成本的效益，另一方面又要关注员工的感受，否则激励也可能变成刺激。

有幸读到《薪酬激励新实战》这本书，在上述两类问题上，它都进行了探索，并给出了可操作的方法体系。

本书主要作者孙晓平，从南京大学商学院本硕连读毕业后，在员工激励领域深耕十年，具有丰富的人力资源咨询和企业管理工作经验，理论积淀了自己深刻的见解，实践积累了突出的业绩。基于对其专业能力的信任与肯定，南京大学商学院、河海大学商学院多次邀请孙晓平讲授分享关于薪酬、绩效、股权等人员激励的内容。这本书正是基于他多个咨询项目和近百场课程分享经验沉淀而来的，结合了大量中国企业实例，为中国企业的薪酬激励提供了符合国情的设计框架。其中很多关于管理实操的建议，是他和他的同事们与企业管理者在共同探讨和实践中得到的，对中国企业的管理者和 HR 从业者有着很好的指导价值。

围绕企业家的业务中心思维，从对战略的支撑开始推导薪酬激励体系的搭建，也能最大限度解除企业家的疑惑。这本书提出的"六维动态薪酬激励模型"，第一个维度即是从战略需求出发，提出薪酬体系对战略形成支撑的关键要素。在不同的战略导向下，即使是完全相同的岗位，也会呈现出不同的激励需求。企业自身的独特环境，则会让同样的激励手段发挥出不同的效用。最后，岗位的内在属性也要求提供不同的激励方式。战略、企业和岗位，基于这三个因素制定的三类薪酬策略，从一开始就将整个薪酬体系的设计框定在为战略服务的目标下，可以说为后续其他维度的设计保障了源头的合理性。

随着"90 后"甚至"00 后"逐渐进入职场，成为骨干，在物质激励之外，直接对员工体验和活力管理，也成为一个热门话题。本书在完整的体系框架探索之外，对于类似的薪酬管理新趋势和激励中常见的两难话题，也进行了一定程度的探讨，例如薪酬究竟要不要保密等。这些对处于不同环境下的 HR 从业人员都有参考意义。

我推荐关心员工激励的企业负责人和 HR 从业者都来读一读这本书。

张正堂教授、博士生导师
南京大学商学院人力资源管理学系

推荐序二

我与本书作者之一孙晓平的初次接触,是因为我的一名学员在参加了他的薪酬设计课程之后,将这门课推荐给了我。彼时我正在打造布道教育的课程体系,这门课的出现恰逢其时,于是一拍即合,我便与晓平开始了从 2017 年至今的合作关系。

过去人们曾疑惑究竟怎样才能让员工感受到激励,让员工充满动力。许多人有种简单的看法:多发钱就行,或者搞好企业文化就好。然而企业实践表明,只是单一地侧重于某一个方面,作用甚微,有时甚至有害。直到 20 世纪 50 年代,行为科学家赫茨伯格提出了著名的激励—保健双因素理论,人们才拥有了关于员工激励比较正统而全面的视角,才意识到钱不是万能的,除了钱还得有其他因素,而且钱怎么发也很重要。对于一名员工而言,有些东西只能让他/她留下来,但不能保证他/她工作有动力,这种东西被称为保健因素;有些东西能让人充满激情,但却不一定能让人愿意留下来,这种东西被称为激励因素。许多人们认为是激励工具的事物,只能起到保健作用而已,而保健因素只会降低不满,只有激励因素才会产生高绩效。

这些众多因素中,广义的"薪酬"是少数兼具保健和激励两种效果的,可以说是最为基础、威力也最大的激励工具。一家企业的团队氛围、企业文化可以建设得很有魅力,具备强大的激励效果,但在媒体报道中最吸引员工眼球的新闻,永远是 xx 公司发出了大量的年终奖;在求职招聘时最受人关注的信息，永远是xx公司具备业内顶尖的薪酬水平。当然，并不是其他因素不重要，而是薪酬太重要。这也是为什么我在看到晓平的课程后，就发起了授课邀请——这门课正好补足了这个基于双因素理论的课程体系的重要一环。

如此重要的薪酬因素，该怎样去设计？培训市场上可以说是充满了各式各样的课程。我不去评价其他课程的优劣，但良好的薪酬体系设计课程应该具备什么特征，我想表达一下自己的看法。

首先是承接战略：忽视对战略支撑的薪酬体系，在运转过程中必然很快让人有无时不在的暗中掣肘之感——似乎大家都很重视战略，但似乎又总是没有意愿提供得力的支持。当然，对战略的支撑不仅需要薪酬体系，还需要其他管理工具。

其次是联结绩效：绩效管理与薪酬管理是互为因果的两块工作，没有绩效导向的薪酬发放是缺乏依据、缺乏合理性的；而没有薪酬依托的绩效，则是缺乏力度、流于形式的。

最后是可落地可实操：薪酬管理是门实践性极强的工作，理论与实践之间的差距很难通过聪明才智去弥补，需要丰富的工具、经验和具体建议去消除理论与实践的鸿沟，直接进入操作环节。

晓平的课显然做到了这三点。布道的课程体系里，晓平的课一直属于题材最硬、最难啃的课程之一，同时也是最受欢迎的几门课程之一。一门操作性比较强的课程能受到学员这样的认可，显然是因为课程内容的深度和实用度都十分到位。有了课程的表现和反馈做保障，我有信心基于其课程的这本书，也能给企业老板和人力资源工作者提供最为切实可靠的工具方法和操作建议。

张卫华（花名：欧德张）
原阿里巴巴资深人力资源经理（大政委），现布道教育创始人，
人人车SVP

前　言

本书的立项和写作前后历经了三年时间，在一个追求速度的快餐文化时代，花费这样的时间、精力写一本主题并不时髦热点的专业书，似乎不是一件高性价比的事。

而让习惯了碎片化阅读的现代读者坐下来慢慢学习这本书的理念、工具和实战案例，如果没有足够的理由，我相信也是很难做到的。所以，我想有三个问题必须要回答：

- 我们为什么要写这本书？
- 你为什么要读这本书？
- 你怎么读这本书？

我们为什么要写这本书

第一，现在该写

诚合益咨询成立三年多来始终专注人员激励领域的咨询，核心顾问的从业经验都在十年以上，主导过的管理咨询项目上百个。在这些项目中和项目外，我们被问到最多的问题都与薪酬激励相关。薪酬激励的重要性自然不用强调，但这样频繁被问及并不仅仅因为其重要性，更因为其复杂性。归根结底，薪酬是唯一联结"最追求效率的财务结果"和"最追求公平的人性感受"的事物，这种公平和效率的内在矛盾让大量企业在处理薪酬激励问题时充满困惑、纠结并常常掉落陷阱。

而新形势下，企业由粗放式的外生式增长转向精益化的内生式增长，再加上人力资本重要性愈加提升，让薪酬激励的复杂性问题更加突出。在这个时代，企业家们更要精打细算，一分钱花出两分钱的效果来，因此对薪酬激励的要求越来越精细和定制化。

在这种背景下，企业急需一个能解答大多数薪酬激励问题的完整体系。

第二，我们想写

这是一本掏心掏肺的书。

相信你读完这本书一定会回来给这句话点赞。如果不是因为格调不够高雅、听起来不够专业，我们本来想把书命名为《薪酬激励体系设计一本通》。因为根据我们对人力资源行业的深度了解，在设计框架完备性和实用性上能与这本书相比的薪酬激励类书籍，暂时还没有。

在现在这样信息泛滥的时代，很多知识、案例、方法、工具在网上都能找到，但问题是，网络资料缺乏逻辑框架的完整性，缺少案例的针对性。很多企业家和HR常在微博、公众号等渠道看到知名企业案例，精彩之处击节赞叹，恨不能立刻效仿。仔细思考之下却无奈放弃，因为企业情形不同，难以套用。缺少方法论框架指引的案例，对实操者而言比一本故事书好不到哪儿去。我们也经常能看到介绍工具方法的文章，可惜都是点状知识，背后逻辑、适用条件、成本风险一概不清，谨慎务实的人哪敢随意使用？

市面上已有的关于薪酬激励的书籍并没有解决这些问题，要么运用的还是一些陈旧的理论或工具，要么只是堆积了几个企业的个案解决方案。前者已经无法指引新形势下的企业应用，后者更是不能匹配企业的实际需求——甚至案例还不如网络上的丰富。

作为咨询顾问，我们在过去的成长过程中，其实吃够了资料不够系统和不够实用的苦，我们也特别希望有一本书能给读者提供薪酬激励体系设计的整体思考框架和方法论，并结合案例充分解读各种方法及适用场景，让读者在书中模型框架和方法流程的指导下，可以结合企业实际战略及业务场景，定制合理有效的解决方案。既然没有，那我们自己写。

坦率地说，一个把本书吃透的人，就已经具备了转型咨询顾问的专业技能和思维方式。所以我们说，这是本掏心掏肺的书。

第三，我们能写

这本书并不是凭空写出来的。

如果是为了一定要出一本书，我们可能不会这么晚才写出来，出书这件事对于品牌形象的塑造很有利，越早越有利。而基于我们在薪酬激励领域积累的经验，东拼西凑出一本质量还不错的书并不难。

但我们准备并打磨了三年。这三年间，我们的方法论体系和咨询案例陆续走进高校 MBA 课堂、大型集团企业 HR 条线培训班，同时我们自己持续开设了 30 多场公开课，以及 50 多次沙龙分享活动。在这些课程和分享中，我们经历了数千名学员的互动和建议反馈，课程内容也迭代数稿。无论哪一版的课程，都受到了学员们的高度肯定，很多人表示我们的课程实战性很强，可操作性很强，但因为课程时长限制，很难快速消化和应用学到的内容——如果能有本书就好了。好，现在有了。

这本书正是基于公开课和分享中千锤百炼的内容扩展而来的。

你为什么要读这本书

四大推荐理由

本书搭建的薪酬激励设计框架和方法论体系经过大量实战检验和论证，有四个理由让这本书成为薪酬激励领域的必读书。

（1）原创模型和框架

为了实现整体性、系统性这样的目标，我们精心总结和提炼构建了原创的"六维动态薪酬激励模型"，让整个薪酬体系设计过程清晰易懂，不再有秘密。同时，在每个模块中，我们都为读者梳理了完整的思考框架和选择逻辑，比如"六维薪酬诊断模型""薪酬策略定位模型""薪酬体系设计三要素""绩效奖金策略选择模型""动态定薪与调薪模型""激励期望模型""薪酬激励体系设计六步法"等，让读者可以结合企业实际场景合理选择和定制方案。

（2）沉淀于咨询实战

内容来自在全球范围内应用的成熟方法工具和中国本土近百个薪酬激励咨询实践案例的融合、提炼，兼具先进性和实用性。

（3）锤炼于培训分享

历经30多场公开课、50多场沙龙分享、两大高校MBA课堂，以及中国航天科工集团、人人车、丰盛集团、苏豪国际、金鹰集团等集团型企业内部培训，最终锤炼打磨出了本书核心框架和方法论。

（4）助力于专业实操

"授人以鱼，不如授人以渔"，让读者一步步掌握咨询顾问的思考框架和工具方法，同时结合丰富的案例，掌握大量实用工具、表单，以不变应万变，形成自己的软技能。

对老板、业务管理者与HR的价值

总的来说，阅读本书，你将获得：

- 系统性的流程，而不是碎片化的知识。
- 丰富的实战，而不是理论。
- 科学的方法，而不是方案。
- 严谨的思考模型，而不是个体案例。

- 咨询顾问的思维框架与工具方法。

当然，本书对于不同的人群也有不同的价值。

（1）对于老板

薪酬激励体系是企业的核心机制和顶层设计，通过本书的阅读（尤其是我们推荐的重点内容阅读），能够帮助你厘清关键思维，明确企业薪酬激励策略，为 HR 搭建相关体系提供明确指导，并且懂得如何判断 HR 提交方案的合理性与有效性，让所有员工理解企业激励导向，避免钱花出去了但激励效果不佳甚至负面的情况，提高人力资源投入产出比。

（2）对于业务管理者

薪酬激励体系是引导员工行为的关键手段，通过本书的阅读（尤其是我们推荐的重点内容阅读），能够帮助你了解薪酬激励的核心理念与方法，快速地理解优化企业薪酬激励体系，更好地向员工传递和澄清公司激励导向，甚至在需要的时候能够自主制订或提出更有效的奖金激励方案，提升对团队人员的激励效果。

（3）对于 HR

绝大部分企业 HR 很少能有机会参与系统性的薪酬激励体系变革，因此普遍缺乏整体的思路和具体的方法技能。本书给的不是个案，而是薪酬激励设计的思维框架和方法工具，可以帮助你掌握基于企业战略设计合理有效的薪酬激励体系的专业技能，快速提升你的专业技能，助力职业发展。

你怎么读这本书

本书一共分为十章，具体章节内容与逻辑如下。

第一章：阐述薪酬激励体系的本质及在整体人力资源体系框架中的定位，结合企业实际案例，总结了六大薪酬激励痛点，并提出本书的核心模型——六维动态薪酬激励模型。

第二章：参照六维动态薪酬激励模型的框架，从战略、平衡、竞争、激励、成长、政策六大维度，对企业薪酬激励现状和问题进行诊断，为下一步体系优化打下基础。

第三章～第七章：分五章从六维动态薪酬激励模型的六个方面展开，以真实案例切入，从理念到模型/思考框架，再到具体方法和工具，中间穿插各种知名标杆企业及管理咨询案例介绍，逐个分析薪酬激励体系设计的关键步骤。

第八章：总结薪酬激励体系设计与变革流程，系统性梳理和呈现薪酬激励体系设计与落地的具体流程及注意事项。

第九章：对薪酬管理中的普遍性难题进行解答，比如"先分后干"还是"先干后分"、新老员工薪资差异、HR和业务管理者在定薪调薪中的角色、如何激励"老带新"等。

第十章：展望互联网时代下的薪酬激励发展趋势，为企业在员工激励全面性和创新性方面提供思路。

如果你是老板或业务管理者，建议你重点阅读：

- 第一章——了解薪酬激励的六大核心痛点及六维动态薪酬激励模型。
- 第三章——了解如何基于公司战略选择企业薪酬策略定位。
- 第五章——了解如何选择并设计更具激励性的绩效奖金关联机制。
- 第七章——了解薪酬政策的公开清晰对员工激励的重要性及具体做法。
- 第十章——了解互联网时代下的薪酬激励发展趋势。
- 每章开篇的导读。

如果你是HR，给你的阅读建议：

- 如果你的需求是系统性了解薪酬激励体系设计的流程和步骤，建议先阅读第一章和第八章，然后再进入每章的阅读。
- 如果你的需求是了解某个关键流程的具体实操方法案例，建议直接进入相应章节。
- 其他情况，建议从第一章开始阅读。

致 谢

尽管有课程的内容做底子，但认真写一本书无论何时都是一件牵扯甚广、投入巨大的事，如果不是得到了各方力量的大力支持，这本书不可能顺利诞生。

感谢我们曾服务过的**客户**，感谢你们的支持和信任，让我们有机会接触多样的真实企业场景，为本书提供了丰富多样的案例素材；也得益于与不同客户广泛深入的交流，让我们在管理咨询实践中对方法体系不断完善；更要感谢你们对我们咨询价值的认可与认同，让我们更加坚定信心。没有你们，这本书没有价值。

感谢所有曾参加过我们公开课和分享活动的**学员**，特别是其中部分对我们的书提前关注和阅读的伙伴，你们的积极反馈是我们写这本书的原动力，也为我们原创框架的形成提供了不可或缺的建议。没有你们，这本书不会存在。

感谢为我们撰写推荐序或书评的**外部教授、企业家和人力资源从业者**：南京大学商学院人力资源管理学系教授/博士生导师张正堂、阿里原大区政委/布道教育创始人张卫华（花名：欧德张）、新华报业传媒集团人力资源部副主任沐阳、HR转型突破中心创始人/《事业合伙人》作者康至军、中兴发展有限公司人力资源总监彭燕、人力资源专家/资深企业顾问蒋天伦、原A.O.史密斯HRVP/现麦斯顿咨询创始人公言非、金鹰国际集团总裁助理张冬梅、东方购物人力资源总经理任明慧、三胞新零售产业集团人力企管总监刘敏、HR江湖联合创始人/前阿吉豆总裁助理兼人力资源总经理陆天祥、中国书房副董事长/原民营500强集团人资总监戴一光、好享购物人力资源部部长吉雷、集美HR俱乐部联合创始人/名人集团HR负责人侯昊、原银联商务江苏分公司人力资源经理周敬文、旭辉集团人力资源高级经理赵胜男、中国天伦燃气集团HRD柳卓、苏交科集团行政人力资源管理中心副总经理胡后平、壹城集团人资管理中心主任袁莉莉、人才管理顾问/前百事可乐组织能力经理王晟等。

感谢参与撰写本书的**咨询顾问团队**，除了孙晓平和季阳大量参与编写，王骏声、赵爱娟、张俊、朱为璐等顾问，在紧张的项目工作之外，也投入了足够的智慧和精力。没有你们，这本书不可能诞生。

希望我们的努力，能给各位读者带来一次最有价值的阅读体验！

目 录

赞誉
推荐序一
推荐序二
前言
致谢

第一章 为什么薪酬激励失败了 　1

　　引子一：英国移民的激励变革　1
　　引子二：T商业地产公司的激励变革　3
　　第一节　激励就是价值的评价与分配　4
　　第二节　薪酬激励的六大痛点　7
　　第三节　六维动态薪酬激励模型　11
　　第四节　动态调整与合理差异　12
　　第五节　海底捞与NBA的六维动态激励　17
　　第六节　原创模型中数字"3"和"6"　20

第二章 望闻问切：薪酬激励全面诊断 　22

　　核心模型：六维薪酬诊断模型　22
　　第一节　找尺子：岗位价值评估方法　24
　　第二节　定薪级：岗位价值评估成果　46
　　第三节　断合理：内部公平性分析　52
　　第四节　比高低：外部竞争性分析　59
　　第五节　薪酬体系诊断案例及补充说明　66

第三章　顶层设计：基于战略的薪酬策略定位　　75

核心模型：薪酬策略定位模型　　78
第一节　识方向：付薪目的与要素选择　　83
第二节　定水平：薪酬水平策略分析　　88
第三节　定结构：薪酬结构策略分析　　98
第四节　定奖金：绩效奖金策略分析　　105
第五节　选策略：薪酬策略选择逻辑　　111

第四章　框架构建：合理有效的薪酬体系设计　　124

核心模型：薪酬体系设计三要素　　124
第一节　明概念：宽带薪酬体系　　124
第二节　定数字：宽带薪酬体系设计　　128
第三节　解疑惑：薪酬体系设计中的常见问题　　140

第五章　激活动力：差异化激励的绩效奖金策略　　145

核心模型：绩效奖金策略选择模型　　146
第一节　强刺激：个人提成制方案设计三步曲　　147
第二节　重协作：团队分享制方案设计三步曲　　167
第三节　破温床：目标奖金制与强制分布　　180
第四节　定机制：绩效奖金策略思考选择路径　　190

第六章　动静结合：公平定薪与动态调薪　　196

核心模型：动态定薪与调薪模型　　196
第一节　定薪档：作为标尺的人岗匹配　　201
第二节　测总额：新体系下的人员定薪测算　　219
第三节　活调薪：成长视角的动态调薪机制　　231

第七章　清晰透明：导向明确的薪酬政策　　246

核心模型：激励期望模型　　246

第一节 看得清：政策透明、薪酬保密 | 248
第二节 算得出：校准认知、动态调整 | 255
第三节 拿得到：谨慎承诺、艺术沟通 | 258

第八章 薪酬激励体系变革的操作指南 | 259

核心模型：薪酬激励体系设计六步法 | 259
第一节 降薪的薪酬变革项目 | 261
第二节 固定变浮动的薪酬变革项目 | 264

第九章 薪酬激励中的常见难点探析 | 267

第一节 "人"与"机制"的"先"与"后" | 267
第二节 先分后干还是先干后分 | 269
第三节 CEO 视角下的人力资本效能管理 | 273
第四节 HR 和管理者在"定薪调薪"中的角色 | 276
第五节 新老员工薪资不平衡 | 278
第六节 目标值设定偏差如何调整 | 280
第七节 肥瘦业务提成激励的不公平 | 282
第八节 如何激励与约束"空降兵" | 284
第九节 如何激发业务团队从"老客户维护"转向"新客户拓展" | 289
第十节 如何建立激励机制促进老带新 | 292

第十章 互联网时代下的薪酬激励趋势 | 298

趋势一：从提升员工"满意度"转向激发员工"敬业度" | 299
趋势二：从"岗位"管理转向"任务"和"人才"的管理 | 301
趋势三："团队分享制"的绩效奖金策略将成为激励趋势 | 304

趋势四：绩效设计的视角从压榨考核转向
　　　　激发激励　　　　　　　　　｜310
趋势五："股权激励"和"事业合伙人"
　　　　将成为核心人才的激励主旋律　｜312
趋势六：新生代员工激励不再只是"钱"，
　　　　需要全面激励体系　　　　　　｜319

第一章

为什么薪酬激励失败了

导 读

- 企业管理的核心机制就是价值的评价与分配，合理的分配制度是一种激励和价值导向。
- 薪酬激励是科学性（规则）和艺术性（人性）的结合，具备极强的复杂性。
- 企业薪酬激励六大核心痛点：激励与战略失联、内部公平性失衡、外部竞争性偏离、激励与业绩脱节、被动无效的薪酬调整、模糊政策引发过高期望，解决之道在于"六维动态薪酬激励模型"。
- 薪酬"激励因素"的关键在于"动态调整与合理差异"。
- 任何一刀切式的管理都是一种懒惰。任何以所谓公平性为借口不敢体现差异化的激励都是一种低效和负向循环。

引子一：英国移民的激励变革

18世纪末期，英国政府决定把犯了罪的英国人发配到澳大利亚去拓荒，此项工作由社会上的私人船主承包。英国政府实行的办法是根据上船的犯人数支付私人船主相应的费用。

当时那些运送犯人的船只大多是一些很破旧的货船改装的，船上设备简陋，没有什么医疗药品，更没有医生。船主为了牟取暴利，尽可能地多装人，船上条件十分恶劣。一旦船只离开了岸，船主按人数拿到了政府的钱，他们对于这些人是否能远涉重洋活着到达澳大利亚就不管不问了。有些船主为了降低费用，甚至故意断水断食。

3年以后，英国政府发现：运往澳大利亚的犯人在船上的死亡率达12%，其中最严重的一艘船上424个犯人死了158个，死亡率高达37%。英国政府费了大笔资金，却没能达到大批移民的目的。

针对这个问题，英国政府想了很多办法。首先，政府决定在每一艘船上都派一名政府官员监督，再派一名医生负责犯人的医疗卫生，同时对犯人在船上的生活标准做了硬性的规定。但是，死亡率不仅没有降下来，甚至有的船上的监督官员和医生也不明不白地死了。原来一些船主为了贪图暴利，贿赂官员，如果官员不同流合污就被扔到大海里喂鱼了。政府支出了监督费用，却照常死人。

被发配的英国移民

然后，政府又采取新办法，把船主都召集起来进行教育培训，教育他们要珍惜生命，要理解去澳大利亚开发是为了英国的长远大计，不要把金钱看得比生命还重要，但是情况依然没有好转，死亡率一直居高不下。

再后来，一位英国议员认为是对船主的激励机制存在缺陷。

缺陷在于政府给予船主报酬是以上船人数来计算的。他提出对激励方式做这样的调整：政府以到澳大利亚上岸的人数为准计算报酬，不论你在英国上船装多少人，到了澳大利亚上岸的时候再清点人数支付报酬。

这样一来，问题就迎刃而解了。船主主动请医生跟船，在船上准备药品，改善生活，尽可能地让每一个上船的人都健康地到达澳大利亚，一个人就意味着一份收入。

自从实行上岸计数的办法以后，船上的死亡率降到了1%以下。有些运载几百人的船只经过几个月的航行竟然没有一个人死亡。

引子二：T商业地产公司的激励变革

传统持有型商业地产以租金收入为主要盈利点。T公司是某市知名社区商业地产企业，面对竞争逐步白热化的商业地产行业，招商难、客流量不足、租金收缴和上涨难等一系列问题都带来了利润空间下滑甚至亏损的风险。

商业地产企业在项目层面主要分为招商、运营、企划、工程物业四条线，常规的薪酬激励模式是固定工资+绩效奖金+招商或租金收缴提成，并针对不同职能制定相应的KPI指标，考核确定绩效奖金发放。T公司也不例外，但这样的激励机制很难真正激发员工积极性，也很难留住优秀人才。

因此，基于极强的忧患意识，T公司老板通过不断的外部学习与研究，下定决心借鉴"永辉超市"的事业合伙人机制，推动项目层面运营及分配模式的转变。

在咨询公司的帮助下，T公司设计并落地了一套项目合伙人与利润分享机制，即公司提取项目超额利润的一定比例作为项目奖金总包，并将奖金总包按照既定的分配规则、分配比例分配给项目负责人、部门经理、主管、员工四个层级的员工。每年年初，公司与项目团队共同讨论项目利润预算，并将项目收入及成本费用预算分解落实到四条线，各自对不同的收入和成本费用负责，独立核算，确定毛利目标。例如，招商的收入是商户入驻前半年的租金收入，工程物业的收入是水电费收缴、停车费收入、车位广告收入等。每季度根据四条线的毛利额达成率进行排名，确定奖励系数，毛利额达成率低于90%的条线所有人员不参与分配。

方案实施两年下来，所有人都具备极强的经营意识，对自己所在条线如何有效扩展收入和降低成本费用提出各种创造性的方案，其中也涉及与其他部门共同合作、共同分配的方式。如此实施下来，项目利润率每年都有将近1%的提升，员工收入也增长了30%～50%。

从上述两个故事和案例中，可以得出一个共同的结论：无论是在什么样的环境和时代，无论是在什么类型的组织，激励是永恒的话题，激励直接影响着组织内人员的行为表现。

第一节　激励就是价值的评价与分配

企业管理是什么？正如吉姆·柯林斯在《基业长青》中所说的，管理的本质是造钟。所谓造钟，就是建立各种合理有效的机制，让机制指引和推动员工做出正确的行为，为公司创造价值。

任正非曾经说过："华为之所以能做到今天这么大，是因为分钱分得好。"分配机制解决了为谁干、干了之后怎么分的问题，企业知道如何分钱，员工才会努力挣钱，合理的分配制度是一种激励和价值导向机制，分配机制甚至可能决定企业成败。企业就是"价值创造、价值评价、价值分配"的过程，而华为的人力资源体系正是构建在这十二个字的基础之上的。

中欧国际工商学院杨国安教授提出的"组织能力杨三角"理论表明，企业发展除了战略之外，还需要相匹配的组织能力，而组织能力中最关键的就是"意愿""能力"和"环境"三个方面。这就好比一支球队，需要兼具"足够强的赢球动机""有能力的球星"和"有效的技战术"，才能让球队赢得更多赛事。

组织能力杨三角理论如图 1-1 所示。

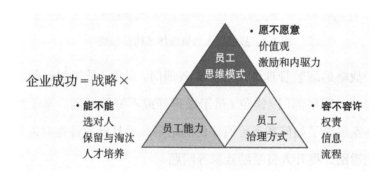

图 1-1　组织能力杨三角理论

结合华为的"价值创造、价值评价、价值分配"和杨三角理论，我们提出以下战略性人力资源体系构建框架（如图 1-2 所示），这就是人力资源管理要造的"钟"，即需要搭建的重要机制。

战略性人力资源体系构建框架自上而下分为愿景/价值观/战略、六大体系、文化和领导力三个层面，六大体系从左往右归属于价值创造、价值评价和价值分配三套系统，同时，六大体系又可分为"治理""意愿"和"能力"三个大的方面。

这其中，最能够直接有效引导和激励员工行为，激发员工工作意愿的

"钟",就是基于战略目标的绩效管理体系(价值评价)与相匹配的薪酬激励体系(价值分配)。

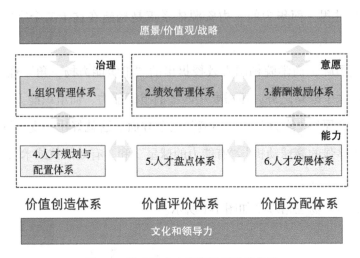

图1-2 战略性人力资源体系构建框架

基于战略的绩效管理体系解决了各部门/岗位/员工如何创造出支撑战略的价值,哪些部门/岗位/员工做得好或不好等问题。基于绩效的薪酬激励体系解决了如何基于价值评价的结果,更具针对性地对人员进行动态差异化激励,提升人员激励效果等问题。

价值评价与价值分配机制如图1-3所示。

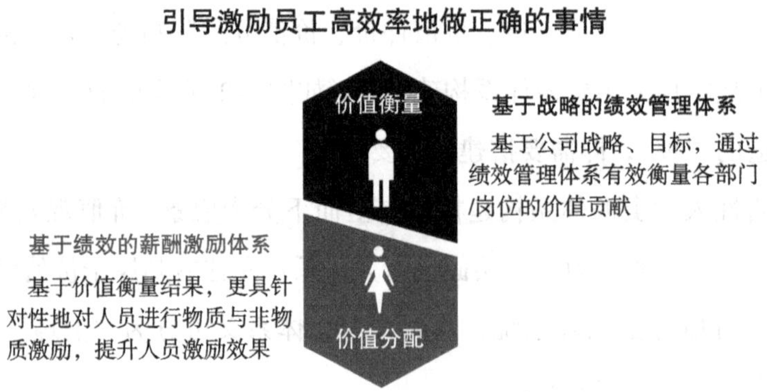

引导激励员工高效率地做正确的事情

基于战略的绩效管理体系
基于公司战略、目标,通过绩效管理体系有效衡量各部门/岗位的价值贡献

基于绩效的薪酬激励体系
基于价值衡量结果,更具针对性地对人员进行物质与非物质激励,提升人员激励效果

图1-3 价值评价与价值分配机制

第二节　薪酬激励的六大痛点

一、六个典型场景

价值评价和价值分配，看似简单易懂的道理，但现实情况是几乎所有的老板、管理者、HR和员工都很难对绩效与薪酬激励体系感到满意，每一方都有道不尽的苦水，每一方又都有看似矛盾的诉求，这才导致大部分企业对公司现行的绩效与薪酬激励体系对员工行为和公司业绩的提升效果感到失望。

下面是我们在企业管理咨询实践中碰到的几个具备代表性的案例场景。

(一) 跨境电商 M 公司：激励与战略失联

M公司是跨境出口电商企业，主要业务是对国内优质的OEM制造企业的产品进行品牌包装，并在海外线上平台与渠道中直接销售给海外C端消费者，简称联合运营业务。联合运营业务对公司来说，主要收益是公司从该工厂对应的产品销售额和利润中分成。

目前联合运营业务有近30个项目，每个项目都由具体的项目组（3～5人）承担，公司根据品类相似性对项目进行划分，形成不同的项目品类事业部。目前公司项目总体数量和选择余地不足，且每个项目因产品本身导致的受欢迎程度和盈利能力差异较大。

项目组实施岗位的薪酬结构都是月度基本工资＋季度奖金的形式，其中季度奖金基于所负责项目的销售额和利润进行提成。

公司未来战略规划是基于这些项目操作积累和提升海外营销、渠道、物流和IT信息化的经验与能力，从而搭建跨境出口电商综合服务平台，整合各类资源，为代理商、中小卖家提供渠道、IT、物流、金融、管理等服务。

问题：项目组实施现有的激励方式，一方面会导致不同项目组间因为项目肥瘦不同带来收入差异而引发不公平；另一方面，目前的激励方式使得项目组人员的关注点全部在项目销售额和利润上，对于营销方式创新、SOP 梳理、IT 信息化建设支撑等漠不关心，无法支撑公司未来发展战略。

（二）国有独资集团 A 公司：内部公平性失衡

A 公司是一家国有独资集团公司，承担政府融资平台及基础设施建设项目。企业参照政府事业单位，采用职务级别工资制，工资体系简单明确，总经理、副总经理、科长、副科长、科员，基于总经理薪酬往下按照一定系数确定每个级别的工资数额，员工只要是同一级别就是同样的工资收入。

A 公司薪资水平在外部市场的竞争力很高，甚至处于 75 分位以上，但依然面临某些专业技术岗位很难吸引和留住市场上优秀人才的问题。

问题：因国有体制及历史原因，A 公司国企身份的员工能力和付出贡献与同级别的社会招聘的专业技术人才相比，存在较大差距，实际上大部分工作是由社招专业人才承担和完成的。然而，双方薪酬很难体现差异，甚至国企员工因为司龄较长，在基本工资和司龄补贴上比社招的专业技术人才更高，导致企业不断出现"劣币驱逐良币"的情况，即优秀的社招人才不断流失。

（三）民营多元化集团 C 公司：外部竞争性偏离

C 公司是一家民营多元化集团企业，以传统地产和建设业务起家，目前通过兼并购准备涉足金融行业，集团董事长对金融板块的发展寄予厚望，希望未来形成产业和资本联动发展。

集团委派的总经理及人力资源负责人，原来都是在传统业务板块的，在搭建金融板块薪资体系时难免受原有的行业经验的限制，导致整体薪资水平偏低，尤其是业务类岗位的薪酬吸引力不够。

问题：金融板块组建后，企业所招募的人员整体能力一般，且流动率较高。因此，新业务发展迟迟未能达到集团董事长的预期。

（四）工程施工F公司：激励与业绩脱节

F公司是一家以建筑装饰工程施工为主营业务的公司，F公司的项目管理与实施模式采用项目经理负责制，即项目经理统筹施工员、材料员、安全员等岗位人员，负责对项目的进度、质量、决算等一系列项目管理过程进行把控，项目经理及核心成员对于项目利润有着直接显著的影响。

对于项目管理岗位的薪酬激励，公司采取与其他后台支撑部门一样的薪酬结构和激励方式，即年薪制，每月固定收入＋年终奖金。而因为缺乏明确有效的绩效考核机制，年终奖金最终由项目总监与公司高层简单沟通后发放，基于往年发放情况来看，大部分情况下基本上保证员工年薪收入。

问题：F公司近两年业务利润率不断下降，与行业标杆企业利润率相差甚远，很多项目核算后出现了亏损的现象，项目经理及核心岗位（如施工员、材料员等）人员流失率明显高于行业，甚至出现能力强、业绩优秀的项目经理选择离开，能力一般、业绩一般的项目经理留下的现象。

（五）服装电商T公司：被动无效的薪酬调整

T公司是一家处于快速发展期的电商公司，目前近50人，员工以80后和90后为主，公司业务发展迅速。

随着员工对薪酬调整的诉求越来越大，平时总会有人直接找老板甚至以跳槽为理由要求加薪，大部分情况下老板都是被动无奈地接受。除此之外，每年调薪更是让老板头疼的事情，每年4月老板得根据主观判断对所有人的薪酬进行调整。

问题：平时多以被动无奈的调薪为主，年度调薪后也会有一部分员工过来询问甚至质疑，老板不得不临时调整或被动接受，老板很苦恼，"为什么明明给大家涨工资了，还那么多怨言？"

（六）地产J公司：模糊政策引发过高期望

J公司总经理陈总为了激发员工工作激情并提升工作效率，冲击年度挑战性经营目标的实现，在公司大大小小的会议和正式、非正式的场合总是不断告诉员工，只要大家工作努力，年终奖金的数额不会少，一定不会让大家失望。员工为了年末可以拿到更多的奖金，工作非常投入且高效，最终实现了挑战性的业绩目标。

但当年终奖金发放到员工手中时，很多员工感到非常失望，认为陈总开出的空头支票没有兑现，自己努力工作的成果没有得到回报。有些员工在公司散播对于年终奖金不满意的言论，甚至有的员工因为对年终奖金不满提出离职。

问题：事实上，后期咨询公司进入后对年终奖数据进行分析，发现年终奖绝对数额在当地同行业内是非常具有竞争力的，那么我们不禁会问，为什么拿到高奖金的J公司员工还是会选择离开或消极怠工呢？

二、六大付薪痛点

在实践中，我们发现绝大部分情况下企业老板并不是不舍得发钱，而是不敢发、怕发出问题，或者不知道该不该发、不知道怎么发、不知道发给谁、不知道发多少。

上述六个真实案例场景是我们百余个薪酬激励体系变革咨询案例的典型代表，针对其中呈现的问题，我们总结出了薪酬激励的六大痛点，这六个方面的问题和痛点是所有企业老板、业务管理者和HR都应该重点思考和关注的。具体如表1-1所示。

表 1-1　六大付薪痛点

案例场景	核心痛点
跨境电商 M 公司：激励与战略失联	你的钱真的花在刀刃上了吗？是否充分激励了对战略有重要支撑的关键岗位并有效引导了正确行为
国有独资集团 A 公司：内部公平性失衡	你的员工是否理解和认可企业在不同岗位、不同能力、新老员工等方面的薪酬差异
民营多元化集团 C 公司：外部竞争性偏离	你提供的薪酬真的有市场竞争力吗？是否能够帮助企业吸引和保留优秀的人才
工程施工 F 公司：激励与业绩脱节	你支付的薪酬是怎么组成的？是否能充分体现"多劳多得"，最大化激励业绩优秀的员工
服装电商 T 公司：被动无效的薪酬调整	你的薪酬调整是否被动无奈，付出了钱却无法引导与激励员工
地产 J 企业：模糊政策引发过高期望	为什么员工的工资涨了、奖金发了，反而引起了不满和震荡

第三节　六维动态薪酬激励模型

为了帮助企业老板、业务管理者及 HR 共同应对上述六大疑问和痛点，我们原创提炼出"六维动态薪酬激励模型"（如图 1-4 所示），用于指导企业搭建系统有效的薪酬激励体系，提升人员激励效果。

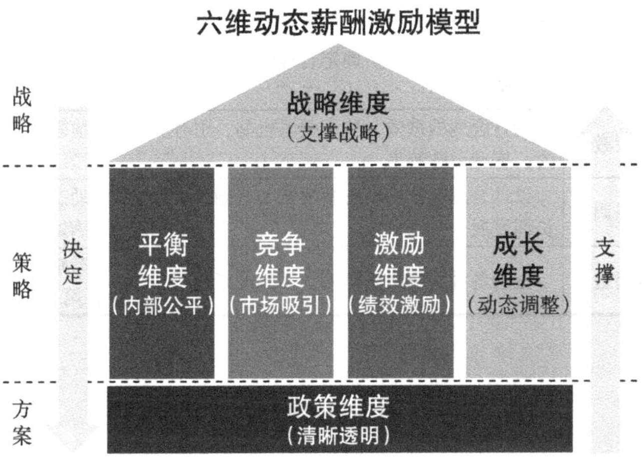

六维动态薪酬激励模型

战略｜战略维度（支撑战略）

策略｜平衡维度（内部公平）｜竞争维度（市场吸引）｜激励维度（绩效激励）｜成长维度（动态调整）｜决定／支撑

方案｜政策维度（清晰透明）

图 1-4　六维动态薪酬激励模型

如何理解"六维动态薪酬激励模型"？

一、三个层面

企业薪酬激励体系设计需要从战略、策略和方案三个层面逐步展开并落实,自上而下是决定和指引,自下而上是支撑和承接。

首先,所有薪酬激励的导向是为了实现战略,因此,薪酬激励体系设计的思考原点应该是如何支撑战略。其次,在明确战略对薪酬激励体系需求的基础上,再从平衡、竞争、激励、成长四个维度选择合理有效的薪酬激励策略。最后,所有薪酬激励策略都应该在政策维度清晰明确地落实,也就是体现在具体数字体系和文字方案中。

二、六个维度

六维动态薪酬激励框架如表 1-2 所示。

表 1-2 六维动态薪酬激励框架

维度	核心目标	具体要求	关键工具与方法
战略维度	支撑战略	通过战略澄清,针对性地选择合理有效的薪酬策略定位,确保支撑战略	薪酬策略定位模型(第三章)
平衡维度	内部公平	基于岗位、能力等因素确定合理的薪酬差异,确保内部公平	薪酬体系设计三要素(第四章)
竞争维度	外部吸引	通过外部对标分析确定合理的薪酬水平,提升市场吸引效果	
激励维度	绩效激励	设计合理的绩效与奖金关联机制,引导员工行为,提升激励效果	绩效奖金策略选择模型(第五章)
成长维度	动态调整	设计合理有效的动态薪酬调整机制,引导员工长期发展	动态定薪与调薪模型(第六章)
政策维度	清晰透明	澄清各种薪酬激励体系,做到清晰透明	激励期望模型(第七章)

第四节 动态调整与合理差异

"六维动态薪酬激励模型"中有个关键词"动态",为什么是动态?怎么动态?

- 企业发展战略随时在变。
- 岗位职责及工作要求逐渐灵活模糊。
- 员工创造价值的方式更加多样化。
- 员工能力和价值观对绩效的影响加强。
- 外部市场对收入影响进一步加大。
- 新老员工薪资差异矛盾日益凸显。

所有这些特征是现代企业面临的常态，赫茨伯格双因素理论认为薪酬是"保健因素"，但管理咨询实践证明，如果能做到**动态调整与合理差异**，这样的薪酬激励机制完全可以让薪酬成为"激励因素"，充分引导和激励员工产出正确的行为。

那么，企业应该如何做到"动态调整与合理差异"呢？

一、动态调整

变化是唯一的不变，薪酬激励机制如何实现动态调整，确保充分激励真正的奋斗者，有效支撑战略？对此，在利用"六维动态薪酬激励模型"搭建和优化薪酬激励体系时，应重点从以下方面思考并实现"动态调整"。

（一）随战略而变

战略维度需要思考和分析的是，随着战略调整转型对应的薪酬激励机制的动态调整。

任何标杆或者个案的生搬硬套都是一种不负责任，薪酬激励体系必须根据企业战略及场景进行定制，有效体现正确的激励导向。

任何一劳永逸的想法都是一种奢望，没有一成不变的方案，战略调整必然需要薪酬激励体系的配套调整。

（二）随市场而变

竞争维度需要思考和分析的是如何基于市场因素动态调整薪酬体系。企业面临人员招聘困难和人员流失严重的情况，很有可能是薪酬的外部竞争性不够所导致的。企业在发展期需要大量引进人才的时候，尤其需要关注薪酬竞争性，要及时根据市场水平动态调整内部薪酬体系。

（三）奖金能多能少

激励维度需要思考和分析的是如何基于绩效结果动态付薪。企业要建立基于绩效和人员评价的奖优罚劣机制，从津贴、奖金甚至股权激励等方面充分体现动态调整，激发狼性奋斗精神，避免大锅饭。

（四）调薪能高能低

成长维度需要思考和分析的是如何基于员工绩效、能力等因素动态差异化地调整薪酬。企业要建立合理有效的薪酬调整机制，用明确的调薪机制来引导和激励员工的业绩贡献和能力成长。

二、合理差异

在此我们总结了两个看似极端但确实是很多企业在激励机制设计中普遍存在的错误。

（一）任何一刀切式的管理都是一种懒惰

现实中，很多企业的普遍操作就是：所有岗位都用KPI，所有岗位薪酬结构基本一致，所有岗位年终奖都是1～3个月工资，所有人员薪酬同比例普调，照搬所谓优秀企业的做法等。

企业战略和经营的本质就是差异化，而薪酬激励的核心问题也是基于企业特定的战略，在有限的薪酬资源条件下，如何动态差异化地投入被激励对象,激发效率,提高投入产出比。

而且,不同岗位价值创造和价值评价的方式不一样,应该设计针对性的薪酬激励机制,典型的岗位价值创造和价值衡量方式有三种(详见表1-3)。

表1-3 三种典型岗位价值创造和价值衡量方式

类型	管理结果(结果激励)	管理行为/过程(过程控制)	管理个人(主体激发)
代表性岗位	一线生产、销售岗位等	职能类、辅助类岗位	知识型、创新型员工
特点	• 业绩结果相对单一且可明确定量	• 业绩结果难以定量评估 • 可通过行为过程类相关指标替代	• 业绩结果难以客观量化且有一定长期性和综合性 • 工作过程难以标准化或有效跟踪 • 业绩产出受人员能力和工作投入度影响较大
激励因素	业绩	岗位	个人
薪酬结构	高浮动	调和型	高固定 + 长期激励
绩效与激励工具	业绩提成 以激励引导	SOP流程+BSC、KPI指标 绩效过程管理	人才盘点+OKR 激发内在动机

(1)有些岗位是直接产出明确单一的业绩结果的,比如常规的生产操作和销售岗位。因此,绩效管理的标的就是业绩结果,并以业绩提成的激励方式引导结果。

(2)有些岗位是无法直接产出明确单一的业绩结果的,是通过综合性的过程行为间接支持其他岗位实现业绩的,比如HR、财务、质量控制等。因此,绩效管理应该是对过程和行为的控制,并通过全面性的绩效指标和流程来确保正确。

(3)有些岗位既无法直接产出明确单一的业绩结果,也无法对过程行为进行标准化监控与管理,同时个人内在动力对工作成果的影响比较显著,比如研发创新人员、创意咨询人员。因此,绩效管理的标的应该更多地关注对人的管理,通过人才盘点、OKR、企业文化、弹性工作等工具,激发员工马斯洛需求层次的社交、尊重和自我实现需求,从而激活内在动力。

(二)任何以所谓公平性为借口不敢体现差异的激励都是一种低效和负向循环

管理咨询实践中,我们听到很多以所谓公平性为借口不敢体现差异的表述,比如:

不知道不同岗位间价值差异有多大,所以只能按照层级来定薪。

不知道市场稀缺性和市场薪资水平怎么样,所以只能按照内部现有薪资标准招聘,结果很难招到优秀人才。

害怕大家对调薪比例和奖金数额觉得不公平,所以只能大家都差不多。

……

这样一系列看似公平的做法,实则是在摊大饼,浪费有限的激励资源,同时造成"劣币驱逐良币"的可怕恶性循环,即优秀人才不断流失、一般性人才不断沉积。

当然,上面的情况确实是现实的无奈,原因在于企业缺乏有效的机制来实现差异化激励,包括岗位评价、市场薪资调研、人才盘点、绩效评价等。

我们更希望企业接受:**程序公正大于结果公平。没有绝对的结果公平,但企业应该建立公平公正的过程评价机制**,对事不对人,机制规则透明统一,同时符合战略与文化,通过公正的机制筛选汰换合适的员工。

因此,在从六个维度出发设计企业薪酬激励体系时,应该充分思考并借助有效的方法工具实现"动态调整与合理差异",解决"在有限的薪酬资源条件下最大化人员激励效果"的核心难题,提高人力资源投入产出比。

"**动态调整与合理差异**"是本书的核心观点之一，在后续每个章节中都会重点阐述。

第五节　海底捞与 NBA 的六维动态激励

"六维动态薪酬激励模型"是本书的内容逻辑与撰写框架，在正式进入本书内容阅读前，我们先用六维动态激励模型对两个完全不同类型的组织进行分析，便于读者更好地理解各个维度的内容。

一、海底捞的"六维动态薪酬激励模型"

（一）战略维度：将员工满意度和客户满意度作为考核指标，打造优质服务体验

与传统餐饮企业不同，海底捞摒弃了利润、利润率、营业额、翻台率等考核指标，转而将顾客满意度提升到战略层面，始终贯彻企业战略目标：保证顾客满意度，以达到品牌建设的目的。除了以顾客满意度作为企业长期战略目标，对员工满意度的关注也是企业战略中不可或缺的一部分，如人才的培养、员工工作积极性等。

（二）平衡维度：以员工能力差异合理体现收入差距

海底捞的薪酬体系制度充分体现薪酬公平、公正、公开的原则。海底捞严格根据不同职位、不同能力给员工差异化发放工资。同样是作为普通员工，一般员工的工资在月薪基础上还有其他结构，其工资 = 基本工资 + 加班费 + 岗位工资 + 其他 – 员工基金，而劳模员工的工资 = 月薪 + 级别工资 + 荣誉奖金 + 工龄工资 + 分红。在薪酬结构上就充分体现了相应的差距，而薪酬结构的差异直接体现了月度收入的差距，一般员工月度收入

维持在 4000 元左右，部分劳模员工月度收入能达到 7000 元。

（三）竞争维度：突破传统的薪酬体系

传统餐饮企业在薪酬体系中只会对企业的高层管理人员设置分红，普通员工只能根据企业的经营状况获得一定的奖金。而海底捞的薪酬体系却能够给普通员工提供分红权，尽管奖金和分红都是从企业的利润当中拿出一部分来激励员工，但是分红给予了员工一种主人翁的感觉，这是其他餐饮企业的薪酬难以提供的。

（四）激励维度：薪酬收入与员工绩效表现直接联系，并直接参与利润分享

海底捞薪酬结构中的奖金直接与员工的绩效表现相关联，通过出色的绩效表现员工会被评为先进员工、标兵员工、劳模员工、功勋员工等，进而获得相应的奖金：先进员工和标兵员工获得 80 元的奖励，劳模员工获得 280 元的奖励，功勋员工获得 500 元的奖励，并且这些荣誉会成为员工今后职业发展的重要依据。另外，海底捞的薪酬结构中分红部分将分店的经营情况与店员切身利益紧密结合在一起，所有一级及以上员工共同分享所在分店纯利润的 3.5%，作为普通员工也能够拥有分红权，激励员工为企业创造更多的价值。

（五）成长维度：多渠道提升薪酬，助力员工成长

海底捞的薪酬构成是建立在"员工发展途径"之上的，不想走管理路线的员工也能通过评级提升在服务员这一岗位的级别，从二级员工一步步到功勋员工，功勋员工的总收入能够超越大堂经理，甚至高出自己领班，并且功勋员工享受更多的福利待遇，给予员工充分的薪酬成长空间。

（六）政策维度：薪酬体系结构分明，清晰可见

每位员工都能够清楚地知道自己当月的收入情况，什么职级获得什么样的薪酬一目了然，规则明确，避免上级领导凭主观臆想决定下属的劳动报酬，实实在在做到了薪酬的澄清与一致。

二、美国 NBA 联盟的"六维动态薪酬激励模型"

（一）战略维度：引导所有球员关注联盟总收益，同时共创共享

工资帽制度：为鼓励整个联盟的活跃和影响力的扩大，而不是造就一家或几家独大的局面，NBA 联盟设立了很有特色的工资帽制度。球队工资帽决定了球员收入及球队人员配置，NBA 联盟每年根据前一年联盟的总收入乘以球员收益占比（目前的球员收益占比是 51%），再除以球队数量，得出每个球队的工资帽。这一制度在背后有力地避免了强弱分化过于严重的现象，保障了联盟的活力。熟悉 NBA 的朋友应该可以看到近些年来不停涌现新的强队，而并不总是传统豪门霸占强者位置。

（二）平衡维度：基于球员能力充分体现差异，引导员工能力提升

在 NBA，球星和普通的球员的薪酬差异巨大。举例来说，曾经同在克利夫兰骑士队的詹姆斯 2016～2017 赛季的年薪为 3 096 万美元，中产球员 J.R. 史密斯年薪 1 280 万美元，边缘球员凯·菲尔德年薪 54 万美元。

（三）竞争维度：每个球员薪资完全与市场接轨，人员充分竞争与流动

交易决定价值，NBA 联盟建立了充分自由的球员交易机制，人员充分竞争与流动，单个球员的工资事实上是球队间博弈的结果（好莱坞有很多这类电影），球员薪资完全与市场接轨，在充分竞争市场下效用最佳。

（四）激励维度：球员薪资收入中有明确的业绩奖金部分，球员表现好坏直接显著影响最终薪资收入

NBA 球队为球员支付高工资，自然不希望看到球员们拿到合同后就躺着睡大觉。因此，球员薪资合同中很大一部分收入会跟球员在球场上的表现相关，其触发条件为一定的正面成绩并且都是具体的数字或者奖项，如赛季总得分大于 2 000 分、场均失误少于 3 个、球队常规赛获得 50 胜等。除此之外获得联盟公认荣誉，如总决赛 MVP、入选全明星之类也可作为表现奖金的设定目标。同时，对于表现达不到球队要求的球员，轻的会影响到下一个合同的续签金额，严重的可能会被球队提前裁员。

（五）成长维度：薪资合同引导球员全力提升自身能力以谋求更长更大的合同

球员薪资以年度为单位，没有月度绩效、季度绩效，但一方面 NBA 总冠军这样崇高的荣誉会激励每位球员提升自身能力，另一方面，其实球员的努力也更多着眼于获得下一份时间更长、金额更大的合同。

（六）政策维度：薪资合同中固定部分、奖金部分、绩效条件等白纸黑字清晰明确

NBA 球队与每位球员签订明确的薪资合同，薪资奖金计算规则具体明确，直接引导球员日常训练、商业活动及比赛表现，真正做到看得清、算得出、拿得到。

第六节　原创模型中数字"3"和"6"

正如前言中所提到的本书的原创和实战特点，为了帮助读者掌握薪酬体系设计的系统方法论及应用场景分析，授之以渔，本书提供了各种我们

原创总结提炼的思考框架和模型，其中大多涉及两个数字："3"和"6"。具体如表1-4所示。

表1-4 以数字"6"和"3"为代表的模型

数字	模型	数字	模型
"6"	六维动态薪酬激励模型 六维薪酬诊断模型 薪酬激励体系设计六步法	"3"	薪酬策略定位模型 薪酬体系设计三要素 绩效奖金策略选择模型 团队分享制方案设计三步曲 个人提成制方案设计三步曲

第二章

望闻问切：薪酬激励全面诊断

导 读

- 岗位价值评估是薪级职级划分与薪酬体系构建的基础，也是审视组织架构与岗位设置的视角之一。
- 程序的公正比结果的公正更重要，通过合理的岗位价值评估操作可以提高员工对内部公平性的感知。
- 员工流入（从哪来）与流出（到哪去）企业的薪酬数据是最佳的外部对标数据。
- 员工激励效果不佳的诊断需要针对不同人群的需求，系统性分析物质激励和非物质激励各方面，对症下药。

核心模型：六维薪酬诊断模型

企业在面临核心员工不断流失、市场招聘出现困难时才意识到自己企业的薪酬激励体系可能出了问题，但是问题究竟出在哪里并不清楚。是整体薪酬水平不够还是某些岗位、层级的薪酬水平不够？是激励的方式落伍了还是薪酬结构不具有吸引力？某些想招聘的岗位怎么都招不到，想缩编的部门怎么都减不掉，在面临这样的困境时应如何切入？

我们基于多年的企业管理咨询经验总结出的"六维动态薪酬激励模型"，给出了企业设计薪酬激励体系的思维框架，六维模型同时也提供了对企业薪酬激励现状进行全面诊断分析的六个维度视角，企业可以参照"六维薪酬诊断模型"对企业的激励体系管理现状进行诊断。具体如图2-1所示。

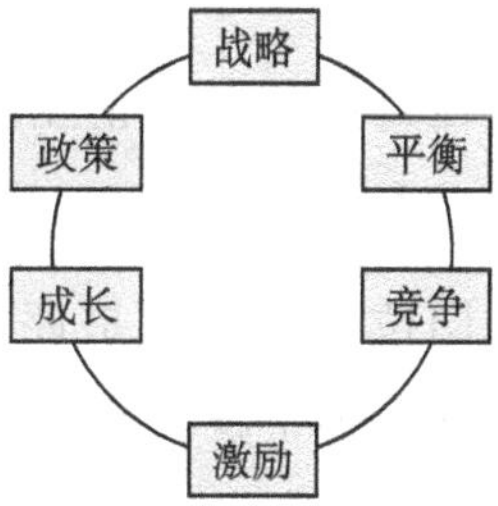

图2-1　诚合益六维薪酬诊断模型

维度一：战略维度。

基于企业发展阶段、企业战略与文化等因素，综合分析现有薪酬机制的激励性和匹配性。

维度二：平衡维度。

对企业内部的薪酬公平性进行分析。

维度三：竞争维度。

对企业薪酬的外部竞争性进行分析。

维度四：激励维度。

从激励员工的角度对薪酬结构、绩效与奖金的关联性进行分析。

维度五：成长维度。

从激励员工成长的角度对薪酬调整机制进行分析。

维度六：政策维度。

对薪酬激励政策的公开性及清晰程度进行分析。

企业的薪酬激励问题是一个系统问题，切忌头痛医头、脚痛医脚，应该用系统性的视角进行审视。**"六维薪酬诊断模型"**以全面、客观、系统性的思维诊断企业的薪酬激励体系，有别于市场上炒作热点、以偏概全的薪酬激励观点，同时，在每一个维度上提出切实有效的思考模型与方法框架，供读者选择使用。

在本章中，将着重介绍企业在平衡维度与竞争维度如何诊断分析，战略维度、激励维度、成长维度、政策维度分别在本书第三章、第五章、第六章与第七章中详细阐述，读者可筛选阅读。

第一节　找尺子：岗位价值评估方法

在具体阐述对企业薪酬激励体系平衡维度与竞争维度诊断分析之前，需要先介绍企业诊断薪酬激励体系的前提与基础——岗位价值评估。

岗位价值评估是评估企业中所有岗位价值相对大小的方法，岗位价值评估实现了将企业所有岗位采用同一个标准进行评价，实现了对不同部门、不同层级、不同岗位的价值进行统一评价与衡量，并根据评价结果区分岗位相对价值高低。

现在大多数企业在付薪时仍然遵循以岗定薪的主流方式，这也是本书中整体框架所遵循的逻辑与理念。有的读者可能有疑问，为了应对内外部环境的快速变化，现代企业中对岗位设置的变化也随之变快，同时岗位职责的边界也越来越模糊，基于明确的岗位职责进行岗位价值评估是否还有必要？难道岗位职责发生些许变化，HR 就要组织评估人员重新进行评价吗？

我们需要客观认识岗位职责与岗位价值的关系。的确，岗位的价值一定是基于岗位承载的责任与职能确定的，也会随着职责的调整有所微变。但我们需要清晰地分辨，岗位职责变化后，其对岗位价值影响的大小，岗位职责的变化是否在评估维度上存在较大的变化，还是仅仅是在同一要求下新增的工作内容；如果该调整能够引起岗位价值发生较大的变化，我们更需要分辨出这是一个新的岗位还是原岗位在不同的层级上的要求不同。

所以，无论企业内外部环境如何变化，基于岗位价值的评估是企业人力资源管理中重要的基础工作。

一、岗位价值评估的价值

（一）岗位价值评估是人力资源三大评价体系之一

岗位价值评估是人力资源管理的三大评价体系之一（另外两大评价

体系分别为能力评价体系、绩效评价体系），是人力资源管理系统的基础之一。

岗位价值评估是站在组织的层面，站在岗位设计者的角度，对一个组织内部所有岗位的相对价值大小进行理性分析并给出判断的过程。评估的过程类似于使用一把尺子（体系）来衡量组织中所有岗位的价值大小。

岗位价值评估是把对岗位价值大小的感性认识通过合理、科学的评估手段评估出来，把很多管理者对岗位价值的模糊印象，变成基于共同认可的价值体系，且能够用数字反映岗位的价值大小。通过对岗位进行多个维度的评价，例如岗位所需知识、工作经验、对经营结果的影响、管理幅度等，用数学的方式进行评价计算，并最终确定其综合价值的大小。

事实上，和所有的管理体系一样，岗位价值评估谈不上绝对的客观精确，其本质是通过在不同维度上对岗位进行衡量与比较，确定其在组织中相对价值的大小。

岗位价值评估的结果也不是固定不变的，当环境发生变化、组织架构发生调整、对岗位职责与价值输出的要求发生变化时，应重新梳理该岗位在组织中的相对价值。

（二）岗位评估结果在人力资源其他体系中的应用

岗位价值评估在人力资源管理中具有广泛的应用，并承担着"基石"的作用，无论是组织与岗位架构的搭建、职位等级体系、薪酬激励体系的设计都依据岗位价值评估的结果，其应用价值主要体现在如下几方面。

1. 梳理清晰岗位等级

一般岗位架构中，层级与层级之间的管理与汇报关系（如图 2-2 所示），并不能体现出清晰的岗位等级，经过岗位价值评估后，能够体现每个岗位价值高低，并根据岗位价值高低梳理岗位架构图（如图 2-3

所示）。

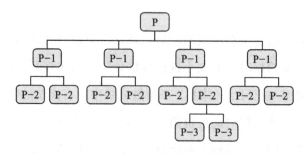

图 2-2　企业岗位架构示意图

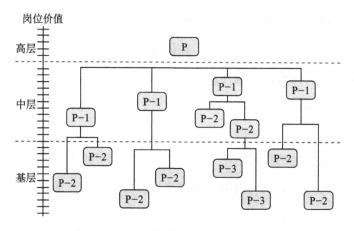

图 2-3　经岗位价值评估后的岗位架构图

2. 通过岗位价值矩阵宏观了解岗位价值相对高低

岗位价值评估能够通过数值的形式体现岗位的价值，根据评估得分划分等级并形成岗位价值矩阵，清晰的矩阵便于从组织宏观层面全方位了解所有岗位之间的价值高低关系。某电商公司岗位价值矩阵如表 2-1 所示。

表 2-1　某电商公司岗位价值矩阵

薪级	运营部	设计部	品牌部	供应链部	客户服务部	仓储部	人力资源部	财务部
13	运营总监							
12			品牌总监				人力资源总监	

(续)

薪级	运营部	设计部	品牌部	供应链部	客户服务部	仓储部	人力资源部	财务部
11								
10	运营经理				产品经理			
9		设计经理						财务经理
8								
7	运营主管			采购主管				
6	高级运营专员	高级设计师					招聘主管	财务主管
5					客服主管			
4	初级运营专员	初级设计师	品牌专员	采购专员	高级客服专员			
3						库管组长		
2	运营助理				客服专员			
1						库管员		

3. 为职位等级体系的设计提供参考

企业划分职位等级的依据也是岗位价值评估结果,一般来说,2～3个薪酬等级可归纳为一个职位等级,职位等级体现的是企业内部的职务行政级别,是员工职业晋升与发展管理的基础,也可以作为企业制定福利标准的基础。

在表 2-2 的案例中,首先根据岗位价值评估得分划分为 13 个薪酬等级,然后在薪级基础上合并归纳为两个序列(管理序列、专业序列)和六级职位等级(P1～P3 和 M1～M3)。

表 2-2 某电商公司依据岗位价值矩阵设计职位等级

管理序列	专业序列	薪级	运营部	设计部	品牌部	供应链部	客户服务部	……
M3	总监	13	运营总监					
		12			品牌总监			
		11						
M2	经理	10	运营经理				产品经理	
		9		设计经理				
		8						
M1	主管	7	运营主管			采购主管		

（续）

管理序列	专业序列		薪级	运营部	设计部	品牌部	供应链部	客户服务部	……
M1 主管	P3	高级专员	6	高级运营专员	高级设计师				
			5					客服主管	
	P2	专员	4	初级运营专员	初级设计师	品牌专员	采购专员	高级客服专员	
			3						
	P1	助理	2	运营助理				客服专员	
			1						

4. 对组织架构合理性进行分析

根据图2-4所示的某组织岗位价值架构，岗位P-2与P-7存在管理与汇报关系，但岗位价值却很相近，说明在该条线上对这两个岗位的任职要求配置不合理，有一定的资源浪费。

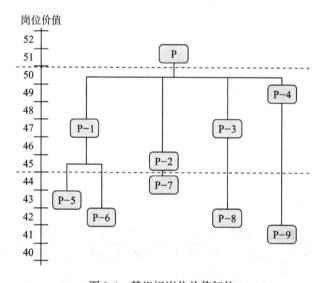

图2-4　某组织岗位价值架构

另外，在岗位P-4与P-9条线上，直接管理关系的两个岗位价值级别相差很远，这不仅会导致较低岗位缺少向上的职业发展通道，而且较高岗位员工离开后该岗位很可能缺乏快速继任的人选，P-9岗位员工很难承担起 P-4 岗位的职责与要求。

通过岗位价值评估对组织的岗位设置、任职资格要求进行分析，更好地优化组织、岗位与人员的配置。

5.设计与岗位价值级别相关联的薪资体系

基于岗位价值付薪的薪酬体系设计，前提条件是明确各岗位对应的薪级，而岗位价值评估的结果就是薪级的直接体现，所以岗位价值评估结果能够作为科学合理的薪酬体系设计与优化的基础。此部分内容将在后续的章节中详细阐述。

二、岗位价值评估的方法

岗位价值评估的方法有很多，不同行业、企业在不同阶段可以使用的评估方法也有很多区别，每种方法适用的企业情况也不同，所以建议每个企业根据自己的行业、规模、发展阶段、企业性质选择适合自己的评估方式。

总体来说，岗位价值评估的方法有以下几种。

（一）排序法

排序法，顾名思义，就是采用两两比较和排序的方式进行评价。在表 2-3 的案例中，企业将所有岗位在表格的首行和首列中同步列出并逐行进行比较。实际操作中，由评估人根据主观判断进行两两比较，行中岗位价值如果比列中岗位价值高，则在相应的交叉格中标注"＋"，反之则标注"－"，最后对该行对应岗位的所有"＋"进行个数合计，"＋"个数越多价值越高，反之则越低。这样就得出了所有岗位的价值高低排序。

根据表 2-3，该企业中岗位价值从高到低的排序应为：运营总监、运营经理、设计经理、运营主管、设计师、客服专员与库管员，公司的付薪水平应根据上述顺序进行排列。

表 2-3 岗位价值评估方法——排序法

职位	运营总监	设计经理	运营经理	设计师	运营主管	客服专员	库管员	"+"个数
运营总监		+	+	+	+	+	+	6
设计经理	−		−	+	+	+	+	4
运营经理	−	+		+	+	+	+	5
设计师	−	−	−		−	+	+	2
运营主管	−	−	−	+		+	+	3
客服专员	−	−	−	−	−		+	1
库管员	−	−	−	−	−	−		0

排序法虽然简单，但适用的场景也比较局限，只有初创期或岗位的数量不是很多的企业，才比较适合这种方法，此时采用两两比较时工作量不是非常大。排序法简单直接，一个岗位比公司其他岗位价值都大，那么该岗位就是公司岗位价值最大的。采用排序法进行岗位价值评估时，评估人一般是公司的老板，他需要熟悉公司每个岗位承担的职责与要求，能够较为全面、客观地评估，评估结果相对准确。

但排序法也存在明显不足，这种岗位价值评估的方式并没有明确是从哪些维度对岗位价值进行评估，更多地依赖于评估人对岗位价值高低主观的判断，甚至可能是评估人错误的判断，且在向员工解释时也很难清晰描述岗位价值高低的原因，容易造成员工间不合理的比较和不公平感。同时，排序法也很难衡量不同岗位间价值差距的具体大小，比如第一名和第二名岗位间的价值差距很可能比第二名与第三名岗位间的价值差距大，但在这种方法中无法有效体现这一点。

所以随着公司的发展、成长，排序法就不再适用，应该选用其他更加科学的岗位价值评估方式。

（二）市场定价法

有些企业从内部无法采用科学的方式对岗位进行评估，把眼光投向了市场，采用外部市场中岗位的一般薪酬区间作为参考值，外部市场中岗位的薪酬区间越高，则岗位的价值越高，反之岗位价值越低。这种方式一般称为**市场定价法**，即采用市场中岗位的薪酬数据作为评价公司内部岗位价值大小的依据。

表 2-4　岗位价值评估方法——市场定价法

岗位	市场价值（千元）	价值级别
运营总监	200～300	1
设计经理	150～200	3
运营经理	180～250	2
设计师	100～150	5
运营主管	120～180	4
客服专员	60～90	6
库管员	40～69	7

市场定价法一般需要从外部市场购买一份同行业、同区域且匹配本公司企业规模的市场调研报告，把公司里的岗位跟市场调研报告匹配，按报告的薪酬范围进行排序，排出的序列就是公司的岗位价值序列。

市场定价法的好处是吻合市场，在人员招聘时很少会出现候选人的薪资要求与公司内部的薪酬范围差别非常大的情况。但是市场定价法的缺点也是比较明显的：

第一，有些岗位的市场价值不等于公司内部的价值，每个企业的特点都不一样，即使是相同的岗位名称，在公司中承担的职责、要求的能力素质也会有差别，市场定价法无法评估或体现出这种差别，造成了评估结果的误差。

第二，市场的数据一定会被当年人才供求关系影响，即使我们采用了最新、最真实的薪酬调研报告，其中的数据也只能体现当期的实际数据，这些数据可能因为人才的供求关系影响了岗位本身的价值，稀缺人才的高薪酬变成了岗位的高价值，造成了公司内部岗位价值误差。

第三，具有企业特色的一些岗位，无法在外部报告中找到，比如在某个国有企业中，有一个党委书记的岗位，这个岗位的价值怎么评价呢？

此时，市场定价法可能就不再适合，而需要寻求别的岗位价值评估方式。

（三）因素评估法

因素评估法是目前评估岗位价值最科学的方式，是从多个维度、多个因素对岗位价值进行评估，综合衡量影响岗位价值的各个方面。

目前，市场上大多数的咨询公司采用的岗位价值评估方法其本质都是因素打分法，只是每家咨询公司选用的评估因素、因素权重有所差别，但实质都是从某些维度对岗位需承担的责任、具备的技能、工作的强度等方面进行评估，将企业的所有岗位用同一把客观公正的尺子进行衡量，确定岗位在企业中的相对价值。

因素评估法的应用需要组织者在评估工具准备、操作流程、过程控制等方面具备较强的方法基础和丰富的经验。因素评估法应用得好能够让组织内部对岗位价值及付薪公平性有更好的认知，应用得不恰当则可能制造了一次引发质疑、挑战、对抗等情绪的机会。

三、定制因素评估法

企业在操作因素评估法时往往会因为过程中的小错误导致最终评估结果产生偏差，最终很难设计出科学合理的薪酬激励体系。本书将在本节中对定制因素评估法进行详细阐述，并用实际案例示意。

定制因素评估法的"定制"是指岗位评估的因素、各因素分级方式、所占权重等要素是根据企业所处的不同行业、不同阶段、不同环境等进行设置,从而确定衡量岗位价值的标准。

定制因素评估法的主要步骤如下。

(一)步骤一:因素选择与定义

首先,我们要清楚,评估一个岗位的价值应该从哪些维度评估,明确哪些因素是影响岗位价值的因素,当然这也与企业的实际情况和价值导向有关,并不能一概而论。

一般来说,岗位价值评估常用的评价维度主要有四大类:责任维度、知识与技能维度、努力程度维度与工作环境维度,从这四大维度能够较全面地衡量岗位的价值。在每一个维度中,还可以从不同的因素对岗位价值进行评估,具体如表 2-5 所示。

表2-5 定制因素评估法常用评价维度与因素

常用评价维度	常用评价因素
责任维度	风险控制、成本费用控制、指导监督、内部协调、外部协调、工作结果、组织人事、法律责任、决策的层次
知识与技能维度	学历要求、知识多样性、熟练期、工作复杂性、工作经验、工作的灵活性、专业知识能力、管理知识能力、综合能力
努力程度维度	工作压力、脑力辛苦程度、工作地点稳定性、创新与开拓、工作紧张程度、工作均衡性
工作环境维度	职业病或危险性、工作时间特征

以上是定制因素打分法中常见的评价维度与因素,企业在实际评估岗位价值时,当然不能从以上所有因素对岗位全部评估一遍,所以一般在评估时会从以上因素中筛选 5~10 个进行评估。

选择评估因素,应充分分析企业岗位现状与不同岗位承担职责的区别,选用能够区分出岗位价值的因素。例如,软件企业中有初级工程师、高级工程师岗位,这两个岗位在"指导监督""沟通协调"因素上有所区别,但区分岗位价值的核心因素应该是"知识""技能"等,所以区分这两个岗位价值时应更多地从"知识与技能"维度上进行评价。

当然，使用定制因素评估法评估岗位价值也需要选用同一个标准对企业内所有岗位进行评价，保持评估标准的一致性。所以，这些因素在责任维度、知识与技能维度和努力程度维度上都有所体现，企业也可以根据其实际情况对工作环境维度进行选用，因为劳动法对工作时间、工作安全性都有所规定，企业管理中也越来越规范，对岗位价值的影响也会越来越小。

一般，企业评估岗位价值的因素的个数应不少于5个，且不多于10个。如果少于5个因素，对岗位的评估不够全面，多于10个因素，评估又会过于分散，较难从核心因素上评出岗位价值的大小。

我们在实际的管理咨询中，主要从能够影响岗位业绩产出、承担责任大小的因素中选择。根据企业所在行业与特点有所区别，总体来说，对岗位价值影响较大的因素主要有以下几个，如表2-6所示。

表2-6 定制因素评估法常用因素

维度	责任维度	知识与技能维度	努力程度维度	工作环境维度
因素	对运营结果的影响	知识技能要求	工作紧张程度	工作时间特征
	指导监督的责任	工作复杂性		
	沟通协调的责任	改善与创新		

选择并确定评估因素后，需要对每个因素进行定义。不同评估人对因素的理解会存在部分偏差，影响评估结果。例如，对"指导监督"的理解可能是指导管理的幅度，也可能是指导管理的难度，所以对因素进行解释定义，一定程度上能够保证评估人对评估因素理解的一致性。定制因素评估法中的因素定义表如表2-7所示。

表2-7 定制因素评估法中的因素定义表

维度	因素	定义
责任维度	对运营结果的影响	指对公司最终财务业绩及客户满意度的影响程度
	指导监督的责任	指本岗位指导监督对象所涉及的职能范围或领域
	沟通协调的责任	指在企业正常的运营过程中，需要跨岗位、跨部门或跨公司合作才能够顺利开展和完成本岗位工作的沟通与协调活动

(续)

维度	因素	定义
知识与技能维度	知识技能要求	指从事本岗位工作所应具备的知识技能范围与水平,以及运用这些知识技能的本质与程度
知识与技能维度	工作复杂性	指在工作中履行职责的复杂程度,根据所需要的分析、计划水平和综合应变能力而定
知识与技能维度	改善与创新	指为获得企业的业绩与目标达成,完成本岗位职责需要投入到改善或创新中的精力和时间
努力程度维度	工作紧张程度	指工作的节奏、时限、注意力集中程度和工作所需对细节的重视程度所引起的工作紧迫感
工作环境维度	工作时间特征	指本岗位工作完成所需要的时间特征 注:不包括因公司重大活动而安排的统一加班

以上,我们在定制因素评估法中因素的选择与定义就完成了。

(二)步骤二:确定评估维度与因素的权重

在选出评估因素后,需要为每个因素设置评估的权重,所有因素评估权重合计为100%。设置权重是因为不同因素对岗位价值的影响程度是不同的,责任维度中的因素更加能够决定岗位价值的大小,而工作时间、环境等只是岗位价值大小的次要影响因素。因此,对岗位价值产出影响越大的因素,其权重应越大。

上一个步骤中提到,评估因素应为5~10个,从权重设置上,建议单个因素的评估权重最高不超过30%,最低不小于5%。如果超过30%,该因素的评估结果对岗位价值影响过高,失去了多因素评估岗位的价值;如果小于5%,该因素的评估对岗位价值的影响很小,那么需要考虑该因素是否有纳入岗位价值评估要素的必要。

某家从事现代服务的企业采用定制因素法进行岗位价值评估时,选用了表2-8所示的因素并设置了相应的权重进行评价。

该企业在责任维度、知识与技能维度、努力程度维度与工作环境维度四个维度分别设置权重50%、35%、10%与5%,并将相应的权重分解到不同的因素上。从表 2-8 看出，对该企业岗位价值影响最大的维度是责任维度。

表 2-8 某现代服务企业定制因素评估法权重设置

维度	责任维度	合计 50%	知识与技能维度	合计 35%	努力程度维度	合计 10%	工作环境维度	合计 5%
因素	对运营结果的影响	20%	知识技能要求	10%	工作紧张程度	10%	工作时间特征	5%
	指导监督的责任	15%	工作复杂性	10%				
	沟通协调的责任	15%	改善与创新	15%				

一般来说，以上四个维度的权重分配应该遵循"责任维度≥知识与技能维度＞努力程度维度＞工作环境维度"的规律。

（三）步骤三：设计评估因素的分级描述及评分标准

确定了评估因素、因素定义、因素权重后，为了更好地对岗位进行评价打分，需要对评估因素进行分级描述，实际上是制定对岗位价值评估的标准。岗位价值评估需要不同的评估人进行评估，为了尽可能保证评估标准的一致性、评估结果的客观公正，需要对评估因素进行分级描述。

从分级的描述与评分标准上，可以将对应的得分标准平均分在各级描述上，也可以设置成较低等级的分数差异小、较高等级的分数差异大，但需保证每个维度分级描述与分值分配的差异一致。

评估因素的分级描述及评分标准如表 2-9 所示。

四、岗位价值评估的流程

岗位价值评估是设计科学合理的薪酬激励体系的前提与基础，评估结果影响企业中每个岗位上员工的切身利益。因此，在整个评估流程中我们需要严谨地遵循科学合理的方法步骤，尽可能地保证评估结果的合理与公

表2-9 评估因素的分级描述及评分标准

评估维度	评估因素名称	评价权重	评估因素定义		评估因素打分标准说明	得分标准
责任维度	对运营结果的影响	20%	指对公司最终财务业绩及客户满意度的影响程度	1	有限的贡献和影响，总体占比少于5%	5
				2	有一定间接的贡献和影响，总体占比5%～10%	10
				3	有比较明显直接的贡献和影响，总体占比10%～20%	15
				4	具备主要核心的贡献和影响，总体占比大于20%	20
	指导监督的责任	15%	指本岗位指导监督对象所涉及的职能范围或领域	1	不指导监督任何人，只对自己的工作结果负责	3.75
				2	直接指导监督同一种工作岗位的所有人员，并对他们的工作结果负责	7.5
				3	直接指导监督某个多职能团队里多种岗位的所有人员，并对他们的工作结果负责	11.25
				4	直接指导监督多个多职能团队的所有人员，并对公司整体工作结果负责	15
	沟通协调的责任	10%	指在企业正常的运营过程中，需要跨岗位、跨部门或跨部门的合作才能够顺利开展和完成本岗位工作的沟通和协调活动	1	仅在本部门内各岗位进行工作沟通	2.5
				2	需要与跨部门一般员工或外部客户进行正常的工作沟通	5
				3	需要与跨部门负责人或外部合作伙伴进行较多的工作沟通，并针对简单问题进行协调	7.5
				4	需要与跨部门负责人或外部合作伙伴进行密切的工作沟通，并针对复杂疑难问题进行协调甚至谈判	10
知识与技能维度	知识技能要求	15%	指从事本职位工作所应具备的知识技能范围与水平，以及运用这些知识技能的本质与程度	1	具备简单的、常规的培训即可从事的工作经验	3
				2	掌握基本的或常用的规则、程序，并运用这些知识和技能标准化规则、程序从事常规、标准的事务性工作。这些知识和技能的获得需要6个月以内的经验	6
				3	掌握某一专业领域内的标准化规则、程序，并熟练运用这些规则和程序完成某一专业领域内典型性的工作。这些知识和技能的获得需要1～3年的经验	9

(续)

评估维度	评估因素名称	评价权重	评估因素定义		评估因素打分标准说明	得分标准
知识与技能维度	知识技能要求	15%		4	系统掌握某一专业领域内的原理、概念与方法，并运用这些原理、概念和方法完成复杂的、多样的、无标准化程序的工作。得需要3~5年的经验	12
				5	系统掌握某一专业领域内广泛的、深入的原理、概念与方法，并运用这些原理、概念和方法设定工作领域中的程序与规则。得需要5年以上的经验	15
	工作复杂性	10%	指在工作中履行职责所需的复杂程度，根据水平和综合应分析、计划、投入的精力和时间能力而定	1	工作简单，完全能够独自地完成	2
				2	只需简单的提示即可完成工作，不需要计划自主判断	4
				3	偶尔需要进行独立分析判断和独立判断	6
				4	工作多样化，并对灵活处理问题的要求较高，经常做独立的分析判断和计划制订	8
				5	非常规性工作，需要在复杂多变的环境中处理事务，需要极强的分析判断、计划制订和应变能力	10
	改善与创新	10%	指为获得企业的业绩目标达成、完成本岗位职责需要投入到改善或创新中的精力和时间	1	完成本职工作基本不需要改善或创新	2.5
				2	完成本职工作需要较少的改善或创新	5
				3	完成本职工作需要较多的改善或创新	7.5
				4	完成本职工作需要持续的改善或创新	10
努力程度维度	工作紧张程度	10%	指工作的节奏、时限、注意力集中程度和工作所需对细节的重视程度所引起的工作紧迫感	1	工作的节奏、时限较为松缓，基本没有紧迫感	3.3
				2	大部分时间的工作节奏、时限较为松缓，偶尔比较紧张	6.6
				3	多数时间的工作节奏需要较为紧凑，经常需要集中注意力并重视细节，明显感到工作紧张	10
工作环境维度	工作时间特征	10%	指本岗位工作完成所需要的时间特征。注：不包括因公司重大活动而安排的统一加班	1	基本不需要加班	2.5
				2	偶尔需要加班	5
				3	经常需要加班	7.5
				4	几乎天天加班	10

平。不仅如此，评估过程中也要重点关注员工心理，提高员工对过程公平性的感知，甚至有的时候过程公平比结果公平更为重要。

岗位价值评估一般采用以下流程。

（一）步骤一：确定合适的评估方法

上一小节中，我们介绍了岗位价值评估可以采用的方法，企业需要根据自身的特点选择合适的评估方法，并做好岗位价值评估的准备工作。

（二）步骤二：选择标杆岗位

随着企业的发展，企业的岗位数量会越来越多，理论上岗位价值评估是要确定公司所有岗位的相对价值，但是在进行岗位价值评估的时候倘若对所有岗位进行评价，工作量将非常大，不仅导致效率低下而且也没有必要，所以在效率和结果之间的平衡就是选取在公司中具有代表性的岗位进行逐个评价，未被选取的岗位可以参考其同级别、同性质岗位的岗位价值放入岗位价值矩阵表中，直接确定其薪级。

例如，表 2-10 先对某企业标杆岗位进行价值评估，根据该评估结果将未被选取的岗位进行横向（部门之间）、纵向（本部门内）的对比后确定其薪级（斜体且加下划线的岗位为未被选取的岗位）。

表 2-10 定制因素打分法标杆岗位选择

薪级	运营部	设计部	品牌部	供应链部	客户服务部	仓储部	人力资源部	财务部
13	运营总监							
12	运营副总监		品牌总监				人力资源总监	
11								
10	运营经理			产品经理				
9		设计经理						财务经理
8					客服经理	仓储经理		
7	运营主管		*品牌主管*	采购主管				
6	高级运营专员	高级设计师					招聘主管	财务主管

（续）

薪级	运营部	设计部	品牌部	供应链部	客户服务部	仓储部	人力资源部	财务部
5					客服主管			
4	初级运营专员	初级设计师	品牌专员	采购专员	高级客服专员			
3						库管组长	人事专员	会计
2	运营助理	设计师助理			客服专员			出纳
1						库管员		

那么，如何选取代表性的岗位呢？一般来说，我们采用"T"或"π"法选择代表性岗位，即一定层级以上的岗位全部选择，比如部门负责人以上的岗位会全部纳入评价范围，因为岗位层级越高越具有独特性，所以全部评价保证结果的公平性。部门负责人以下的岗位一般选择两个标杆部门，比如职能部门的财务部、业务部门的运营部，在这两个部门的岗位中，从低级到高级岗位全部纳入评价范围进行逐个评估，如表2-10中铺灰部分。选择这些岗位的目的是确定不同层级间岗位价值的相对差距，作为其他岗位的参考，将剩下的岗位插入岗位价值矩阵中。

选取的代表岗位的数量是根据企业实际岗位数量确定的，一般情况下，选取的岗位数量约占公司所有岗位数量的15%～30%。如果企业规模较小，如员工人数在100人以下的企业，岗位架构较为简单，选取的比例会更高一些。

（三）步骤三：岗位说明书梳理

在企业中对岗位价值进行合理评价的前提是评估人对被评估岗位在企业架构中的层级、主要职责、任职资格等信息有清晰的认识。为了保证评估的公正与客观，HR应提前与各部门沟通确定各岗位的岗位说明书，必要的时候还需要与在岗的关键员工面谈，确保岗位说明书中描述的内容与实际岗位要求是一致的。

如表2-11所示，某企业造价工程师岗位说明书，从岗位基本信息、岗位目标、主要工作职责描述了岗位的工作内容；从岗位在组织中的位置、权限与岗位工作关系描述了岗位与组织间的交流；任职资格描述了岗位任职要求等。

表 2-11　某企业造价工程师岗位说明书

一、岗位基本信息			
岗位名称	造价工程师	岗位编号	
所属部门	合同预算部	岗位编制	4
直接上级	合同预算主管	直接下级	无
二、岗位目标			
协助经理完成各项工程预算（结算）计划的编制和执行工作，为工程成本控制提供准确依据			
三、主要工作职责			
序号	工作职责概述	工作内容描述	工作结果衡量标准
1	成本控制	1.1 工程合同谈判及测算合同单价，为上级决策提供参考依据	项目总体成本预算偏差率10%
		1.2 编制工程招标文件，负责编制工程标底，并协助上级做好评标工作	
		1.3 依据工程施工图、设计文件、国家有关定额或目前建筑市场行情，负责编制、审核工程预算，控制工程成本，为工程款划拨提供准确依据	
2	项目计划管理	2.1. 协助部门经理完成对建筑市场信息的收集、调查、测算等管理工作	计划有序，数据可查
		2.2 依据工程竣工图（按实收方）、合同、协议、更改资料，负责编制、审核工程结算，为工程成本结算提供准确依据	
3	文档管理	3.1 对工程预（结）算相关的合同、协议、图纸文件及原始结算资料等分门别类，保存完好，提供归档	台账资料清晰
		3.2 收集整理本专业造价数据，测算本专业工程造价，为上级决策提供各种参考依据	
4	其他	上级交办的其他任务	上级的满意程度
四、岗位关系图（该岗位在组织中的位置）			

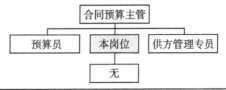

五、岗位权限	
权限一	业务权限：有权根据本岗工作要求对乙方预算提出质疑，有权否定不合理预算或决算，行使对工程成本管理的权力

(续)

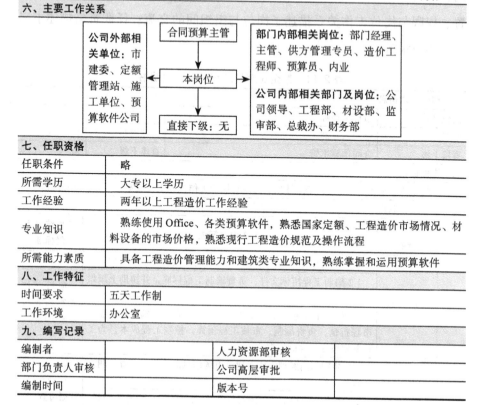

六、主要工作关系	
七、任职资格	
任职条件	略
所需学历	大专以上学历
工作经验	两年以上工程造价工作经验
专业知识	熟练使用Office、各类预算软件，熟悉国家定额、工程造价市场情况、材料设备的市场价格，熟悉现行工程造价规范及操作流程
所需能力素质	具备工程造价管理能力和建筑类专业知识，熟练掌握和运用预算软件
八、工作特征	
时间要求	五天工作制
工作环境	办公室
九、编写记录	
编制者		人力资源部审核	
部门负责人审核		公司高层审批	
编制时间		版本号	

在实际评估时，评估引导人应对每一个岗位的岗位说明书进行说明、解读，以保证在评估时对岗位理解的准确、一致。

（四）步骤四：选择评估人员

岗位价值评估中选择评估人员对评估结果也会有一定影响，甚至是很大的影响。所以在选择评估人员时，尽量选择能客观公正评估的岗位上的人员。

小微型企业一般由企业总经理（老板）和HR专业人员进行评估，一是对公司整体岗位有全面的判断，二是能够从HR的角度保证评估过程的科学公正。大中型企业应成立评估委员会进行评估，因为随着企业规模的不断扩大，很难有一个人能够全面了解公司所有岗位并做出符合实际情况的客观评估，需要多人参与评估工作。评估委员会成员一般包括跨部门高管、公司 HR、外部顾问等。委员会成员应基本属于同一层级且基本高于所有被评估岗位的人员，如果做不到高于所有被评估岗位，须注意在评估人的评价表中将评估人所在岗位剔除，评估人不得评价自己的岗位。

程序的公平比结果的公平更重要，通过合理的岗位价值评估操作可以提高内部公平性的感知，所以评估过程尽可能让更多的核心管理者参与其中，能更好地体现公平公正，当然也要平衡好更多人参与带来的程序公平性感知和结果合理性间的矛盾。

（五）步骤五：组织评估

在所有的准备工作完成且确定评估人后，可以正式开始组织评估。在组织评估的过程中，可以分成以下几个小步骤。

1. 评估工具的学习

正式评估岗位之前，应召集所有参与评估的人员，对评估工具进行培训，让评估人清晰了解评估工具如何使用，评估过程中如何操作。对评估工具的准确理解与使用，是保证评估结果准确的前提之一。

2. 评估过程控制

该环节在整个评估流程中是一个较为重要的环节，也是对评估结果影响很大的环节。所以在评估过程中，需要一位熟练掌握评估工具的 HR 或外部咨询顾问的引导。一方面对工具进行进一步的解释、说明，另一方面在评估中提醒评估人规避可能出现的偏差与注意事项，主要有以下几个方面：

（1）保持评估人在评估过程中的独立性。

评估时，每一个评估人应尽力保持独立评价，避免被他人影响，从而影响最终评价的结果。评估者在评估过程中有任何疑问、不解，应咨询引导者，在获得解释后独立评估。

（2）评估的是岗位而不是在这个岗位上的人。

很多时候，评估人在评估时很难区分评估的依据是岗位职责还是岗位上员工的表现，因为岗位职责比较虚无，只有将这些工作任务落在某个员工身上时，才能具象地判断这个工作的价值如何，那么难免带入对岗位上员工的评估。由于岗位的在任者没有达到公司的期望，导致对这个岗位的价值评估较低；抑或是由于在岗员工的能力较强，承担了本不属于该岗位职责范围内的工作，评估时将此人所在岗位价值评估过高。

所以，引导者在评估过程中需要不断提醒评估人，就岗位职责评估岗位，尽量避免带入对岗位员工的评价，这也是在评估前需要对岗位说明书进行梳理的原因。

（3）评估的是岗位日常工作或大多数情况下的工作内容，而非特殊情况。

在评估岗位价值时，应考量岗位日常工作中承担的职责与成果要求，而不应考量特殊情况下岗位的价值，这也是在评估前需要对评估的岗位职责进行梳理的原因，评估时应组织评估人对各岗位的说明书认真阅读并根据说明书中明确的岗位要求评估岗位价值。

> 有个世界500强公司在评估岗位价值时，其中一个被评估岗位是总经理的驾驶员岗位，评估价值级别较低，有评估人提出了不同意见，认为该岗位在驾驶时承担了老板安全的责任，倘若驾驶时出了事故，导致老板受伤，可能对公司的经营造成不可挽回的影响，所以这个岗位的价值应该高一些。这是典型的以偏概全，将特殊情况考虑为岗位的一般情况，从而错误地评估了岗位价值。

3. 评估后的回顾

在评估过程中，随着评估人对评估工具与流程不断熟悉，可能发现评估中存在前后评价不一致的情况，引导者应及时提醒评估者做出调整，横向对比岗位评估标准，尽可能保持对所有岗位评估尺度的一致。

（六）步骤六：整理统计

评估完成后，需要对各评估人评分结果进行整理统计。若只有一个评估人，根据评估的结果进行统计就能直接确定公司的岗位价值结果。不过多数情况下，为了保证评估的公平性与参与性，都采用评估委员会、评估小组的形式进行评估，那么 HR 在整理统计评估结果时，可能需要对不同评估人的评估结果依据不同权重进行统计，一方面要兼顾各评估人的意见，另一方面要适当倾向更公平公正评估人的评估结果。

（七）步骤七：评估结果确认

整理统计的评估结果需要再次回顾，并与老板或经营层沟通确认，确保评估结果与公司实际情况、对岗位的定位一致。如果个别岗位的评估统计结果与预期不相符，首先应从评估表中查找差别原因，再确认是否需要修改调整。如果出现 30% 以上岗位与预期不相符的情况，应从步骤三重新梳理确认岗位说明书，并重新组织岗位价值的评估工作，以得到更加准确合理的岗位价值评估结果。

在评估结果统计与确认的过程中，需要特别注意对评估结果的保密，特别是还未确定的评估结果，以免造成员工的不理解与波动。岗位价值评估的结果将会影响企业中所有员工的薪酬水平，在当前企业一般管理环境下，部分员工暂时还不能完全客观理解和看待薪酬与激励，如果将评估过程与评估信息公开，可能造成不必要的波动，对公司的激励管理造成不可挽回的后果，这与薪酬保密机制是同样的道理。所以，所有参与评估的人员一旦评估完成，一定要将其视为集体智慧，共同捍卫这个成果并对评估中的信息进行保密，切忌将评估过程与评估结果告知未参与评估的人员或其他员工。

岗位价值评估是一项复杂且具有一定难度的系统工程，评估过程中的每一个步骤都有许多需要注意的地方，企业在进行岗位价值评估时，有条件的话尽量选择咨询公司辅导进行。如果由内部 HR 引导评估，HR 应事先按照以上方法和流程进行试评估，充分理解掌握每一个步骤，对可能出现的问题进行防范与规避，再组织企业内部的评估，这样才能保证评估结果的准确。

第二节　定薪级：岗位价值评估成果

上一节中说到，岗位价值评估是设计薪酬激励体系的基础，岗位价值评估为薪酬激励体系设计提供支持的直接成果主要体现为岗位价值矩阵、薪级、职级等。

一、岗位价值（薪级）

岗位价值评估的直接结果是得到明确的岗位价值大小，如果采用定制因素评估法，会得到所有岗位的评估得分，这些评估得分高低就代表了岗位在企业中的价值大小。某企业岗位价值评估得分如图 2-5 所示。

以上是根据定制因素打分法评价得出的每个岗位的评估得分，但这个评估得分无法在设计薪酬体系时直接使用，需要做一些处理转化，变成我们能够使用的薪级。在图 2-5 中，左侧根据评价得分划分了不同的区间，能够将不同岗位在不同区间中进行归类，就是将得分归到不同"薪级"中。

划分岗位间不同的薪级区间时，是按均等的得分差距划分还是根据其他规律进行划分？

如果按照均等得分差距划分,则可划分出以下薪级,如表2-12所示。

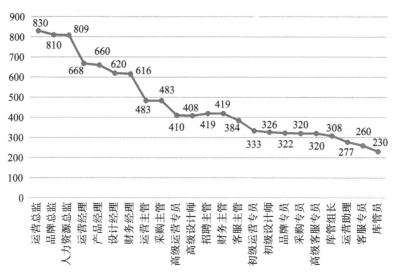

图2-5 岗位价值评估得分

表2-12 定制因素打分法岗位价值评估等级（方式一）

最小值	最大值	差额	评估等级	最小值	最大值	差额	评估等级
200	219	20	1	600	619	20	21
220	239	20	2	620	639	20	22
240	259	20	3	640	659	20	23
260	279	20	4	660	679	20	24
280	299	20	5	680	699	20	25
300	319	20	6	700	719	20	26
320	339	20	7	720	739	20	27
340	359	20	8	740	759	20	28
360	379	20	9	760	779	20	29
380	399	20	10	780	799	20	30
400	419	20	11	800	819	20	31
420	439	20	12	820	839	20	32
440	459	20	13	840	859	20	33
460	479	20	14	860	879	20	34
480	499	20	15	880	899	20	35
500	519	20	16	900	919	20	36
520	539	20	17	920	939	20	37
540	559	20	18	940	959	20	38
560	579	20	19	960	979	20	39
580	599	20	20	980	1 000	20	40

从岗位得分上看，较基层的岗位得分差别非常小，为了较好地区分出岗位薪级的差别，在表2-12中，得分区间是根据"20分"区间进行划分，得到的薪级数达到40级，依据得分将岗位定级时会发现较高薪级有很多薪级中没有岗位，出现了"空薪级"，划分区间的方式过细、区间过小，就会导致这样的情况。

所以，在薪级的划分中，分值区间的设置在基层时应较小，较高层时应较大，整体呈现不断增加的规律，从而划分出薪级。如表2-13中，分值区间从30分到70分不等，将薪级划分为16级。这样设置的优点是：能够避免出现很多空薪级，同时逐渐增加的差额设置符合薪酬体系设计的客观规律，因为越高层的岗位，通过能力增长带来的业绩变化的时间越长，晋升时间越长，所以划分的差额应该越大。

表2-13 定制因素打分法岗位价值评估等级（方式二）

最小值	最大值	差额	薪级	最小值	最大值	差额	薪级
200	229	30	1	510	559	50	9
230	259	30	2	560	619	60	10
260	289	30	3	620	679	60	11
290	329	40	4	680	739	60	12
330	369	40	5	740	809	70	13
370	409	40	6	810	879	70	14
410	459	50	7	880	949	70	15
460	509	50	8	950以上		70	16

薪级区间分数的划分并没有明确的规则与要求，更多的是根据组织规模、员工人数以及组织现状等进行划分，在划分时，主要考虑以下几个方面：

（1）是否能够有效区分出岗位薪级？

对于价值差别较为明显的岗位是否进行有效区分？例如从感知上，行政专员与审计专员的薪级应有所区别，在实际划分中是否体现出区别？

（2）是否出现了较多"空薪级"的情况？

"空薪级"是指在某一薪级上没有任何岗位，合理的薪级设置可以适当出现"空薪级",是为组织发展中某些岗位的晋升、发展进行预留,但不应出现很多,这些薪级脱离了实际的薪酬激励对象,在使用中难免造成资源浪费、无法管控的情况。

(3)是否适应企业规模?

一般来说,初创企业或人员规模不超过50人的企业,薪级不宜超过8级;员工人数在50～200人的企业,薪级为9～12级;员工人数在200～500人的企业,薪级为13～15级;员工人数超过1 000人的企业,薪级可设置为16～18级;综合性集团企业,包括事业部、子公司等企业,薪级可设置至20级左右;若包括多个事业部、多家子公司,业务范围跨洲,薪级可设置至24级左右。

二、岗位价值矩阵

岗位价值评估的薪级能够形成岗位价值矩阵,通过矩阵表的方式将组织中所有岗位的价值进行罗列,具体如表2-14所示。这样罗列的优点主要有:

第一,能够从部门、薪级两个维度对所有岗位的薪级进行对比衡量,再次衡量组织内岗位价值的相对合理。

第二,前面我们说到在评价岗位价值时,并不会对所有岗位进行评价,对于未评价的岗位可以通过对比各部门、各薪级上的其他岗位的薪级情况确定其薪级,如表2-14中斜体且加下划线的岗位。

表2-14 岗位价值矩阵示意

薪级	运营部	设计部	品牌部	供应链部	客户服务部	仓储部	人力资源部	财务部
13	运营总监							
12	*运营副总监*		品牌总监				人力资源总监	
11								
10	运营经理			产品经理				

(续)

薪级	运营部	设计部	品牌部	供应链部	客户服务部	仓储部	人力资源部	财务部
9		设计经理						财务经理
8					客服经理	仓储经理		
7	运营主管		品牌主管	采购主管				
6	高级运营专员	高级设计师					招聘主管	财务主管
5					客服主管			
4	初级运营专员	初级设计师	品牌专员	采购专员	高级客服专员			
3						库管组长	人事专员	会计
2	运营助理	设计师助理			客服专员			出纳
1						库管员		

岗位价值矩阵的结果在一定程度上代表了不同岗位的付薪水平，所以岗位价值矩阵只能在薪酬管理者与企业经营者范围内知晓，不得公开。

三、职位等级体系

岗位价值评估不仅确定了企业内岗位的薪级与岗位价值矩阵，也是企业内部梳理职位等级体系的基础，职位等级体系是同性质岗位归纳为职位族，将岗位价值相近的几个薪级岗位归为一个层级的体系。同类岗位形成的职位族是企业中性质相似、激励方式相似的一类岗位，可以定位为序列、系列等，同一层级中岗位承担的责任大小、成果价值等具有相似性，可以归纳为职级。不仅如此，职位等级体系还确定了不同类别岗位相对层级的高低，具有较为明确的横向对应关系，员工能清晰了解其在企业中层级的相对高低。

一般情况下，这种归类形成了专员、主管、经理等级别（对职级的表达有很多形式，这只是常见的一种），表现了职级与薪级的对应关系，具体如表2-15所示。

表 2-15　职位等级体系示意

职位等级	薪级	技术序列	营销序列	职能序列	管理序列
经营层	11				总经理
	10				副总经理
总监级	9	首席工程师			总监
	8				副总监
经理级	7	资深工程师	高级营销经理		高级经理
	6				经理
主管级	5	高级工程师	营销经理	资深专员	副经理
	4		高级营销专员	高级专员	主管
专员级	3	工程师	营销专员	专员	
	2	助理工程师	营销助理	助理专员	
	1			辅助人员	

相信各位 HR 见得最多的是阿里的职位等级体系，其构建的 P 序列、M 序列在很多互联网企业应用非常广泛。职位等级是确定组织中员工级别的一种方式，是划分员工层级的基础，代表了员工在企业中的"政治地位"，不仅如此，职位等级在人力资源管理中有着各种各样的应用。

（一）职业发展通道

职位等级体系代表了各类岗位的晋升通道，也就是职业发展通道，员工可以清晰地了解其在企业中职业发展、晋升的路径。职业发展通道不仅可以在同序列中向上晋升，也可以结合自身特点、企业需要跨序列横向发展。

（二）任职资格的基础

为了规范员工的晋升与发展，企业依据职位等级体系，针对不同职位族、不同等级制定晋升到该级别所需的工作经验、能力等要求，作为指导员工自我提升与要求的依据。

（三）员工福利待遇标准制定的依据

职位等级是企业中为员工制定相关福利待遇标准的依据。企业在发放各项补贴、福利时往往根据不同职级做不同处理,特别是一些较为丰厚的福利、退休福利等。

第三节 断合理:内部公平性分析

很多 HR 往往会遇到这样的情况,每年招聘季时企业内部有许多招聘需求,用人部门也亟需人才到岗,但经常发现外部薪酬水平越来越高,为了吸引人才,入职薪酬越来越高,反观企业内部,新入职的员工比在职老员工薪资普遍高很多,甚至应届毕业生也比老员工的薪资高。面对这样的问题,虽然很多企业强调了薪酬保密,但很难严格做到。这种情况往往会引起较大的矛盾,HR 们左右为难,难以解释,最终变成人人涨薪的情况。

以上情形经常发生,新进员工与老员工之间薪酬不公平更是常见,甚至成为吸引员工的必要手段,但这种方式一定会逐渐影响企业付薪的公平性,HR 必须时刻掌握企业内部付薪的整体公平性,做到及时有目标地调整,尽量维护企业内部付薪的公平性。

企业付薪的整体公平性首先可以从一些现象上体现,例如,越来越多的员工反映对其他员工高薪酬的不满:"为什么张三的级别没我高,工资却比我高""员工调动时发现薪资的变化非常大""薪酬结构越来越多,不同岗位薪酬结构差别很大"……

这些现象能够定性地判断企业薪酬体系的内部公平性出现了问题,但如果需要精确定位影响内部公平性的主要原因是什么或主要影响的层级、岗位是哪些,就要采用科学合理的分析方法与工具了。下面我们将详细阐述怎么判断企业付薪的内部公平性。

一、内部公平性分析

如何判断企业付薪的内部公平性呢?企业只需要问自己这样两个

问题：

（1）较高薪级岗位的薪酬是否高于较低薪级岗位的薪酬？

当然，这里并不是说所有高薪级岗位的薪酬"绝对"高于较低薪级岗位的薪酬，而是整体呈现的趋势。也就是说，随着岗位薪级的增加，整体的付薪水平呈现增长趋势。

（2）同一薪级上，不同员工薪酬是否在一个区间内均匀分布？

同一薪级内，不同员工的薪酬水平围绕某一个中点值上下浮动，且离散程度较小。

不过，想要客观准确地判断企业付薪水平的内部公平性，还是要应用统计学相关技巧，通过对岗位薪级与薪级上的付薪水平进行整体回归分析，将公司实际的付薪水平与函数的离散程度进行对比，从而分析企业内部的整体公平性。

（一）工具与资料准备

（1）**Excel 表格**：该分析是在 Excel 环境中进行数据处理与分析。

（2）**岗位价值评估结果（薪级）**：根据岗位价值评估出的结果确定岗位的薪级（具体见本章第二节内容）。

（3）**公司当前所有员工的年度现金总收入（年化）数据（以下简称"年收入"）**：进行内部公平性分析时，应选取员工的年度现金总收入作为分析数据。

无论是内部公平性分析还是外部竞争性分析，都应选取年度现金总收入作为分析数据，因为企业内部不同岗位之间的薪酬结构各有差别，薪酬激励的方式也不相同，选取薪酬的某一部分进行对比会存在问题，所以应选取员工的年度现金总收入进行对比分析。

年度现金总收入是指员工某一年度所有稳定、应得的总现金性收入，包括固定收入、津贴补贴、绩效预期收入、提成奖金、年终奖等，但不包括特殊奖金（非预期稳定）、股权分红、期权收益等。

（二）操作步骤

第一步，收集计算相关薪酬数据：收集上一年度所有员工现金总收入数据（税前），对于一些当年入职的员工应将其薪酬数据做年化处理，以免影响公平性结果。

第二步，根据最新的岗位架构与岗位价值评估结果对所有员工定岗、定级，确定员工当前所在薪级。

第三步，根据以上步骤整理得出"员工—岗位—薪级—年收入"收集表，这代表企业对每一位员工的付薪水平，具体如表2-16所示。

表2-16 "员工—岗位—薪级—年收入"收集表

员工	岗位	薪级	年收入（元）
A	开发部经理	55	123 000
B	开发主管	50	82 000
C	开发专员	44	39 000
D	开发专员	44	47 000
E	采购部经理	54	111 000
F	采购主管	49	70 000
……	……	……	……

第四步，将表2-16中的"薪级—年收入"分别作为X轴（横坐标）与Y轴（纵坐标）生成散点图，图中的每一个点即代表企业中一位员工的薪酬水平，同一X轴上的不同散点即代表同一薪级上所有员工的薪酬水平。根据表2-16生成的散点图如图2-6所示。

第五步，选中这些点右击添加趋势线，因为薪酬随薪级的增加应越来越高，且这种增加呈现指数型增加，所以在添加趋势线时应选择指数型，并显示指数的公式与R^2值，作为判断内部公平性的依据。具体如图2-7所示。

第六步，R^2反映了两个变量之间的相关度，即代表了变量之间的相关程度。在内部公平性分析中，一般我们认为 R^2 大于 0.8 是比较合理的状态，说明职级与薪酬关联较明显，企业内付薪的水平较为公平合理。

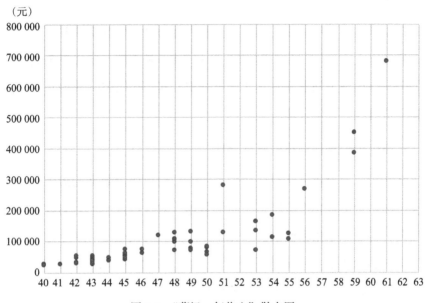

图 2-6 "薪级—年收入"散点图

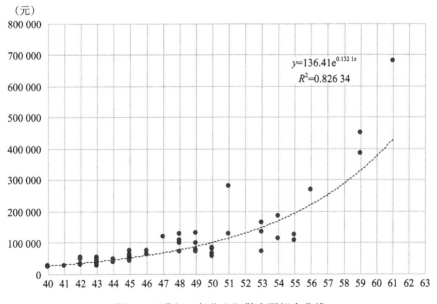

图 2-7 "薪级—年收入"散点图拟合曲线

二、影响内部公平性评估结果的因素

(一) 评估过程

根据以上步骤用量化的数据将企业内部公平性体现出来并进行分析诊断，通过以上方法进行分析时发现 $R^2 < 0.8$，是否就一定代表企业内部付薪的公平性出现了问题呢？其实并不一定，我们还需要从其他几个方面来保证分析过程的科学合理。

1. 岗位价值评估结果的准确合理

在采用以上分析方法时，我们采用岗位价值作为数据的横坐标，即在每一个岗位价值级别上有很多个薪酬数据，对这些点所代表的数据进行拟合回归，得出一条指数曲线。可见每一个数据的横坐标、纵坐标的数值对这条曲线都会有影响，且会影响 R^2，影响对薪酬体系内部公平性的整体判断。所以，我们在进行岗位价值评估时，一定要保证岗位价值评估结果的准确，保证薪酬体系内部公平性的分析结果合理准确。

2. 参与分析的薪酬数据口径的统一

确定了横坐标的准确性后，我们要保证纵坐标数据的准确性。相信专业的 HR 们不会算错数值，但有一点需要注意，就是薪酬数据口径的统一。一般采用的纵坐标数据是员工全年总收入的口径，在很多企业，一个员工的工资分很多科目、很多方式进行发放：有部分是人力资源每月编制工资表发放，有部分采用避税的方式发放，还有的是财务部造表发放……这些都可能造成薪酬数据统计口径上的错误，并最终影响对内部公平性的分析。

3. 样本量足够

以上横坐标、纵坐标的数据都保证准确了，是不是就能保证得出的结果一定准确合理了？其实不然，还有一点需要注意的是，要有足够大的样本量。我们采用的分析方式是数学分析中的回归分析，是对多个数据点进行拟合回归，倘若没有足够的数据点，最后拟合的回归线不具有代表性，也不能代表企业内部公平性的实际情况。根据我们多年诊断分析的经验，一般样本数量不能少于50个，否则得出的结果可信度不高。

有些读者会提出疑问，我们企业是小微企业，总人数还不足50人，是不是不能采用这个方式进行诊断分析了？我们以结果导向的思维来看待这个问题，进行内部公平性分析的目的是什么？是诊断公司薪酬体系的内部公平性。不足50人企业完全可以采用"观察"的方式而不是R^2来判断内部的公平性，根据薪级、年收入数据形成的散点图就能直观地看出影响内部公平性的数据点在哪儿，从而进行调整。

（二）异常薪酬数据

整体判断企业付薪的内部公平性问题后，HR应重点分析每一个异常数据（与拟合曲线偏离较大，如图2-8中的A点、B点），确定其偏离较大的原因是什么。

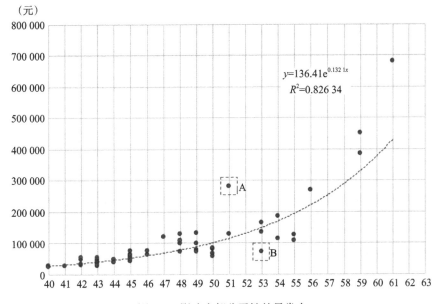

图2-8　影响内部公平性的异常点

影响企业薪酬公平性的原因可能有以下几个方面。

1. 员工薪酬不合理过高

由于特殊原因,员工不合理地拿了过高的薪酬是影响企业内部公平性的主要因素,这些员工可能因为在企业发展中承担了阶段性的困难任务并较好地完成,公司给予了"涨薪"的嘉奖,但完成任务后不再承担重要岗位或重要职责,薪酬却无法下降;还可能因为员工在入职时薪酬比较高,多年的普调中不断上升,逐渐影响了内部的公平性。

针对前一种情况,需要调整员工不合理的薪酬,通过一次性补偿、调整岗位等其他方式解决薪酬不合理的问题;对于后者,企业应反思调薪的方式与调薪比例,取消普调,变为有计划、有针对、有规则的调薪,一定程度上降低各薪级中薪酬水平已领先他人的员工的调薪比例,适当放缓调薪的步伐,将薪酬不合理过高员工的薪酬重新拉回合理的区间。

2. 应该晋升而没有晋升的员工

该类员工是在工作岗位上表现优秀的员工,所以调薪的机会、比例比同岗位上的其他员工更多、更高,逐渐地超出了合理范围,针对这样的员工应该及时进行岗位的调整,应晋升或调整至岗位价值更高的岗位上,在更高的薪酬宽带中增长。此类岗位上的员工薪酬实质并不影响企业的内部公平性,在晋升或岗位调整上及时配套即可。

3. 引进的优秀人才

公司根据业务发展的需求经常会引进特殊的优秀人才,优秀人才的引进常需要特殊的激励政策,高薪酬就是最常见的一种方式。如果存在很多高薪酬的员工,就会影响企业薪酬的整体公平性,那么应该如何处理呢?其实,个别优秀的员工高薪酬并不会影响公司整体的公平性,但值得注意的是,应尽量保持结构上的公平性,引进的人才高薪资可以采用特殊补贴、津贴体系,有别于一般的员工,且需明确如果本公司的员工也能够和引进人才取得同样的业绩,也可以享受相应的补贴,保持政策上的公平。

4. 常年未调薪的人

常年未调薪的人一般是在岗位上的业绩达不到公司的要求,同时缺乏合理的淘汰、调岗,结果常年"挂车尾"。对于该类员工应及时做出岗位的调整或淘汰,该类员工不仅影响企业内部付薪公平性,而且影响企业内部员工对岗位任职要求的认知,所以需要尽快做出调整。

以上,企业应当通过科学的数据分析方法对内部公平性诊断,了解影响公平性的原因是什么,并根据实际情况进行相应的调整,逐渐提高内部公平性。

第四节 比高低:外部竞争性分析

HR们在招聘时一般都会在招聘信息中写这样一句话:提供具有竞争力的薪酬!何为具有竞争力的薪酬呢?这就是我们所说的企业的薪酬水平要具有外部竞争性,同样的岗位、同样的能力要求企业付薪水平相对高于其他企业的付薪水平,员工鲜少因为薪酬水平跳槽、离职,企业能够以当前的薪酬水平在市场中招聘到需要且较为满意的员工。所以企业应时刻关注自身的薪酬竞争性是否符合公司制定的相关策略,支撑员工的保留与吸引。企业保持有竞争力的薪酬水平主要出于以下几个目的:

第一,吸引人才。

大多数情况下,薪酬仍是员工就业求职的第一考虑要素,合适的薪酬水平对于人才的吸引有着不可或缺的作用。

第二,保留和激励员工。

依据市场竞争力分析结果调整适应企业自身的薪酬政策,能够较好地保留与激励企业中现有人才,增强企业在市场中的竞争力。

第三，控制劳动成本。

通过了解市场的付薪水平，结合公司付薪现状，合理选用薪酬策略，能更好地利用薪酬的激励价值，并有依据地进行相应的调整，从而更好地控制人力成本。

那么，薪酬的竞争性应该从哪些维度进行分析呢？应该如何分析呢？以下我们将进行详细阐述。

一、外部数据采集

虽然我们能够根据各种各样的现象判断企业的薪酬竞争性如何，但想要明确了解不同岗位、层级的外部竞争性究竟如何，还是需要通过数据分析诊断支撑，所以进行外部竞争性分析的前提是确定企业进行竞争性分析的对标区域或对象是什么。

（一）外部薪酬数据的最佳来源

在进行具体的外部竞争性分析之前，应先明确企业薪酬外部对标的对象是谁，这样才能进行科学的对比。一般来说，薪酬对标对象主要从以下四个方面进行选择与考量。具体如图2-9所示。

图 2-9　外部数据来源

1. 相同相似的行业

不同的行业，无论是商业模式、盈利能力还是管理需求等各个方面都存在很大的区别，甚至是完全相悖的，所以在进行对比分析的时候，一定要精准对标，尽量选择企业所在行业。如果是新兴行业，暂时还未完全形成明确的行业或难以获取准确数据，可以选择类似、相近的行业，也可以看我们的目标员工所在的行业来源，只有行业范围内的对标结果才具备参考价值。

2. 相同相似的地域

除了需要选择企业所在行业，还需要关注企业所在的区域。不同区域的经济发展水平存在区别，员工的生活成本、消费水平也不一样，所以在选择对标数据时还要注意数据的来源区域，除特殊的行业，目标员工一般都来自企业周边区域，所以选择与企业所在区域的周边区域或经济发展水平较为类似的区域，其数据才具有可比性。例如，东部与西部的区域区别、一线城市与二三线城市的区别等。

3. 相似的组织规模

薪酬数据不仅可以选择相同的行业、相近的区域，还可以进一步定位到更精确的数据，那就是同行业、同地域中与本企业组织规模相似的企业，同等级的组织规模中，整体的组织结构与付薪水平的竞争力基本一致，组织规模的大小与企业的付薪水平也有一定的关系，所以要选择与本组织的规模相似的企业作为薪酬数据对标的来源。组织规模不同，企业的付薪水平、付薪策略可能差别很大，所以相似的组织规模也是企业收集薪酬数据的来源之一。

4. 相似的岗位要求

岗位职责与能力要求相近的企业，也是薪酬数据重要的来源之一，即使在不同行业中，也存在部分岗位具有一定的通用性，所以同性质的岗位如果其岗位职责与能力要求一致，也可作为薪酬竞争性分析的参考数据。

以上是企业选择外部对标时的数据来源，如果以上数据来源能够寻找到较为合理可靠的外部薪酬报告作为参考依据，这样最佳，但实际情况是，企业在寻找外部薪酬对标时，很难找到合理的外部薪酬数据，并且不能确认外部薪酬数据的可靠性。

此时，对于企业来说还可以通过对标特定的某家企业，这家企业应该是企业在行业中最大的竞争对手或是**本企业人才最佳的来源与去向的公司**，企业人才最直接的竞争方，对标此类企业的薪酬数据，制定更合理的本企业薪酬竞争性策略。

(二) 外部薪酬数据的采集方法

明确了薪酬对标数据的最佳来源后，接下来的问题就是通过什么样的方法获取这些外部薪酬数据？主要是两条路径：一是通过人脉圈子定向获取最佳对标企业的薪酬数据，二是通过外部现成的薪酬调研报告采集。

企业经营管理者与 HR 可以通过在行业中的积累了解其他企业的薪酬情况，但大多数企业管理者都是很有职业操守的，对于公司机密性薪酬数据的保密意识也会很强，所以可能得到一些有失偏颇的数据，需要老板或 HR 们客观吸收。

我们往往发现一个悖论，数据的来源越明确，能够收集到的数据就会越少，这导致了数据不具有参考性，所以在收集数据时，应注意数据来源与数据量之间的平衡，不仅要保证数据的合理可靠，还要保证足够的数据量。

因此，除了选取合适的对标企业了解它们的薪酬水平外，还可以通过一些渠道来获取外部薪酬报告，现在有很多咨询公司会定期发布一些区域、行业的薪酬报告，购买薪酬报告也是收集外部数据的有效方式之一。在使用外部薪酬报告时需要注意的是：外部薪酬报告在进行市场数据收集时，采取的样本也许并非企业所需的对标企业，且收集的数据是经过处理的，在数据处理过程中难免有一些失真的情况，企业在对标分析时应注意客观看待，不能一味套用。

一般来说，一份科学的薪酬报告，应包括以下结构。

1. 基本信息

明确说明薪酬数据收集的地区、参与薪酬调研的企业名称、数据收集的时间段等信息，以便阅读者选用。

2. 参与薪酬调研的岗位的简要描述

包括岗位的基本要求、承担的职责等，阅读者应依据岗位描述对照企业内部岗位的职责与能力要求进行对标，而非依据岗位名称进行对标。

3. 被调研岗位的不同薪酬结构、不同分位的薪酬数据

每个企业对不同岗位的付薪水平、付薪的结构都有所区别，岗位的薪酬数据应包括所有参与调研的企业对该岗位的付薪结构及对应的薪酬水平数据，这样阅读者才能客观地对标企业内部岗位并参考相关数据。可参考表 2-17。

表 2-17 某人力资源经理薪酬调研报告数据

岗位：人力资源经理		汇报对象：人力资源总监			
岗位概述	全面管理与指导人力资源部日常工作，负责薪酬、绩效管理体系的落地与实施，保障人力资源基础工作的准确及时				
薪酬数据	10 分位	25 分位	50 分位	75 分位	90 分位
基础薪酬（元）	—	55 000	65 000	100 000	—
固定薪酬（元）	50 000	70 000	85 000	105 000	120 000
年度现金总收入（元）	80 000	100 000	120 000	155 000	200 000

注：以上薪酬数据均为年度薪酬。

二、外部竞争性分析

企业进行薪酬竞争性分析时，不仅要对薪酬水平进行分析，还需要从薪酬的结构、薪酬的调整机制等各维度进行对标分析。薪酬是否具有竞争性不仅体现在付薪水平的高低，还体现在企业采用什么方式进行付薪，同样是 10 万元的年薪，固定发放的比例是 40% 还是 60%，对员工的吸引和激励效果差别非常大。以下我们将从两个方面阐述如何进行外部竞争性分析。

(一) 薪酬水平维度的竞争性分析

在获取对标的区域、企业的相关薪酬数据后，可以通过对比内外部岗位的薪酬水平，了解企业内部付薪的竞争性如何。

外部竞争性分析同样采取 Excel 表格进行数据的统计与分析，在上一节的"内部公平性分析"中，我们已经详细说明如何将企业现有员工的薪酬用点状图的形式体现，也拟合出代表薪酬水平的指数曲线。在进行外部竞争性分析时，可以在内部公平性分析表格的基础上进行分析。

对比外部薪酬数据时，可以针对某个岗位付薪水平进行直接对标分析，也可以利用外部数据进行整体付薪水平的分析。首先需要对外部薪酬数据进行处理，薪酬报告中的数据是依据岗位罗列的，企业在使用时，首先要根据岗位的描述对外部岗位进行定级，并将其不同分位的数据依据内部公平性分析的处理方式，分别形成不同分位拟合曲线，如图 2-10 所示，三条拟合线分别代表外部整体付薪水平。在分析外部数据时，一定要注意内外部数据口径保持一致，这样数据才有可比性。

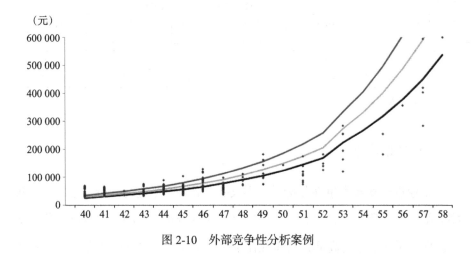

图 2-10　外部竞争性分析案例

然后，将代表企业现状的"薪级—薪酬"数据代入其中，如图 2-10 中的每一个点代表企业中每一个人的薪酬。

从图 2-10 可以较为清晰地看出企业付薪水平在市场中的竞争力情况。案例中的企业，基层岗位（薪级 43 级以下的岗位）的薪酬水平具有一定的竞争力，普遍处于市场 25 分位以上，甚至高出 75 分位很多；中基层岗位（薪级 44～46 级的岗位）员工薪酬水平为市场的 25～75 分位分布；中高层岗位（薪级 47 级以上的岗位）在市场中竞争力较低，随着薪级的增加，薪酬竞争力越来越低。总体来说，该薪酬水平在市场中的竞争力较差，特别是较高薪级的岗位，企业可以根据企业的实际情况与制定的薪酬水平策略进行调整。

（二）薪酬结构与薪酬占比维度的竞争性分析

薪酬的竞争性不仅需要从薪酬水平的高低进行判断，还需要根据薪酬结构维度进行分析。一般来说，相同的薪酬水平，固定薪酬部分的占比越高，竞争性越高。图 2-11 中，深色部分代表固定薪酬的占比，从图中可以看出，XH 公司整体付薪的固定比例远低于市场一般水平，薪酬的保障性低，容易造成员工的不安全感，所以这种付薪方式在无形中降低了薪酬的竞争性。

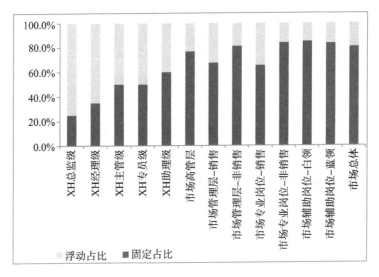

图 2-11　XH 公司与市场固浮比对比图

当然对于企业来说，不能一味地提高固定薪酬的占比来提高薪酬的竞争性，这样就失去了薪酬对员工的激励效果，固定与浮动薪酬的比例需要根据企业业务情况进行平衡。

除了从薪酬水平与结构维度对竞争性进行评估，还可以从薪酬总额（人工总成本）占营收的百分比进行分析。同行业中，如果薪酬总额（人工总成本）占比远低于行业水平，一定程度上说明企业薪酬的整体竞争性不足。

某企业人工成本占比示意图如图 2-12 所示。

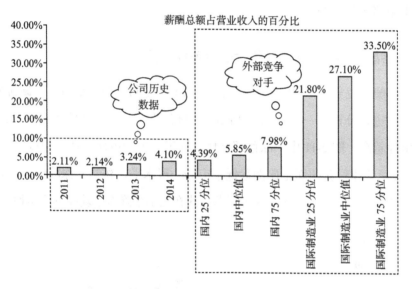

图 2-12 某企业人工成本占比示意图

第五节 薪酬体系诊断案例及补充说明

一、M 企业薪酬公平性与竞争性分析

本章节的内容主要是对企业的薪酬体系内部公平性与外部竞争性进行诊断与分析，分析的结论作为企业制定薪酬激励策略的依据与前提。所以本章节中无论是岗位价值评估、内部公平性分析，还是外部竞争性分析，

都运用系统的工具进行数学分析，并根据数字化的结果得出结论，读者难免会觉得晦涩难懂。下面我们就用一个实际咨询案例来说明企业薪酬体系如何诊断。

> M企业是一家从事女装销售的电商企业，随着电商环境的日益发展，M企业的经营业绩越来越好，团队也快速扩大，但随之而来的却是员工的流动性也越来越大，特别是对女装电商企业来说的核心岗位，如运营人员、设计师、买手、生产管理人员等。同时，M企业的老板了解到，自己公司离职的员工去了同行业其他企业之后薪酬水平都有所增加，所以M企业以为是自己的付薪水平较竞争对手低，造成了员工高离职率，因此对一些岗位适当地提高了薪酬，但也未能遏制住员工离职的趋势。M企业找到我们，希望我们能帮助解决这个问题。

项目组在进驻后，首先了解了企业经营与员工工作的基本情况，排除了外部市场、环境或竞争对手定向挖人的可能性后，项目组开始对企业的薪酬体系进行诊断。

第一步：对M企业的岗位价值进行评估。除了现有岗位外，为了保证体系在未来一段时间内的可用性与延展性，还加入了企业规划的一些岗位。M企业岗位价值矩阵与职位等级体系如表2-18所示。

对于电商行业的企业来说，其岗位特点较传统行业如制造业有所区别，所以采用"定制因素评估法"进行评估，并根据评估的得分结果将M企业所有岗位划分为14个薪级。

第二步：收集整理企业现有员工薪酬，并对现有员工进行定岗。薪酬数据是员工的薪酬，而非岗位的薪酬，只有将"员工—岗位—薪级—薪酬"——对应，才能进行内部公平性与外部竞争性的分析。

表 2-18 M 企业岗位价值矩阵与职位等级体系

职位等级		薪级	总经办	研发部	设计部	运营部	客服部	供应链部	财务部	人事行政部	仓储中心
M7	总经理	14	总经理								
M6	副总助	13	副总/总经理助理								
M5	总监	12				运营总监					
M4	经理	11		研发部经理	设计部经理	运营经理		供应链管理	财务经理	人事行政部经理	仓储中心经理
M3	主管	10		研发主管		运营主管	高级客服主管	供应链主管	财务主管	人事主管	
M2	高级组长	9					客服主管				生产/物流主管
M1	组长	8									
P9	高级专家	9			高设、摄影师			打版师、外发组长、采购组长			
P8	业务专家	8		资深买手		运营店长			资深会计		
P7	资深专员	7			主设						
P6	高级专员	6		买手	修图组长、中设	运营专员、推广专员		工艺师	会计	人事专员	生产组长、订单组长、发货组长
P5	中级专员	5			文案策划、剪辑师、初设			采购员、样衣工			
P4	初级专员	4									QC
P3	高级助理	3			设计助理	运营助理			出纳、财务助理	行政专员	订单
P2	助理	2		样衣助理	修图师、上新		售前客服、售后客服				
P1	辅助人员	1								保洁	质检、发货、缝纫、入库、数据后勤岗位

表 2-19　M 企业"员工—岗位—薪级—薪酬"数据收集

姓名	岗位	薪级	年度现金总收入（元）
A	财务部经理	8	209 000
B	会计	5	134 000
C	出纳	3	65 000
D	财务助理	3	49 400
E	采购组长	6	68 900
F	采购员	4	58 500
G	采购员	4	61 100
H	采购员	4	55 900
I	采购员	4	55 900
J	打版师	6	129 000
K	打版师	6	111 100
……	……	……	……

注：表中数据经过处理，非企业真实数据。

第三步：进行内部公平性分析。根据第三节中的工具与方法，将"薪级—薪酬"代入 Excel 中形成散点图，并拟合指数曲线，显示公式与 R^2。

M 企业内部公平性分析如图 2-13 所示。

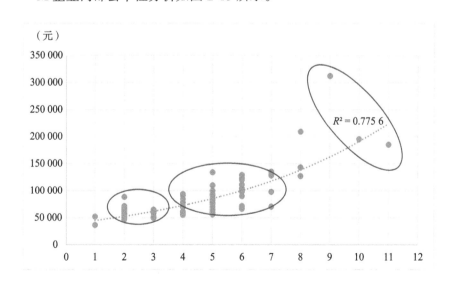

图 2-13　M 企业内部公平性分析

M 企业内部薪酬现状拟合出的 $R^2 < 0.8$，说明企业内部的公平性存在

一定问题。细观数据分布点，发现影响内部公平性的主要有三种情况：

第一，在薪级 2 级与 3 级处，员工薪酬呈现了倒挂，3 级的薪酬从整体趋势看小于 2 级的薪酬。

第二，在薪级 4 级～7 级，随着薪级的增加，薪酬并没有明显增加。

第三，薪级 9 级员工薪酬过高，而薪级 10 级、11 级薪酬过低。

以上三种情况是影响内部公平性的主要原因，应通过呈现出来的结果，重新审视内部的薪酬数据，找出"异常点"存在的原因，并提出相应的调整策略。

第四步：外部竞争性分析。通过外部数据的收集与整理，了解到当地电商行业薪酬的 50 分位趋势如图 2-14 实线所示。对比来看，M 企业从薪级 4 级开始薪酬付薪水平低于行业 50 分位水平，且薪级越高，差距越大。

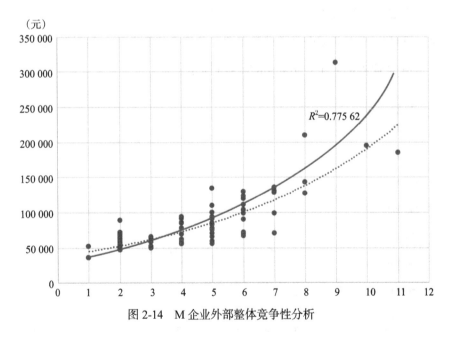

图 2-14　M 企业外部整体竞争性分析

所以，如果 M 企业希望薪酬在当地行业中具有一定的竞争性，应该重点提高薪级 4 级以上员工的薪酬。

不仅如此，前面我们说到，对于以女装销售为主的电商企业来说，其核心岗位是设计师、买手、运营与推广，我们将这一类岗位的内外部薪酬平均水平进行对比，如图2-15所示。

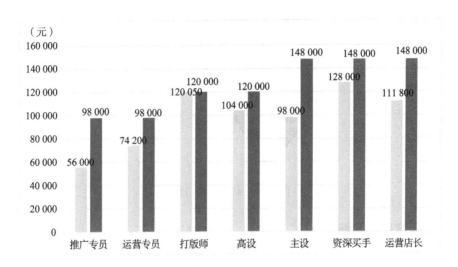

图2-15　M企业核心岗位外部竞争性分析

注：浅色为岗位内部平均水平，深色为外部对应薪级50分位值。

从图2-15可以看出，M企核心岗位的薪酬竞争性较低，这对核心岗位的保留与激励存在较大的问题，所以企业在设计新的薪酬体系时应充分考虑在内部公平性与外部竞争性分析后所得的相关结论。

从M企业的案例看出，对企业来说，无论是内部公平性还是外部竞争性的准确分析，都需要充足的数据、熟练掌握的分析技巧支撑，但实际情况中，不仅很难找到精确的数据支撑，也很难有熟练掌握分析技术与技巧的HR。这样的情况下，企业该如何对薪酬体系进行诊断呢？

二、薪酬统计口径

在内部公平性与外部竞争性分析中，强调了对标数据时保持数据统计口径的一致性，这里简要说明一下体系设计中涉及的薪酬口径。具体如图2-16所示。

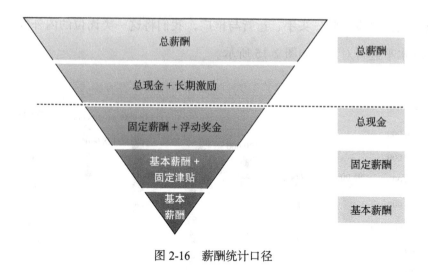

图 2-16 薪酬统计口径

（一）年度基本薪酬

年度基本薪酬是年度现金总收入中的固定部分，由任职者的岗位职责和工作技能决定，一般包括我们常说的基础薪酬、岗位薪酬等，该部分为定期固定发放。

（二）年度固定薪酬

年度固定薪酬是年度基本薪酬与年度固定津贴之和。年度固定津贴主要由任职者的能力决定，一般为技能津贴，另外包括企业的补充性福利津贴。固定薪酬是为员工固定发放的保障性薪酬。

（三）年度现金总收入

年度现金总收入是年度固定薪酬与浮动奖金的综合，也是员工年度预期总收入。年度浮动奖金薪酬是由任职者达成业绩的实际情况（即常说的绩效考核结果）决定的。

宽带薪酬体系设计中所体现的数据为年度现金总收入的数据，体现在某个岗位上的员工年度预期现金总收入，根据这个数值、企业的付薪策略、岗位的不同拆分为基本薪酬、津贴、浮动奖金（绩效薪酬）等结构。

随着互联网企业的发展，股权激励、事业合伙人机制的应用越来越广泛，员工的收入科目并不只如此，股权激励收入、补充性福利收入等应算入员工的年度总薪酬，但并非设计宽带薪酬体系的数据口径。

三、其他的诊断分析方法

除了一系列数据和图表分析外，我们还可以通过其他定性的方式对企业薪酬激励体系进行诊断与分析，例如问卷调研、访谈、人才结构与流失率的分析等，主要采用以下方式。

（一）内部员工访谈

这种方式成本较低，通过对内部员工的访谈调研，了解其对当前薪酬的感受及满意度，特别是重点调研那些来自同行业的跳槽者，可以得到较多有价值的信息；但也存在一定的弊端：参与访谈的员工为了企业能够提升薪资而对薪酬水平和薪酬满意度做出夸大描述，导致企业收集到一些误导的信息。

（二）问卷调研

问卷调研的方式其实与访谈的形式类似，都是了解员工的想法与意见。采用问卷调研的方式时间更灵活，员工也更愿意坦白表达个人的想法。但是需要耗费一定的精力设计问卷，而且员工在回答时由于问卷框架的限制，答案对比访谈可能比较肤浅。

（三）内部招聘与流失率相关数据分析

员工流失严重或引进人才难度较大时，一定程度上体现出企业薪酬竞争力不足，但也不能以偏概全，因为员工的离职可能不仅仅由于薪酬原因，也可能由于管理者等其他原因，所以需要对数据进行较为深入的分析，并配合部分员工的访谈了解情况，建议可以选取离职员工与未入职员工。招聘难度与流失率相关数据分析是一种滞后分析，如果出现这种现象，实际对企业的经营已经产生了一定的影响，HR 应时刻注意，尽早发现。

F 公司是一家从事工程技术服务的企业，近年来业务处于高速发展中，但人才的流失率也非常高。HR 在调研时发现，该企业的付薪水平在当地市场与行业中具有较高的竞争力，达到市场的 75 分位左右。HR 很纳闷，为什么员工的流失率比行业一般水平高出很多？我们在进入该项目后，首先对所有员工进行了问卷调研，并对 F 公司的现有人才结构、流失率等数据进行分析，总结发现了以下现象：

（1）该企业员工在入职 1～2 年阶段的流失率最高，该阶段 60%～70% 的员工都会选择离职。

（2）该企业员工根据入职年限 1 年以内、1～2 年、3～5 年进行区分时，发现 1～2 年比例的员工数量最低，员工入职年限分布整体呈现两头大、中间小的情况。

我们根据 F 公司的情况，重点对入职 1～2 年的员工进行了访谈，在访谈中了解到，虽然 F 公司在付薪水平上具有一定的竞争力，但员工工作精力与时间的付出远高于同行业其他公司，压力也远大于其他公司。在这种状况下，员工认为公司付薪的竞争力并不高，所以选择离职。

综上，企业不仅可以通过全面的数据与分析工具对企业薪酬体系进行分析诊断，还可以通过各种信息、员工行为、问卷、访谈等形式全面了解薪酬体系的公平性与竞争性，这种形式也是对数据分析结果的一种补充、验证。

第三章

顶层设计：基于战略的薪酬策略定位

导 读

- 薪酬策略要解决的核心问题，是如何将有限的薪酬资源动态差异化地投入被激励对象，最大化激发人力资源效率，提高人力资源投入产出比。
- 为能力付薪购买的是未来，为岗位付薪购买的是现在，为业绩付薪购买的是过去。
- 345薪酬策略的本质逻辑是吸引、激励和帮助优秀员工提高人效。
- 合理的薪酬结构和奖金策略能够有效降低员工对薪酬绝对值的关注。
- 薪酬策略应从战略、企业特征、岗位特征三方面进行差异化选择与动态调整。

从这一章开始，本书就正式进入了具体的薪酬体系设计阶段。在此之前，我想问一下亲爱的读者，完整的薪酬体系到底长什么样？包含哪些内容？当你决定向自己的老板、员工或者其他企业的访问者介绍公司的薪酬体系时，你会怎么去介绍？如果回答不了这个问题，很可能你对薪酬体系的了解是不全面的，而接下来的设计，也会变成一种漫无目的的行为。

然而对于薪酬体系内涵的解读，不仅每个人的认识有所不同，即使是学术界或咨询界，也存在多种多样的认知与理解。

比如，某个版本的薪酬体系是这样定义的："薪酬体系是企业整体人力资源管理体系之重要组成部分。薪酬体系是指**薪酬的构成和分配方式**，即一个人的工作报酬由哪几部分构成。一般而言，员工的薪酬主要包括基本薪酬、奖金、津贴、福利四大部分。"

在这个定义中，薪酬体系被窄化成了薪酬结构组成，尽管也提到了分配方式，但这种分配方式是与结构紧密相关的，并没有涉及这些结构存在的原因是什么，分配中应该考虑哪些因素，分配的依据是什么。显然，如果你根据这个定义去设计薪酬体系，第一步你可能会被这样一个问题难住：

"员工薪酬为什么要有这几个组成部分？不给奖金行不行？不给福利行不行？这几个部分按什么比例组成？可以通通归到基本薪酬中吗？"

网络上有一个"以战略为导向的薪酬管理体系模型"，如图3-1所示，包含了从薪酬体系设计的影响因素到决策要素等诸多方面的内容，涵盖了从理念到制度的整个过程。很显然，这个薪酬管理体系的模型定义要比上一个定义的内涵大得多，然而也因此让人陷入迷惑，不能明白薪酬体系究竟是什么。难道薪酬体系还包含企业愿景和使命？

正是因为有这些问题，所以在正式开始设计薪酬之前，不得不提出我们对于薪酬体系的认识，明确其界限，定义其内涵，使得薪酬体系的设计能够遵循完整和严密的逻辑。

"以终为始"的工作思路越来越被人理解和接受，在薪酬体系设计中，我们将经常遵循这一思路。薪酬体系最终要解答什么问题？简单地用5W2H的框架来梳理一下就清楚了。

- Why：为什么要发，为什么要这么发？——目的定位、付薪因素。
- What：发什么？——薪酬结构。

- When：什么时候发放？——没有重要的设计意义。
- Where：在哪发放？——没有设计意义。
- Who：发给谁？——定薪、调薪机制。
- How：怎么发？——绩效关联机制/奖金分配机制、岗位与薪酬匹配机制。
- How much：发多少？——薪酬水平。

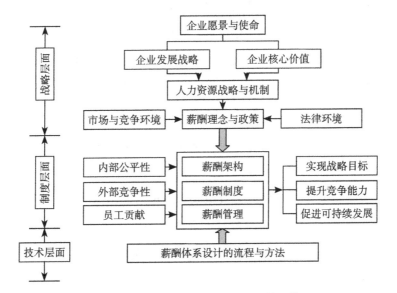

图 3-1　布朗德战略导向的薪酬管理体系模型

显而易见，Where 属于比较固化的内容，无须在薪酬体系设计中特别强调；When，奖金什么时候发是有一定设计价值的，但影响力较小，在分配机制中会顺带提及；其中 Why 和 Who，属于事前决策和事后调整的范畴，并不是薪酬体系的核心。

只有 What、How 和 How much 三者，代表了薪酬体系最基本的内容：发什么、发多少以及怎么发。对任何一个相关人员（老板、员工、外部希望了解的人），完整的薪酬体系最起码要回答**薪酬水平、薪酬结构和薪酬分配机制**三方面问题。

这三方面问题，需要通过薪酬策略来决定，这也是在薪酬体系设计开始之前就需要确定的。

核心模型：薪酬策略定位模型

薪酬策略及其种类

那么，薪酬策略是什么？薪酬策略包含哪些内容？通过哪些因素来判断选择什么样的薪酬策略呢？

如果把薪酬体系比作一个人的话，薪酬策略就相当于最基本的"人设"，高矮胖瘦、喜好厌憎、温柔还是彪悍、勇武还是智慧，这个人最基本的自我定位和人生路线在最初就应该尽量设定好。薪酬设计也一样，**薪酬策略要解决的核心问题**，是如何将**有限的薪酬资源"动态差异化"地投入被激励对象，最大化激发人力资源效率，提高人力资源成本的投入产出比**。

具体而言，薪酬策略就是对薪酬体系内容的**基本设计导向**。如何设计薪酬水平，就是"薪酬水平策略"；如何设计薪酬结构，就是"薪酬结构策略"；如何设计薪酬分配机制，就是"绩效奖金策略"。这三者是**薪酬策略最核心的三个方面**，可以称之为"薪酬策略三要素"。

除此之外，我们也不能忽视上一节中 Why 和 Who 代表的设计内容。其中 Who 代表的定薪和调薪机制，一般被视为薪酬体系实施过程中的配套机制，虽然不是薪酬体系本身的主要组成部分，但它对薪酬体系落地的成败也十分关键。关于定薪和调薪，我们将在本书第六章重点阐述。

Why 代表的薪酬目的和付薪要素，则对薪酬策略三要素的确定有直接的影响，这两者，我们称之为**薪酬元策略**。

所以，薪酬策略主要包括：

（1）**薪酬元策略。**
- 薪酬目的定位。
- 付薪要素策略。

（2）**薪酬策略三要素。**
- 薪酬水平策略。
- 薪酬结构策略。
- 绩效奖金策略。

薪酬策略定位模型

设计薪酬体系之前先要确定薪酬策略，那么薪酬策略的确定应该重点从哪些方面进行考量呢？

我们不妨从薪酬的意义开始，薪酬是给员工所付出劳动力的报酬。薪酬从哪来？当然来源于劳动力带来的企业经营收入。付薪的最终目的是实现企业战略发展的目标，对薪酬的管理也一定是服务于此目标。薪酬管理作为人力资源管理中非常核心的职能之一，一定是服务于人力资源工作整体的，而人力资源工作，也一定是服务于公司整体战略的。因此，薪酬体系设计的切入点，一定是自上而下，从公司战略（corporation strategy）而至人力资源战略（human resource strategy），最后得出薪酬策略（compensation strategy）。战略视角的薪酬策略制定，是决定整个薪酬体系能否支撑公司战略，实现对员工高效、合理激励的起点。

如此，我们确定了薪酬策略选择的第一因素——战略导向。然而，战略导向几乎是一切管理工作的开端，这样的结论太过显然和普遍，很容易让人忽略具体管理情境的特殊之处。

对于薪酬策略的确定，战略并不是唯一的决策要件，在考虑薪酬设计切入点的时候，我们的目光只往上看向了服务对象，却忘记了往下看向承载对象。薪酬体系服务的是公司战略，是企业整体，但薪酬体系的承载者，是每一个薪酬体系的作用对象——人。

如果我们的薪酬体系能够做到全员定制化薪酬，那么每个人的特点都将影响个体薪酬策略的选择。一个年纪较长、技能成熟、经济负担较轻但工作效率和工作热情相对较低的员工，和一个年轻较轻、技能生疏、经济负担较重但工作效率和热情充沛的员工，即使在同样的岗位，难道能用同样的薪酬结构与水平予以激励，能用同样的薪酬水平策略和薪酬结构策略去对待？

很显然，现实工作中，很多企业都面临这样的问题。很多老员工其实对薪酬的预期并不高，然而因为企业对效率的要求，而不得不牺牲时间、精力投入到加班大潮中，最终结果就是这些老员工纷纷身体扛不住而离职，岗位上只能留下一些青瓜蛋子再慢慢磨炼技能，而且他们还都特别渴望高工资，企业和员工双双不满意。

当然，全员定制化的薪酬最大的难点在于解决公平性的管理成本太高了。区分每个人的特点，制定完全符合个人需求的薪酬，不是每家企业都适合这么做的。所以多数情况下，薪酬体系的承载者并不是具体的个人，而是一类人，准确地说，是岗位。

岗位的特点正是选择薪酬策略的第二个决策要件。

除了战略和岗位，还有**第三个决策要件**，即企业当前所具有的特征。战略是方向，岗位是对象，而任何策略政策的实施所需要的环境，都在企业之中，所以企业自身的特点，是薪酬策略决策的条件。方向、条件和对象齐备，才能完整地制定薪酬策略。

至此，我们完成了关于薪酬策略决策过程的完整推导。

通过以上推导过程，我们结合对上百个薪酬激励咨询项目的经验提炼，总结提出了如图 3-2 所示的薪酬策略定位模型。

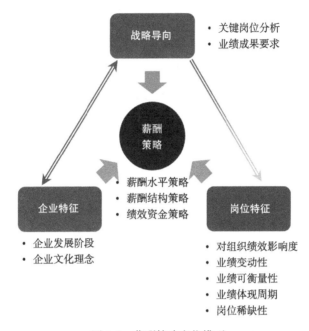

图 3-2　薪酬策略定位模型

大致的过程可以描述为：基于战略导向、企业特征和岗位特征的分析，得出不同岗位的薪酬目的和付薪要素，最后共同确定三个维度上的具体薪酬策略——薪酬水平策略、薪酬结构策略和绩效奖金策略。

模型中每个因素内容我们会在后续的章节中一一详细介绍，我们可以先来看一下战略及岗位因素影响薪酬策略成败的两个案例。

华为在薪酬水平策略上有明显的岗位区分性：华为员工按研发、生产、市场销售和客户服务划分四个体系，其中，研发部门和市场销售部门的薪资福利水平明显高过生产和客户服务部门。而这一区分显然是与岗位价值的稀缺性以及公司整体战略的导向性有关的。

华为在薪酬结构策略上最具特色的一点毫无疑问是股权激励。华为是国内股权激励的先行者和成功者，并且采用很罕见的全员股权激励。一般国内企业还在关注基本工资和奖金等中短期激励时，华为很早就意识到对于高科技知识型企业的核心岗位，以及初创期的战略需求而言，员工更关注的是股权与期权的长期激励。华为的员工内部持股制度开创了中国企业内部管理机制的先河，同时在华为资金匮乏的时候，采取员工持股的激励方式大大调动了华为人艰苦奋斗的韧劲。

华为在绩效奖金策略上也具有鲜明的特点，倡导注重团队整体的薪酬激励，而这一策略的选择正源于战略引发的文化取向。华为的团队文化倡导"胜则举杯相庆，败则拼死相救"，薪酬体系也不例外，变革是以团队为基础来开展项目，针对团队统一设计有针对性的激励方案与薪酬策划，即使销售人员的浮动收入，也是根据团队乃至公司的整体业绩考评发放。

某运营商公司在面临同行的激烈竞争时，曾推出一次针对中基层员工的薪酬改革，试图改善人力成本状况，激励员工工作热情，提高工作业绩。然而改革方案施行后却出现了这样的评价。

（1）基层员工待遇偏低，尤其是营销一线的客户经理和提供支撑的后台人员，他们的积极性被严重挫伤。掌握资源的不去搞市场，却忙于应酬，搞市场的员工没任何资源。简单举例：一个县公司的中层们都配备了 iPhone 手机，相反真正向市场推销 iPhone 的客户经理却没见过 iPhone，你说这不好笑吗？营销及市场之绝学，武林之上乘秘籍，谈何容易！基层营销者穷其心智却所获薪资甚少，反观某些职能部门动动嘴这一简单体力，却被奉为大雅，难不成领导认为营销乃一体力劳动，仅雕虫小技而已？真正的脑体倒挂，不重视市场之思维甚矣。

（2）薪酬改革针对底层员工很苛刻，慎之又慎，挑灯研讨（辛苦人力资源的领导们了），但是针对中高层干部，宽松之度令人啧啧称奇，造就了一批吃闲饭的畸形层级，不是领导，却拿着数倍员工的薪水，试问这种双重标准的企业薪酬机制，不失败可能吗？改革，改革，"改"去了员工努力奋斗的激情，却永远"革"不掉仕官大夫的职位。

这个评价来自于一名富有责任心的中层员工而不是底层受到剥削后的抱怨，所以可信度比较高。从评价来看，显然在薪酬水平策略上犯下了严重的错误，对于战略实现应导向的一线营销销售人员，完全没有体现出资源的倾斜，对于当前岗位更具价值的销售相关岗位人员，也并未体现出薪酬方面的激励意图。追溯其根源，则是这次改革未能从突破原有利益格局，从战略及岗位需求角度出发去设计薪酬体系，而很大可能是被旧的利益结构限制，变成了中层官僚借机瓜分利益的一次失败的变革。当然，不能认为该运营商不知道从战略和岗位角度去设计薪酬体系，只是一旦薪酬体系的设计不能符合战略及岗位特点，其失败的结局就是可以预料的。

第一节　识方向：付薪目的与要素选择

一、薪酬目的定位有哪些

薪酬目的定位涉及的策略最为笼统也最为简单，共分为三种定位：吸引、激励和保留。

可以看到，薪酬目的定位会对薪酬水平策略产生直接的影响。因此，在进行薪酬水平策略选择之前，确定公司整体或单个类型岗位的薪酬目的定位，是十分必要的。

我们可以从三种定位的反面来了解三种定位分别要应对什么样的情形。

定位为吸引：

反面就是紧缺，如果不紧缺的话，就不需要去吸引新员工。吸引定位面临的是人才紧缺的情景。这一情景一般来说是不可持续的（如果持续紧缺，说明实际的薪酬策略或者整个人才战略存在问题），所以定位为吸引时的薪酬策略，一定要非常有力、坚定，具有鲜明的特点和宣传效应。在实际操作中，基本上等同于令人震撼的高工资或者优厚的福利、长期激励政策等。可惜的是，很多企业只是表面上将目的定位为吸引，实际操作中还是被各种因素干扰，缺乏相应的魄力，导致该有吸引力的薪酬实际上毫无吸引力，却还在那疑惑人才为什么吸引不来。

定位为激励：

反面就是不活跃、缺乏动力，如果表现活跃、动力十足的话，就不需要刻意进行激励活动。与吸引相比，激励并不代表一味的高工资，高工资不是激励，而是吸引。激励更强调一种导向性，激励某些行为，激励某些人，激励某些表现，而不鼓励另外一些行为和表现。因此，定位为激励的薪酬目的，在其后的薪酬策略选择中，需十分注意岗位、绩效表现和行为类型的区分，以及相对应的结构与分配形式的区分。

定位为保留：

反面就是流失，如果人员流失情况不严重或并不具有威胁，就没有必要刻意进行保留的安排。除非是薪酬水平严重低于市场，否则一般情况下，人员的流失并不单纯是薪酬水平的问题。因此，当定位为保留时，除了将薪酬水平适度提高外，更重要的是在薪酬体系之外，找到导致人员流失的其他原因，而不能期待仅仅通过薪酬的变革，就能缓解流失的现象。

薪酬目的定位对于核心的三个薪酬策略都有影响。

二、付薪要素策略概述

外界对于付薪要素（或者付酬要素、付酬因素、报酬要素等）的定义是模糊不清的，各有各的说法，因为这确实是个比较抽象的概念，比如有将其与岗位价值评估因素混淆在一起的（尽管两者之间确实有关联）。简而言之，付薪因素即企业为"什么"而付钱。从基本的常识出发，企业当然应该为绩效付钱，一分钱一分货，这是最无可辩驳的交易原则。无论怎样美化人与企业的关系，员工确实是在出售个人的时间、技能，有时也包括情感，为企业提供服务、提供产出。

然而如果人的价值可以简单轻松地衡量，可以单纯按照业绩量化计酬，也就不会出现薪酬体系设计这样复杂的工作了。在实际的薪酬体系设计中，有三种付薪要素最为常见，也覆盖了所有的可能性，也就是为个人能力付薪、为岗位价值付薪和为业绩成果付薪。

基于岗位（position）付薪就是基于岗位能够为企业创造的价值而付薪，不同的岗位为企业创造的价值一定有所区别，创造价值的方式也不相同。例如部门经理与总经理对企业的贡献一定有所区别。本书第二章中已经详细阐述了如何评价岗位的价值，采用企业自身定制的"尺子"对公司内部岗位价值的相对高低进行衡量比较。

基于个人能力（person）付薪是对员工个人能够为公司创造价值的可能性进行付薪，同样的岗位，让具备不同能力的员工来做，对公司贡献大小的可能性差别很大。同样岗位付薪越高的，公司认为该员工通过自己的能力为公司创造更大价值的可能性越大。研究表明，在人力资本的时代，某些岗位上不同能力的员工创造价值大小的区别可能达到数十倍，可见能力作为付薪的要素之一，已经越来越重要。

基于绩效（performance）付薪，针对员工在自己的岗位上实际创造的业绩支付报酬。付薪随绩效结果变化。

3P 付薪要素如图 3-3 所示。

这三者有区别吗？

尽管看起来是十分无趣的抽象思考，但这一思考却是十分关键的，而很少有人对于这一问题的本质做过深入把握。基于岗位付薪实际上是现今企业界的推荐做法；而为业绩成果付薪是实

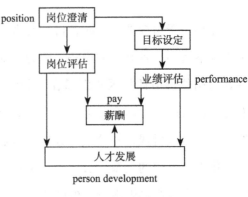

图 3-3　3P 付薪要素

际上的通行做法，但很多时候在宣传上被变革者所扬弃，认为是过时和落后的付薪理念；基于个人能力付薪则是很多企业开始推崇的一种理念。其实，三种付薪要素策略都有其适用的空间和灵活组合的机会。

如果大家熟悉计划管理的话，应该知道有关计划与流程的事前控制、事中控制和事后控制，实际上上述三类付薪要素，也正是依赖相同的逻辑而来。**为个人能力付薪即事前控制，购买的是未来；为岗位付薪即事中控制，购买的是现在；而为业绩结果付薪则很显然是事后控制，购买的是过去。**

这样的类比虽然依然很抽象，但却为薪酬策略的制定提供了非常有价值的启示。企业完全可以从**购买的是过去、现在还是未来**这个角度去考察和灵活制定对于岗位甚至个体的薪酬策略。

比如对于销售人员，通常认为应该以业绩作为付薪的唯一因素，但在企业发展的某些阶段，特别是初创期，一个优秀的销售人员对于公司的整个未来都有极其重大的影响，那么在制定薪酬策略的时候，就不能仅仅将其视为一名销售人员，仅仅按照业绩进行付薪，而应充分考虑其个人能力，给予高固定的薪酬甚至考虑在早期就给予长期激励。

比如对于研发人员，如果认定他们的工作价值是体现在未来的，那么就需要根据个人能力付薪，而企业却总是强调做企业不可能不考虑成本，

不可能不考虑成果，以至于用绩效考核等方式去管理研发人员，变成了为绩效结果付薪。尽管可以理解，但实际上这种扭曲的做法除了给员工带来怨气，给企业增加管理负担之外，几乎是毫无用处的。当然，这一观念的扭转并不容易，而且很多研发人员也并非真正的研发人员，其价值并非体现在未来。

可以看到，付薪要素策略影响的主要是薪酬结构策略和绩效奖金策略。华为的薪酬结构可以说非常鲜明地体现了不同薪酬组成与付薪要素之间的关系。

1. 以贡献为准绳

"我们的待遇体系，是以贡献为准绳的。我们说的贡献和目标结果，并不完全是可视的，它有长期的、短期的，有直接的、间接的，也包括战略、虚的、无形的结果。

只有以责任结果为导向才是公平的，关键过程行为考核机制，与此没有任何矛盾。关键过程行为与成功的实践经验、有价值的结果，是一致的。"

——任正非，2010年人力资源管理纲要第一次研讨会上的发言

2. 向奋斗者倾斜

华为在2011年4月14日组织专门的讨论，讨论中，任正非提出将华为的员工分为三类，第一类是普通劳动者，第二类是一般奋斗者，第三类是有成效的奋斗者，华为要将公司的剩余价值与有成效的奋斗者分享，因为他们才是华为事业的中坚力量。

"我们在报酬方面从不羞羞答答，坚决向优秀员工倾斜。工资分配实行基于能力主义的职能工资制；奖金的分配与部门和个人的绩效改进挂钩；安全退休金等福利的分配，依据工作态度的考评结果；医疗保险按贡献大小，对高级管理和资深专业人员与一

般员工实行差别待遇。"

——任正非，《华为的红旗到底能打多久》

如上所示，华为的付薪因素策略正是区分了人员、区分了薪酬结构之后的混合策略。对于被界定为有成效的奋斗者的个人，也就是认可了其长期能力的人，华为不仅奖励绩效成果，还分享未来收益。在薪酬组成上，也根据其与能力、绩效和岗位相关或不相关情况分别安排了不同的分配策略。

本书将在第四章对综合了三类付薪因素策略的3P付薪模型进行更详细的解读和介绍。

第二节　定水平：薪酬水平策略分析

所谓薪酬水平策略，是从薪酬的激励力度角度考察薪酬体系，简而言之就是发多高的薪酬。无疑这是企业和员工都最为关注的一点，对企业而言，它决定了人工成本的高低；对员工而言，它决定了收入的丰厚程度。

无论水平、水准是高还是低，都是一个相对的概念，水平高是与谁相比？水平低又是与谁相比？所以谈到薪酬水平策略，一定会有个比较的对象。与外部比较，毫无疑问是与市场相比较，包含领先、跟随、滞后、混合四种策略；而与内部比较，又可以从两个维度出发——时间维度和空间维度（岗位维度）来进行策略设计。

一、与外部比较的四种薪酬水平策略

（1）领先型：一般指市场75分位及以上的水平。

（2）跟随型：一般指市场50分位左右的水平。

（3）滞后型：一般指市场25分位甚至更低的水平。

（4）混合型：根据不同岗位类别，分位水平有所区分的策略。

很显然,这种策略的区分是用来应对第二章提及的薪酬外部竞争性问题的。前两种策略很好理解,用领先或跟随型策略,在外部竞争性上至少不落下风。比较难以理解的是后两种策略。

难道还有什么企业是应当采取后两种策略,特别是滞后型策略的?市场25分位的薪酬水平,能有什么作为?

有时候有所不为才是有所为,选择滞后型薪酬水平策略的,都是遇到了很大麻烦的企业,这样的企业,可能因为行业的衰退、市场的萎缩,也可能因为企业经营前期的失败,导致经营难以维持,那么逐渐体面地缩小运营规模、降低运营成本,以至于逐步将人员置换淘汰,这些就成了企业必然的战略选择。基于这样的理由,采用滞后型或靠近滞后型的薪酬水平,并且在时间维度上保留逐渐降低或调整的空间,就成了理所应当的行为。

如果说领先型体现的是一种财大气粗、振奋上进的企业形象;跟随型体现的就是一种稳健低调的风格与气质;滞后型则体现的是一种割肉求生、断肢保命的勇气和无奈;混合型策略体现的是一种精打细算,把每分钱花在刀刃上的经营精神。所以,初创期、转型期的企业,会更多选择混合型的薪酬水平策略。

图3-4是某互联网平台公司在进行业务扩展转型时,最后选择的薪酬水平策略,这就是一种典型的根据岗位层级采取的混合型策略。低端基层岗位上由于市场人才供应充分,岗位人员替代性强,所以采取的是滞后型策略或称为维持性薪酬;中层岗位在当前重要性居中,存在部分的不可替代性,所以采取了跟随型的薪酬策略;高层岗位则因为处于业务初创的高速拓展期间,需要用相对较高的薪酬吸引人才,所以倾向于采取领先型的薪酬策略,但由于该公司的资金实力,出于成本的考量,以及短期内的发展需要,最终将高层岗位的薪酬水平定在了领先和跟随策略之间。

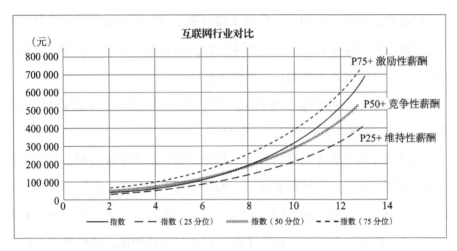

图 3-4 薪酬水平策略示意图

小辨析：薪酬水平策略和薪酬目的定位的区别与关联

薪酬目的定位包括吸引、激励和保留，而薪酬水平策略则包括领先、跟随、滞后和混合。很显然，一个是手段，一个是目的。如果定位为吸引和激励的目的，则最好不要采用滞后型策略，较少采用跟随型策略；如果定位为保留的目的，企业肯定不会采用领先型策略。

二、与内部比较的薪酬水平策略

解决完外部竞争性问题，紧接着就要来解决内部公平性问题。公平不是平等，不是完全一样。准确地说，**公平是一种有理有据的不平等、不一致**。很多人会混淆这一点，同工同酬这类朴素的认知细究之下并不是绝对的真理，当然，如果真的要同工不同酬，需要严格的条件和可靠的理由才能令人信服。

这些理由、依据，在公司内部主要可以划分为空间（岗位）维度和时间维度。

（一）空间（岗位）维度上的薪酬水平策略

简而言之，空间维度或者说岗位维度上的薪酬水平策略就是公司内部各类岗位之间薪酬水平倾斜度的差异。这很容易与混合型薪酬策略相混淆，因为都是基于岗位产生的定制化策略，但混合型策略强调每类岗位与外部的比较，岗位维度的薪酬水平则更强调公司内部的比较。不同类型岗位将可能出现完全不同的薪酬水平，尽管其整体可以归为领先型、跟随型或滞后型。

某集团企业下属制造类子公司，因为未能及时跟上市场需求的更新换代导致产品滞销，运营艰难，留下一个数千人的烂摊子等待收拾。原总经理被免职，新的总经理丁某走马上任，并且在公司战略规划制定完成后立刻就启动了薪酬体系的变革。

在上任前集团的意见其实已经非常明确，丁某就是个过渡期的人物，主要任务就是让该子公司平稳退出或等待其他企业的并购整合。但丁某自己却不这么想，而是想借此机会打出一片天地。在仔细进行了行业和企业的调查之后，他发现尽管产品落后、库存积压严重、资金运转不良，但公司的研发机构在业内仍保有不错的美誉度，本身就可以带来外部效益，而且有几项突破性的进展近在眼前，有可能带来市场的新一轮变化。

为此，在集团某些实权人物的支持下，丁某策划了一个非常极端的薪酬变革方案，在这个方案中，公司整体的薪酬水平是滞后型的，都达不到跟随型的水准，对于原有业务只能起到一个起码的维持作用。但对于研发人员，公司采取的是略低于跟随型但仍远高于滞后型的薪酬水平策略——实际大概在 45 分位的水平上。具体而言，研发人员薪酬基本不动，小幅上涨，而其他人员包括中高层管理者则有较大幅度的降薪，这在企业内导致了巨大的反对声浪。

丁某顶住了压力，并且趁此机会将原有业务的大量冗员进行了降职或淘汰——滞后型的薪酬水平也提供了资源这样去做。在艰难支撑了一年之后，研发机构的研发成果成功进入应用阶段，重新打开了市场。丁某也因此成为该公司真正的掌门人。

很显然，薪酬水平策略在这个例子里的主要作用范围就是内部，而这一决策的依据，显然是从充分的岗位价值衡量和战略需求分析得来的。

（二）时间维度上的薪酬水平策略

尽管薪酬体系设计通常会确定一个适用的时间范围，比如三年内、五年内，而且也会给每年的修订留下窗口，但在设计时仍然不能不考虑薪酬水平随时间变化的趋势问题，因为这一点对于员工期望的影响十分重要。而我们知道，很多时候方案实施的效果不取决于方案本身，而是取决于员工的期望与方案的匹配度。

1. 薪酬水平·增长策略

时间维度的薪酬水平策略，通常不被放在常规的薪酬体系中进行描述，而是在调薪机制中，通过整体调薪等方式去表述，然而这种表述是不健全的。

时间维度上完整的薪酬水平策略，应该是这样的：销售类岗位当期采用领先型策略，五年内逐渐回归跟随型策略；后勤类岗位当期采用滞后型策略，五年内逐渐回归跟随型策略；以此类推。

这样，对于目前处于薪酬高位或低位的员工，公司能够提供足够清晰而准确的预期，避免某些人才因为期望问题而离开公司。这也不是一味地画饼唱高调，而是给予员工合理的预期。

2. 一个特殊时间维度的薪酬水平策略：345 薪酬策略

时间维度的着眼点是随着时间推移而不断调整员工薪酬，那么调整的依据是什么呢？很显然是员工的能力与表现，或者可以归纳为，员工的效能。这不免让人想起一个时下流行的薪酬水平策略："345 薪酬策略"，该策略正是基于人均效能而产生的一种薪酬策略。而对人均效能的关注，显然是一个长期的动态的过程，是一种时间维度上的考量，所以我们将 345 薪酬策略归类为一种特殊的时间维度的薪酬水平策略。

所谓"345 薪酬策略"，就是把 4 个人的工资给到 3 个人，但需要他们创造 5 个人的价值。其本质是人均产出和人力资源效率的提高，更准确地说是人力资源成本投入产出比（return on human resource cost，ROHRC）的提高。通过对"345 薪酬策略"隐含逻辑及本质目标的探讨与解密，最终能够帮助企业找到提升人力资源投入产出比的方法。

345 薪酬策略的隐含逻辑与思路如图 3-5 所示。

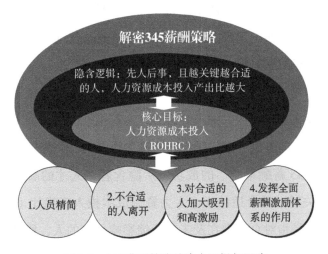

图 3-5　345 薪酬策略的隐含逻辑与思路

（1）优秀企业的"345 薪酬策略"。

优秀企业一：华为。作为中国最优秀的民营企业之一，华为 2012 年销售额达到了惊人的 2 202 亿元，超越爱立信成为全球最大的电信设备供应商，这得益于很多方面，但毋庸置疑人力资源管理是最大的推动力。《华为基本法》第九条规定，我们强调人力资本不断增值的目标优先于财务资本增值的目标。第六十九条规定，我们在报酬和待遇上，坚定不移向优秀员工倾斜。同时华为内部引入竞争和选择机制，在内部建立劳动力市场，促进内部人才的合理流动，按任正非的说法，华为就是"高效率、高工资、高压力"的"三高"企业，"高工资是第一推动力"，华为平均涨薪幅度为 25%～30%。

优秀企业二：龙湖。成立于 1995 年的龙湖地产 2009 年 11 月在香港上市，创下了当年同行业上市首发价和募集资金额度之最，龙湖地产一直以来秉持人力资源领先战略和高薪策略，最典型的体现就是在当时 CFO 林钜昌、CHO 房晟陶和 CSO 秦力洪的引进上，每到一座城市对本地人才进行高薪掠夺式的吸纳。而龙湖地产认为成功的关键是高标准、高活力、高绩效、高回报、高劳动生产率，而"1234"是对龙湖薪酬策略的形象描述——"一个人，两份工资，三倍努力，四倍成长速度"。

（2）"345 薪酬策略"的隐含逻辑。

从华为和龙湖成功的人力资源激励实践来看，本质上两家企业在人力资源理念方面有着很大的共通点：在人才高标准、高压力的基础上提供高报酬，获得更高的价值回报，我们将之简称为"345 薪酬策略"。

因此，"345 薪酬策略"的成功背后隐含着对人才的高度重视，并且认为对于最关键、最合适的人，人力资源成本投入产出比（ROHRC）最大。所谓关键是指对企业现在及未来业绩影响显著的人，所谓合适是指能力、潜力和意愿与企业高度匹配的人。企业将有限的薪酬激励资源优先投入到这些人身上，将产生更大的投资回报。

（3）为什么很多企业不愿意实施 345 薪酬策略？

我们在管理咨询过程中经常遇到企业老板表面上理解和认同上述理

念，但实际日常工作中却做了很多背道而驰的工作，究其原因可能存在以下几种可能。

- **不敢给高薪，担心给的人不对或引起内部震荡，产生风险**。这种情况在对外部空降兵定薪方面尤为突出，企业老板担心给了这些过往经历显著的人很高的薪酬最终却没有换来业绩提升，甚至造成内部的不公平和抱怨，影响现有团队。
- **没必要给那么高的薪酬，现在的薪酬已经能够吸引他加入或留下他**。薪酬存在激励和保健两种作用，当薪酬给到一定水平，能够让员工勉强加入或留下，但不会起到太大的激励效果，而给予更高的、与个人能力和业绩关联甚至超出个人期望的薪酬能够产生更好的激励效果，激励员工持续为企业创造价值。
- **公司目前人力资源成本已经很高，没有空间再给予合适的人高激励**。这是一种零和博弈的理念，将会带来恶性循环的结果。因为目前人力资源成本高所以放弃对合适人的高激励，导致人力资源效率不高，从而影响业绩结果的提升，更进一步使得企业在对合适人员激励方面缩手缩脚。

（4）企业有效提高ROHRC的方式。

ROHRC是人力资源工作尤其是薪酬激励政策应该追求的核心目标，这代表了人力资源的价值创造。企业采取"345薪酬策略"提供ROHRC有以下方式，而这些方式也是相互关联产生作用的。

方式一：**人员精简**。企业通过业务模式优化、硬件升级、组织优化、流程重组等减少人力资源数量，这样的人员精简更具颠覆性，但随着管理精细化程度逐步发展到一定程度，这样的机会和空间将逐渐被压缩。

这些方法可以归纳为经营管理的持续创新与优化，这需要企业建立鼓励创新与持续改进的文化和体系，鼓励全员通过学习行业标杆、跨界学习、实践总结与反思、专业外包探索创新优化与持续改进的具体方法，做精做强企业。

方式二：不合适的人离开。在机构臃肿、人浮于事的情况下，主动淘汰不合适的人能够直接带来 ROHRC 的增加，同时通过这样的优胜劣汰能够刺激他人提高敬业度，进一步提升 ROHRC。

这需要企业建立公平合理的人员和绩效评价标准与方法，准确识别不合适的人，通过直接辞退或创造性地处置减少对这些人的投入，降低他们对企业的负面影响。

方式三：对合适的人加大吸引和高激励。所谓合适的人一定是能够匹配企业要求并创造价值的人，通过对这些人的强激励期望产生指数级增长的业绩结果，这就是人力资本的价值。

这同样需要在合理的人员和绩效评价基础上甄选出合适的人，这些人就是企业应该高度关注的，对他们投入超个人预期的激励资源，确保他们能够死心塌地为企业创造更大的价值。

方式四：发挥全面薪酬激励体系的作用。企业薪酬资源有限，人力资源如果能将薪酬和福利、职业发展、文化及环境等有机结合，将显著提升人员的认同感和凝聚力，降低对薪酬的刚性依赖。

这需要企业在薪酬激励基础上给予有吸引力高激励性的福利、职业发展体系，同时创造良好的工作环境，让员工获得经济利益、个人发展的同时能够开心高效地工作，增加对企业的黏度。

（5）"345 薪酬策略"的反思。

第一次听到"345 薪酬策略"的时候，相信很多老板的反应是：对啊！就是这个道理！少花钱多办事，员工和企业获得双赢，何乐而不为？然而仔细推敲的话，这一策略其实隐藏着巨大的逻辑漏洞，这一漏洞极为关键，它甚至会动摇这一策略的存在基础，而对于这一漏洞的忽视，会直接影响这一策略的实施效果。

众所周知，权、责、利的对等原则是最基础的管理原则之一。权力大于责任则会有腐败，反之则工作难以开展；责任大于利益则员工实际上受到剥削，积极性很难保障，反之则企业白白承受了过高的成本。这一道理几乎是不言自明的，但仔细想想"345薪酬策略"的这种表述方式，直接违背了这一原则！既然做了5个人的事，为什么不给我5个人的报酬？！是啊，为什么？凭什么？就凭企业要降低人工成本吗？在企业中真正宣传和施行"345薪酬策略"的时候，想象中的一呼百应可能没有出现，反而会碰到较真的员工进行公开或私下的挑战。

很多企业主会避而不谈这个问题，单方面地认为进行人员精选和淘汰就可以提高人均效能。这种忽视做加法，热衷做减法的思维很有迷惑性，也会导致大量的失败和怨言。

其实答案很简单，因为这3个员工并不是完全靠自己做完5个人的工作的。如果开掉2个人，与此同时工作量毫无变化，那么这剩下的3个人就只能通过加班来完成5个人的工作。那样的话，要么这3个人最后累到筋疲力尽，要么之前的人员编制出了问题，总的工作量根本不需要5个人来承担。

上面所说提高ROHRC的方法，是通过人员能力与素质的提升，来实现人均效率的提升，可以认为是个人贡献。除此之外，组织还需要通过加强人员能力培养和机制建设的方式来提升人均效率。举例而言，通过信息系统的建设，就能极大提高人员的工作效率；通过流程优化、组织重组来降低流程损耗，从而提高了人均效能；因为这些而导致的效率提升，则不应归功或不应完全归功于员工自身，同样按照权责利对等的原则，就不应该赋予员工报酬，少掉的那一份报酬，是企业投入的。

那有的人要说了，既然企业还需要额外进行投入，看起来成本并没有减少啊，那这所谓的"345薪酬策略"还有什么价值呢？

答案也很简单，在人员培养和机制建设上的投入是一次性的，效益是长期的，一次投入长期受益；而在人工成本上的投入则是重复性的，效益是短期的。孰优孰劣，孰轻孰重，相信就不用笔者赘言了。

所以准确而言，"345薪酬策略"本质上是建立在人员能力提升与组织效率提升基础上的。其基本要求是企业和个人共同着眼于工作方式的改进和工作成效的提升，无论是人员精简还是文化塑造，目的无外如是。

第三节 定结构：薪酬结构策略分析

薪酬结构策略如图 3-6 所示。

当薪酬水平高低确定下来之后，接下来，就要把这个薪酬总额进行切割划分，然后根据不同的规则发放出去，这一步就是搭建薪酬的结构。可以看到，薪酬结构策略本质上就是一种分配策略，对于不同类型的薪酬，其背后的分配机制是不

图 3-6 薪酬结构策略

同的。但习惯的认知是，固定薪酬是应得的，必须发放，不存在分配过程；浮动薪酬才需要制定规则，去分配，去形成激励性。于是，为了顺应习惯，我们将薪酬结构策略和绩效奖金策略分开论述。

从分配的视角看，薪酬结构被分为了外显组成和内隐结构。

一、薪酬结构策略的外显组成

薪酬结构或者可以称之为薪酬组成。顾名思义，就是在总的薪酬金额中，不同类型薪酬的组成，再具体而言，就是工资表上的各个栏目。薪酬的组成在不同企业中有着五花八门的样式和称呼，基本工资、岗位工资、绩效工资、绩效奖金、医疗保险、补充医疗保险、职务津贴、通信补贴等，但究其本质，主要可以分为如下几个组成部分。

(一) 基本工资

基本工资，是对一个员工在工作岗位上的基本报酬，还有诸如岗位工资、职位工资、技能工资甚至年功工资等更细致的划分，但本质上，基本工资是对一个人相对固定的价值定位。

(二) 员工福利

员工福利，是以福利形式发放的薪酬，是一种全员享有，强调保障性和关怀作用的薪酬形式，绝大部分时候是以非现金形式发放的。员工福利虽然经常受到忽视，在薪酬总额中一般也不占主要份额，但却是个灵活性、多样性最强的薪酬组成，也是很多非物质激励的承载空间，如果运用得当，可能会取得较单纯工资收入提高难以实现的效果。

符合员工需要的福利才是有效的福利，不管花多大成本，不管用什么形式，只有那些迎合员工迫切需要的激励方式才能充分发挥激励作用。上海贝尔公司的福利政策始终设法贴近员工需求，根据员工的现实情况实施相应福利方案。上海贝尔的员工平均年龄仅28岁，正值成家立业之年，而这个阶段的年轻人又恰恰没有什么积蓄。上海高昂的房价足以浇灭许多年轻人在上海安家立业的梦想，许多人视上海为淘金地，却不敢把上海当作安身所。上海贝尔了解员工的难处，帮助员工解决后顾之忧，推出无息购房贷款的福利项目。员工不但可以轻松贷款，而且当工作年限达到一定期限后，还可减半偿还。解决了员工的燃眉之急，员工方可安安心心地长期工作。如购房和购车专项贷款额度累加合一，员工自己选择是购房还是购车；员工可以领取津贴自己解决上下班交通问题，也可以不领津贴搭乘公司的交通车……更多的选择权利，可以让福利项目更加人性化，从而增强激励的作用。

(三）特殊津贴

特殊津贴是一些无法归类的针对特殊岗位或特殊个人或特殊情况而设立的补充薪酬科目，比如保留津贴、危险作业津贴、特种证书津贴等，最大的特点就是其难以归类。所以从这个角度而言，类似通信补贴、用车补贴等科目的津贴/补贴，更接近于员工福利，尽管也可以算作特殊津贴，但其特殊性往往不强。有些研究者也会把这一项整体归纳为员工福利，但这部分薪酬往往是现金支付的。

（四）短期激励

短期激励一般可以理解为各种奖励、奖金，是对单次表现或一段时间内表现予以的特别奖励，有别于基本工资这样对于个人价值的衡量，短期激励基本上是对成果高低的衡量。

（五）长期激励

长期激励包括利润分享、收益分享、股权计划等名目，是与部分员工或全员分享公司长期收益的一种激励形式。长期激励是为了公司的长期绩效，因为长期激励往往与长期绩效目标和表现绑定。

不同薪酬组成的薪酬目的定位如表3-1所示。

表 3-1　不同薪酬组成的薪酬目的定位

	吸引	保留	激励
基本工资	高	高	中
员工福利	低	中	低
特殊津贴	低	中	低
短期激励	中	中	高
长期激励	中	高	中

不同的薪酬组成对于实现薪酬目的定位的承接作用显然是不同的。如果是一个定位为吸引的薪酬体系，很难想象它会以较低的基本工资和较高

的员工福利、短期激励和长期激励的方式来设计方案。直接用令人印象深刻的超高基本工资附加适度的中长期激励，是其必然的选择。

实际上，我们从一些公司采取的薪酬结构策略中，也能倒推出公司的薪酬目的定位，进而倒推出这家公司目前的战略导向。

> IBM的薪酬福利内容非常丰富，主要包括11个方面：①基本月薪——反映员工基本价值、工作表现及贡献；②综合补贴——对员工生活方面的基本需要给予现金支持；③春节奖金——在农历新年前发放的节日奖金；④休假津贴——为员工报销休假期间的费用；⑤浮动奖金——从公司完成既定的效益目标出发，鼓励员工做贡献；⑥销售奖金——销售及技术支持人员在完成销售任务后给予的奖励；⑦奖励计划——对员工努力工作或有突出贡献给予的奖励；⑧医疗保险计划——解决员工医疗及年度体检费用；⑨退休金计划——参加社会养老统筹计划，为员工晚年生活提供保障；⑩其他保险——包括人寿保险、人身意外保险、出差意外保险等；⑪休假制度——在法定假日外，还有带薪年假、探亲假、婚假、丧假等。
>
> 虽然IBM的薪酬福利多种多样，但却不包括学历工资和工龄工资，员工收入与学历高低、工作时间长短没有关系。IBM员工的薪资直接跟岗位、职务、工作表现、工作业绩相关，而学历和工龄不会成为考虑因素。IBM以结果为导向的薪酬体系，主要通过个人业务承诺计划实现。

可以观察到，IBM这一版本的薪酬组成，更多是在员工福利和短期激励方面，也就是说，是一个倾向于定位为激励和保留的薪酬体系。这也比较符合IBM当时的行业地位和经营状况，处在一个经营相对稳健，竞争需求不强烈的发展阶段。

二、薪酬结构策略的内隐结构：薪酬固浮比

薪酬结构策略中，除了薪酬的组成类别外，最重要的是一个比较隐蔽的比例关系，这是 HR 们非常熟悉的一个比例关系：薪酬固浮比。

成熟的薪酬管理者一定会对这个比例非常重视，一来，它影响企业人力成本在时间范围上的波动情况，对于企业财务资源的筹划有影响——很多企业会在财务周期的开始或结束时进行浮动工资的结算。二来，它是决定员工对薪酬的感受，以及薪酬激励和保障效果的重要指标。浮动太高，压力太大；固定太高，监管乏力。

简而言之，所有的薪酬组成项目都可以划分为两类：固定薪酬和浮动薪酬。一般情况下，固定薪酬与企业经济效益、员工工作业绩表现不相关，是员工固定获得的薪酬，包括基本工资、津补贴、保险、福利等；浮动薪酬相对固定薪酬而言具有风险性，浮动薪酬通常数额不固定且具有不确定性，通常与企业经济效益、员工业绩表现挂钩，浮动薪酬包括绩效工资、奖金、长期激励等，这点与财务中的"固定成本"和"变动成本"概念类似。

根据薪酬固浮比的大小可以将企业薪酬结构策略分为三种：高固定型、高浮动型、调和型。具体如表 3-2 所示。

表 3-2 三种薪酬策略类型

薪酬结构策略类型	高固定型	高浮动型	调和型
特点	固定薪酬比例很大，浮动薪酬比例很小	固定薪酬比例较小，浮动薪酬比例较大	员工收入相对稳定，固定薪酬与浮动薪酬比例比较适中
固浮比	80%～100%/20%～0	0～60%/100%～40%	60%～80%/40%～20%

三种薪酬结构策略各有其特点和效用，比如高固定型，员工忠诚度高，但是低浮动薪酬会导致员工干多干少一个样，激励效果差，员工易丧失积极性。

三种薪酬结构策略的特征如表 3-3 所示。

第三章 顶层设计：基于战略的薪酬策略定位

表3-3 三种薪酬结构策略的特征

薪酬结构策略	高固定型	高浮动型	调和型
与业绩挂钩程度	低	高	中
激励效应	弱	强	中
员工主动性	弱	强	中
员工压力	小	大	中
员工忠诚度	高	低	中
员工流动率	低	高	中

在企业中，不同岗位适用的薪酬固浮比不同。具体采用哪种策略，必须根据该岗位的特点来选择。首先分析岗位特点，从业绩变动性（任职者能力、能动性等对岗位绩效的影响程度）和组织绩效影响程度（岗位绩效对组织绩效的影响程度）分析，然后再考虑组织特征和其他相关因素。

分析该岗位的业绩变动性和组织绩效影响程度，可建立一个二维矩阵，形成四个象限（如图3-7所示）。

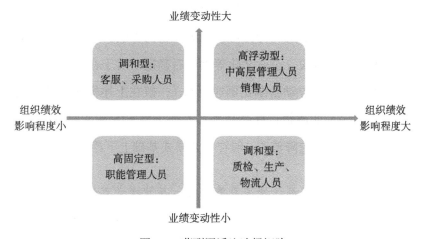

图3-7 薪酬固浮比选择矩阵

（1）业绩变动性大、组织绩效影响程度大则落入第一象限，一般情况下宜采用高浮动型结构，如中高层管理人员、销售人员。

（2）业绩变动性大、组织绩效影响程度小则落入第二象限，宜采用调和型结构，如标准化程度不够的企业里的客服、采购人员等。

（3）业绩变动性小、组织绩效影响程度小则落入第三象限，宜采用高固定型结构，如职能管理人员。

（4）业绩变动性小、组织绩效影响程度大则落入第四象限，宜采用调和型结构，如质检人员等。

此外，该岗位业绩的可量化程度、该岗位的总体薪酬水平等其他相关因素，也会影响固浮比策略的选择。岗位的业绩可量化程度越高，则浮动薪酬比例应越高。如制造企业的一线工人，尽管其业绩变动性大、组织绩效影响程度小，适合采用调和型结构，但其业绩的可量化性高，所以企业常常采用计件工资，因此其薪酬的绝大部分是浮动的。如研发岗业绩变动性大，对组织绩效影响程度也大，但因为业绩可量化程度低，所以一般不会采用高浮动型的薪酬结构策略。

另外，岗位总体薪酬水平越高，则浮动薪酬比例一般也越高，同职能的中层管理者，其浮动比例会比基层管理者大。

最后，还需要考虑组织特征对薪酬固浮比的影响，这一点需要在分析每个企业业务发展阶段、企业文化等因素后确定。对于在创业期和高速发展期的企业或业务，浮动薪酬比例应更高（一般在上述模式基础上上浮），主要目的是鼓励创业激情，提高激励；而处于稳定发展期的企业或业务，浮动薪酬比例则会相应降低（一般在上述模式基础上下浮）。

> 这是一家处在高速发展期的企业，其管理者首先确认了中期的业务战略重点是市场拓展和提高项目运营能力，因此需要加强对这两类岗位的激励刺激程度。也就是说，这两类岗位在该企业属于业绩变动性高、组织绩效影响程度大的类型，按上述矩阵适合采取高浮动型的薪酬结构策略。由于是高速发展的企业，浮动比例还可以有所提升。
>
> 综合以上种种因素之后的设计结果如表3-4所示。

表 3-4　某装饰设计公司的薪酬固浮比

级别	市场序列		项目管理序列		专业序列		职能/管理序列	
	月度累计	浮动绩效	月度累计	浮动绩效	月度累计	浮动绩效	月度累计	浮动绩效
14～16							40%	60%
12～13	50%	50%	50%	50%	60%	40%	60%	40%
7～11	60%	40%	60%	40%	60%	40%	70%	30%
3～6	60%	40%	60%	40%	70%	30%	80%	20%
1～2					80%	20%	80%	20%

可以看到该企业的薪酬浮动比例相当高，对于属于中坚力量的 7～11 级员工（大致是资深员工及中层管理者），浮动薪酬达到了 40% 的水平，相当于近一半的薪酬由业绩决定，这在同行业当中属于比较高的比例了，刺激性很强。

对于重点激励的市场序列和项目管理序列，甚至 3～6 级的基层员工，也达到了同样的浮动比例，而对于中高级管理者的 12～13 级员工，固浮比更是达到了 1∶1 的水平。

由于有比较合适的薪酬水平作为保障，这种强刺激的薪酬结构设置并没有引起较大的阻力，而该方案的效果也是很明显的，方案行使当年的业绩水平，在年初设定目标基础上提高了 30%，大大超出了老板的预想。当然，年终也颇有为数不少的员工因为业绩没能达成目标而薪酬缩水较多，导致了一波不小的离职潮，这也是高浮动型薪酬结构策略经常会面临的问题，好在只要目标设定相对合理，这一问题能控制在可控范围内，对于企业而言，这就是个能支撑企业战略的好策略。

第四节　定奖金：绩效奖金策略分析

既然认定了员工的价值，那就把薪酬按月定时发放就好了，为什么还要拆分出绩效和奖金呢？是的，为了激励！为了激励员工取得更好的业绩与成果，并对这样的业绩与成果给予嘉奖与鼓励。

不患寡而患不均，公平合理的激励前提是能够公平客观地衡量员工业绩与成果，生产工人的业绩是生产了多少个产品，设计师的业绩是画了多少张设计图，经营者的业绩是公司盈利如何，管理者的业绩是团队完成了哪些目标……

  A公司是一家从事智能制造的国有企业，近年来随着国家各项优惠政策的实施与企业改革的推广，企业转型成功，不仅业绩蒸蒸日上，管理层也非常具有前瞻性，引进了很多具有资深研发能力的优秀人才，不仅如此，还引进具有多年民营企业管理经验的新任总经理。总经理到任后为了更好地激励员工，采用了人人头上扛指标的激励方式，为研发工程师设计的指标是"当年新研发产品销售额达到200万元""当年获得专利2项"。从这两项指标看好像非常适合研发人员，一方面考核研发人员的研发能力，另一方面考核研发人员研发产品的市场适应性。

  年底了，很多研发工程师一起提出离职，让企业措手不及，一度以为竞争对手来大规模挖角了，了解后才知道，原来大多研发工程师是对当年绩效激励的方式不满意。深入了解发现，这些研发工程师在招聘时是作为基础性研发工程师招聘入公司的，主要的职责是对行业未来发展趋势进行探索性的研究以寻求新技术的突破，他们日常的工作偏向实验性的研究，离形成产品、上市销售还有很远的距离。所以在实施人人头上扛指标的新绩效激励方案后，他们既要从事实验性研究，又要关注新技术的产品化，最终发现一年中，一项工作都没做好，白白浪费了一年时间，这在竞争激烈的智能制造行业是何其大的损失！

这个案例中就是没有针对岗位的特点对其价值进行合适的衡量，如果对工程师考核其产品业绩、对行政专员考核其服务了多少位员工、对销售人员考核其工作时间……这些考核都是本末倒置，未考核岗位实现业绩的本质。

企业中每个岗位实现价值的方式、衡量价值的方式都不相同，这与企业赋予这些岗位的职责相关，我们在第一章谈到本书核心观点"动态调整和合理差异"时有深入分析三种典型的岗位价值创造和价值衡量方式，详见表 1-3。

我们能够发现不同岗位的价值有的用个数衡量，有的用金钱衡量，有的用时间衡量，甚至有的用行为过程衡量；而实现这些价值的有的是个人，有的是团队，还有的甚至是一个 BU……我们不妨从以下两个维度对绩效与奖金如何关联展开思考：奖金核算到个人还是团队，奖金核算的依据是业绩结果还是行为过程。

绩效资金关联逻辑如表 3-5 所示。

表 3-5 绩效奖金关联逻辑

激励依据 \ 激励对象	核算到团队	核算到个人
基于行为过程	—	职能型 / 管理类岗位
基于业绩结果	里程碑小组 / 项目团队	销售 / 计件式岗位

注："成果"指产出能够明确衡量出对经营业绩的价值，即能算得出值多少钱；"过程"指关于员工产出对经营业绩的价值无法明确计算得出具体数字。

在第三节中我们曾论述过，薪酬结构策略和绩效奖金策略本质上都属于分配机制，但作为薪酬结构中最具备激励操作价值的一部分，绩效和奖金的关联通常会被予以特别的关照。其余的薪酬组成无论水平是高是低，在一定时间内都是确定和稳定的，只有绩效奖金，对于员工周期末的收入来说，是存在变数的。而这种变数，正是薪酬的激励效力可以起作用的地方，也是薪酬体系设计所刻意追求和强调的。

根据表 3-5 中绩效奖金关联逻辑，我们通过总结归纳形成了常见的三种绩效奖金策略并与之一一对应，如表 3-6 所示。

表 3-6 绩效奖金策略

激励依据 \ 激励对象	核算到团队	核算到个人
基于行为过程	—	目标奖金制
基于业绩结果	团队分享制	个人提成制

所以,我们将绩效奖金策略分为三种。

(1)个人提成制:基于个人完成的业绩结果核算个人提成,做得越多拿得越多。

个人提成制下常见的个人奖金核算公式:提成基数 × 提成比例 / 计件单价。

(2)团队分享制:基于团队共同完成的业绩结果核算团队奖金总额,并在团队内部二次分配。

团队分享制下常见的个人奖金核算公式:提成基数 × 提成比例 / 计件单价 × 个人分配比例。

(3)目标奖金制:针对个人履行岗位职责的过程性行为设定若干指标进行考核,基于考核结果确定奖金系数。

目标奖金之下常见的个人奖金核算公式:绩效奖金基数 × 奖金系数。

那么,我们应该如何理解和选择合适的绩效奖金策略?我们先来看一个案例。

M 公司是跨境出口电商企业,主要业务是以产品为项目,将国内制造企业的产品在海外线上平台与渠道中销售,简称联合运营业务。联合运营业务对公司来说,主要收益是公司从该工厂对应的产品销售额和利润中分成。

M 公司有这样几个核心部门。

(1)BD 部门:在国内发现挖掘优秀的加工厂,与它们签订联合运营合约。

(2)项目品类事业部:按照不同品类分组,对接各工厂的生产计划、生产跟踪、货运、仓储等生产全流程，同时还需要负责各类产品在国外销售平台的上线与客服。

（3）营销推广部：创新各类推广方式，促进线上产品的销售。

公司未来战略规划是基于这些项目操作积累和提升海外营销、渠道、物流和IT信息化的经验与能力，从而搭建跨境出口电商综合服务平台，整合各类资源，为代理商、中小卖家提供渠道、IT、物流、金融、管理等服务。

目前联合运营业务有近30个项目，但公司项目总体数量和选择余地不足，且每个项目因产品本身带来的受欢迎程度和盈利能力差异较大。

M公司的各个部门应该采用什么绩效奖金策略呢？

从企业利益最大化的角度、对员工激励性最大的角度来看，首选的当然是个人提成制或团队分享制，因为只有企业盈利越多，员工的奖金才会越多。但并非所有岗位都适合这两种绩效奖金策略，选择合适的绩效奖金策略首先要考虑企业的战略要求。从上面的案例我们看出，M公司追求的并非利润，而是通过联合运营的经验构建平台，并最终吸引代工厂、物流、出入关等全供应链上的企业，所以M公司不同部门的绩效奖金策略也有所不同。

M公司BD部门的核心是挖掘更多不同品类的代工厂，激励的依据是"业绩结果"，也可以激励到"个人"，所以可以采取"个人提成制"，根据个人签订的工厂数量给予提成奖金。

M公司项目品类事业部原本采用的是团队分享制，即根据一个项目组运营利润提取团队奖金包，但这种方式不仅存在"肥瘦"项目组之间激励不公平的问题，还有一个更有严重的问题，就是与战略偏离。基于公司战略规划，项目组人员需要在SOP完善、营销创新、IT信息系统建设、中小卖家培训等方面投入精力并取得成果,而此时采用团队分享制这种绩效奖金策略会引导员工只关注"业绩结果":项目运营利润,缺乏对员工产生上述支撑公司战略升级的"过程行为"的引导,从而偏离公司的战略目标。所以,基于"肥瘦"项目公平性问题和公司战略升级的需要,项目品类事业部绩效奖金策略调整为"目标奖金制",根据其达成的综合性的绩效指标核算奖金。

对于营销推广部来说,核心是创新出更多、更新颖、更有效的推广方式,激励的依据是"行为过程",激励对象是"个人",所以对于他们来说,也应该采用"目标奖金制",激励员工研究、总结、尝试更多的推广方式。

绩效奖金策略是什么,想必你已有所领悟,关于绩效奖金策略应如何选择,这个案例也提供了有益的启示:首先是符合公司战略的指向性。

公司的战略规划方向是怎样的?是以提高收入、利润等财务指标为主还是以市场拓展、品牌推广为主?

如果是常规的以销售目标为主的公司,销售人员的付薪就可以考虑采用"基于业绩结果"的团队或个人提成制,中后台支持部门可以选择目标奖金制。但如果像案例中的M公司,其当前战略是基于销售项目的操作来积累经验,从而搭建跨境出口电商综合服务平台,这样的公司对项目操作人员运用基于业绩结果的团队提成制付薪就不妥了,加之发展初期对商品的选择能力不强、各类岗位付薪策略难以区分等因素,导致了薪酬激励性不佳的结果。

除了战略这一核心因素之外,选择哪种绩效奖金策略还需要重点考虑岗位创造价值的特点与方式。而绩效奖金策略的选择是薪酬体现激励性的核心环节,考虑到这部分内容展开还有很长的篇幅,我们将在后续用一个独立的章节(第五章)展开阐述。第五章不仅提供绩效奖金策略如何选择的思考框架与模型,还借助丰富的实战案例对三种绩效奖金策略的设计实操进行详细深入的分析。

第五节 选策略：薪酬策略选择逻辑

薪酬策略定位模型如图 3-8 所示。

图 3-8 薪酬策略定位模型

一、关于战略导向的选择逻辑

在上一节的案例中，我们已经可以初步看到战略导向对于薪酬策略选择的决定性影响。那么战略维度究竟是如何影响薪酬策略的选择的呢？

公司战略导向更多是从两个方面影响薪酬策略的选择：

第一，战略导向决定何为关键岗位，而对于关键岗位，无论在薪酬水平、薪酬结构还是绩效奖金策略上都会有针对性的设计。

一般而言，关键岗位的薪酬水平相对偏高，薪酬结构相对偏浮动型，更具激励性。

第二，战略对价值创造的指向性或要求。

上一节的案例已经阐述了这一点，如果战略导向要求的价值创造是短期财务业绩结果为主，那么一线业务部门更倾向于采用团队分享或个人提成，重在收获；而如果战略导向要求的价值创造是中长期的品牌、满意度等指标，则即使是一线部门，也更多采用目标奖金制，重在培育。

（一）关键岗位分析

既然战略导向的第一个影响方向是关键岗位，那么关键岗位又该如何分析呢？我们从一个案例说起。

H公司属于防伪标签细分领域的软件集成综合商，在行业中排名领先，服务的客户也主要是各行业中的龙头企业，而且一旦建立起合作来，由于产品和服务的特性（产品线硬件设备配套，更换供应商成本较高），这种合作关系往往会持续多年。我们的项目是对公司所有部门/岗位设计激励方案，包括任职资格、绩效管理和薪酬体系三个模块。经过一番调研设计，我们完成了三个模块的方案及其之间的体系协同。方案设计固然十分重要，但在实际运营中，资源的分配问题冒了出来。

（1）保障体系良好运转所需要投入的运营资源，此类资源主要涉及人力资源部和各部门负责人的时间和精力，属于管理成本投入。

大家可以回想下，当HR充满热忱地和部门负责人沟通绩效指标的过程数据收集、考核结果反馈、人才发展规划这些事情时，部门负责人会是什么反应？大家觉得是HR在帮助他们进行团队管理，还是部门负责人在帮助HR完成人力资源部门的工作？因此，我们在推进运营人力资源管理体系运营时，必须要考虑到此类管理成本的投入产出比，只有让条线经理感受到他们在管理上所投入的时间、精力有回报，才能保障人力资源管理体系健康自主地运转。

（2）评估结果对公司内部资源（特别是竞争性资源）分配的影响。

比如，公司年度调薪比例仅仅只有5%时，HR该如何做调薪规划？

是所有员工普调5%还是根据绩效等级统一划定各绩效级别的调薪幅度（A级—15%，B级—8%，C级—不调整，D级—降薪），抑或是找到关键岗位进行岗位差异性薪酬调整？

其实，不管是部门负责人的管理资源投入，还是公司整体资源分配，需要方案设计者从方案落地效果考虑性价比，也就是说，将有限的资源投入到效果最明显、对组织整体绩效影响最大的关键岗位上，那对于企业HR来说，要做的就是通过一定的方法识别出本企业的关键岗位，从而调整资源分配策略，提升企业战略执行效果，更加直接地带来组织效能的提升。

（二）如何进行企业关键岗位的辨识

刚刚我们提到，关键岗位判断的标准是，该岗位是否对战略的落地执行起到关键作用，是否为战略成功与否的关键环节。

关键岗位辨识如图3-9所示。

我们可以通过三个问题的询问与解答，探索从客户定位推导出公司关键岗位的逻辑：

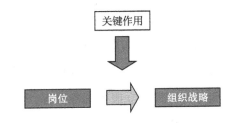

图3-9 关键岗位辨识

第一，公司的客户定位是什么？目标客户是谁？

第二，在既定的战略与客户定位下，公司的核心竞争能力（或业绩提升的关键）是什么？

第三，哪些岗位是公司核心竞争力或业绩达成的关键岗位？

基于H公司的产品特点，在行业内往往有两种目标客户选择方式，两种方式下的企业核心战略能力以及关键岗位是不同的。

1. 思路一

第一种假设，H公司将主要的目标客户定义为大客户，这类客户具有如下特点：

（1）行业内的龙头企业，市场份额占比较大，后续每年对H公司的持续性业绩贡献较大。

（2）该类企业往往要求H公司提供高标准、高匹配度的定制化方案，因此在项目初期技术人员的成本投入会比较大（标准化模块应用少，每个项目都需要独立开发）。

此外，针对上述特点，该类客户在合作第一年项目类的利润率往往是不高的（成本投入较高），但是如果在后续年度能够保持合作关系，并且不断挖掘这个老客户的一些新需求，比如其他分子公司、产品线对H公司的产品的需求，将能够实现单一客户的销售额/利润贡献持续增长，即公司现有客户的维持和新需求挖掘是公司销售额/利润增长的主要方法。

最后，既然销售额/利润增长的主要来源已经找到，那么，哪些岗位是H公司能够保有现有客户，并且实现新需求挖掘的关键岗位呢？

老客户的保有。现有客户能够持续和H公司合作，每年贡献销售额，前提是对H公司提供的产品或者服务是满意的，因此售后服务的高品质、标准化就是关键。从而我们得到了思路一的第一个关键岗位——**售后部门管理岗**，即建立服务标准流程，并且监督标准流程严格执行的岗位。

新需求的挖掘。能够挖掘到老客户的新需求，有些必要的前提。首先，和客户保持紧密的联系，能够及时敏锐地觉察到客户的新需求。其次，得到客户的认可和信任，当然H公司产品符合客户预期是前提条件。由此，我们得到了思路一的第二个关键岗位——进行客户后续维护的**大客户经理岗**（项目阶段，客户公司并未设立专职进行客户高端维护对接的大客户经理岗）。

客户定位选择思路如图3-10所示。

2. 思路二

第二种假设，当H公司的目标客户是中小型客户时，公司的内部机制需要做出何种调整？中小型客户对价格会比大公司更为敏感，定制化方案因为成本过高，在开拓中小型客户市场时反倒是一项劣势，因此为了提高中小型客户市场的竞争力，产品标准化是一种比较合适的策略，通过提供标准化低价产品供客户选择匹配。

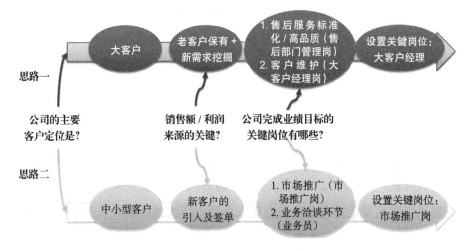

图 3-10　客户定位选择思路

中小型客户的客单价相对较低，即单客户对公司销售额或利润的贡献较小，而且除非中小型客户自行成长为大客户，产品需求总量大幅增长，否则仅维护中小型客户，H 公司的销售额难以实现规模性增长。因此，在选择中小型客户作为目标客群时，提升销售额的关键是每年引进大量的新客户，通过客户数量的增长来实现公司销售额的提升。

既然在此种模式下，新客户的引入是提升销售额的关键，那什么岗位是影响新客户引入的关键岗位呢？

H 公司需要让更多的潜在客户了解公司的产品，当有需求时能够想到 H 公司，就此产生了思路二的第一个关键岗位——**市场推广岗**。

潜在客户和成为真正客户之间的距离依然遥远，在意向合作洽谈时成功搞定客户，拿下合同，关键就看业务员了，这也是思路二的第二个关键岗位——**业务员**。

通过这个案例你是否了解了如何通过战略导向去寻找企业的关键岗位？归根结底就是通过上面三个问题，找到真正能影响公司战略目标的岗位。

当然，找到关键岗位仅仅是万里长征第一步，在分析找寻的过程中我们需要不忘初心，始终谨记为什么要找寻关键岗位。只有找到关键岗位后，我们在公司的管理制度设计时才能有意识地将稀缺资源倾向关键岗位，从而在战略目标实现时提高资源的利用效率，最大化实现战略目标。

二、关于企业特征的选择逻辑

企业特征为什么会影响薪酬策略的选择？很简单，我们说战略是我们想去的位置，而企业现状特征，则是我们当下所站立位置的特点，这些特点将决定我们是能跑着去还是走着去，是小步快跑还是大步流星，更不用说，战略的制定本身就需要考虑企业当下的特征。

那么应该如何分析企业特征对薪酬策略的影响呢？回到第二节薪酬策略要解决的核心问题上：**薪酬策略要解决的核心问题**，是如何将**有限的薪酬资源**合理有效地投入（重点）被激励对象，最大化激发人力资源效率，**提高人力资源成本的投入产出比**。

如果要区分里面的关键词的话，我想应该是"有限"和"重点"，实际上也确实如此，关于企业特征的分析，主要是通过"是否有限"及"谁是重点"来完成对薪酬策略的选择。主要通过以下两方面的分析完成。

（一）企业发展阶段分析

这项内容的分析主要关注以下几个问题：

- **公司业务所处的市场发展阶段是什么？未来市场发展前景如何？**

公司所处阶段不同本身会直接导致薪酬策略的不同，处于开拓市场和成长市场的企业通常人才短缺情况严重，一般采用的薪酬目标定位侧重于吸引；而成熟市场则更强调在既有人才框架下实现更高的绩效水平，因而更加侧重于激励；在衰退市场，企业要在保障基本运营的情况下尽量降低成本，节衣缩食以过冬，更倾向于保留的定位。

业务发展阶段和未来市场发展前景对于其他策略的影响则主要通过对岗位的影响实现，是否是关键岗位，决定了该岗位的薪酬水平的高低，薪酬结构是侧重于浮动还是固定，关键岗位的分析见上节相关内容。

- **公司目前的盈利能力和现金支付能力如何？公司目前的雇主品牌如何？**

前两个问题问的是"谁是重点"，这里问的是"是否有限"，如果企业的薪酬给付能力不足，且要采用吸引的薪酬定位，势必会造成重大的财务负担，效果也会比较差；而如果企业的品牌吸引力较小，且采用保留或激励的薪酬定位，则对外的吸引力势必不足。在这种情况下，更是需要借助岗位分析，将有限的财务资源用在刀刃上。

（二）企业文化与管理理念分析

除了刚性的价值分析外，文化与理念也会对薪酬策略的确定有着巨大而潜在的影响。在这项内容中，需要分析以下问题。

- **企业文化是否倡导薪酬拉开差距？**

文化对于薪酬差距的容忍度决定了业绩考核策略中绩效奖金的差异性。

- **人员以外招为主还是内部培养为主？**

人员来源一定程度上决定了薪酬水平策略，外招偏多的话，薪酬水平不可能是保留型的，至少是部分领先的混合型。

- **企业是否愿意为人力资源提前投入与投资？**

企业对人力资源投资的意识决定了薪酬结构策略和薪酬水平策略。如果企业仍将人力资源视为成本而非投资，那么自然在水平上有压低倾向，在结构上有重浮动的倾向，更重视短期的付出，没有看到长期的收益。

企业战略及发展阶段演变影响薪酬策略这一点，相信胖东来和海底捞的老板是深有体会的。

胖东来作为"四线城市最牛百货企业"之一，曾在当年零售连锁业风起云涌的时候出尽风头。作为极少数能够在本地战胜国际巨头的企业，诸多研究和赞美纷至沓来，这其中自然少不了对薪酬激励体系的研究，很多人力资源研究者甚至认为这是胖东来取得成功最为关键的要素。我们可以来看看它是怎么做的。

> 老板的第一要义就是复制出像自己一样操心的人。人为什么会操心？因为这件事和他有关系。
>
> 胖东来是怎么实现这一点的呢？
>
> 胖东来店长年薪多少？100万元！再看看其他人，副总、总监级别——50万～80万元；处长，生鲜处、百货处、采购处等——30万～50万元；课长，管5～20个人——10万～30万元。同一时期大连大商的总经理年薪28万元，最高收入不超过50万元，换一句话说，胖东来有几十个拿着像大连大商总经理工资一样的人在操心。
>
> 胖东来保安和打扫卫生的女工一个月工资多少？2 200元，三险一金。这个工资在上海估计是毛毛雨，在河南可是不得了。河南打扫卫生女工工资普遍是600～800元（当年），最高档小区保卫月薪1 100元，工作12小时。一个女工两年前拿到2 000元钱，她心里会怎么想，她一定想，我要好好干，千万别把工作丢

了。员工什么时候不走？他在这里干的时候，多少人排着队要进公司的时候。胖东来招50个女工，报名5 000个，人家怎么就没有用工荒？

胖东来中高层干部会想什么，他们会跟其他人一样也去创业吗？一个高管十年就是一个千万富翁。胖东来待遇是一人一辆车，一人一栋别墅。你说他还想什么？大树底下好乘凉，跟着于东来走吧。底下处长、课长，两年三年就是百万富翁，处长助理以上全部配有汽车。你就知道，工资是怎么发的。

胖东来规定所有中高层干部，每周只许工作40小时，相当于每天工作8小时，商业企业最忙是晚上和周末，还有节假日，它偏偏反其道而行之。

它又规定，下班6点必须离开企业，谁要是出现，抓住一次罚款5 000元，在此期间必须关闭手机，接通一次，罚款200元。而我们的企业规定，只要手机无法接通，一次罚款50元。

胖东来还规定，每周必须跟父母吃一次饭，每月必须带着家人出去旅游一次，每年强制休假20天。

工资就是这样发的。把员工变成小老板，这就是一个核心点。

很明显可以看到，胖东来采取的不只是领先型，而是极端领先型的薪酬水平策略。而这一策略也取得了非常明显的效果。即便看到如此惊人的效果，同类企业仍然不敢采用同样的策略，因为它们甚至胖东来自己都不了解这样的策略为什么能成功。

河南洛阳、南阳、信阳有三家企业，和胖东来形成中国零售业四业连锁组织，这三家企业老板也想跟于东来学习，就是不敢跟他的工资制度接轨，都害怕赔钱。结果后来差距越来越大，这几个老板沉不住气，就跟于东来商量说，你得帮帮我。

于东来说，帮忙可以，必须答应我两个条件：

我给你们每一个企业代管一年，我要当董事长兼总经理，你们全都退位，我制定的任何管理规章制度都不许改。

到了河南南阳王献忠的万德隆。王献忠有20家店，销售额1.5亿～2亿元，利润800万元。很多老板处在这个瓶颈上，不发展等死，往上走找死。

于东来来了，先是轰走王献忠，然后召开中高层会议，大家充满期盼。不想于东来穿着大裤衩、大汗衫来了后第一句话就是，你们老王让我给大家涨工资来了。

大家看看怎么涨的——

理货员：700～1 200元，涨幅70%。

中层干部：2 000～5 000元，涨幅150%。

20个店长：月薪5 000元～年薪20万元，涨幅200%。

另外，于东来自己带着一张200万元支票，给20个店长一人买了一辆车，规定：第一，只要干够6年，6年以后走人可以把车带走，6年以内走人，车留下。第二，取消万德隆所有罚款制度。最后宣布散会。

员工听了这个结果什么感觉，那是相当兴奋，员工都"疯"了。王献忠的妹妹——财务总监，当场就懵了，埋怨于东来没有提前跟经营班子商量，她大概算了算，当年得亏1 000万元。王献忠听说后几分钟说不出话来，突然想起于东来说的，亏多少，赔多少，反正他有钱，让他去折腾吧。

结果是，企业当月销售提升40%，你能想象员工中蕴藏多大力量，那一年下来，不仅没有亏1 000万元，反而挣了1 000万元，这个1 000万元比上一年的800万元，不止增加200万元，一正一负将近2 000万元，谁也没有想到这个结果。

如果领先型的薪酬水平策略天下无敌、所向披靡的话，那么也许胖东来现在已经统一全国的零售市场了，其他公司或者行业也只要在能够承受的范围内尽可能采取高工资的薪酬体系，就可以取得成功了。然而成功没那么简单，刚才也说了，胖东来自己可能都没有了解为什么这样的策略在当时能够成功。

可谓"成也萧何，败也萧何"，高工资让胖东来一度成为同行业的典范，但也成为其后来失败的一大原因。

胖东来一直想建立的是一种高付出高回报的薪酬模式，他们认为高薪能激励员工拼命工作，为公司创造更多的价值，从而实现员工和企业的双赢。

这种出发点是好的，逻辑也没错。但问题在于，人性是最无法预测的东西，他们只有双赢的理想，却没有保障双赢的管理手段。他们无法保证员工在拿到高薪之后一直给企业创造高价值。

尽管在河南的新乡和许昌取得了巨大的成功，但胖东来始终未能成功跨出河南，近些年来，也逐渐转移注意力，将发展视角投向了别处……

上述案例在探讨胖东来后期失败的原因时，将之归结为人性，归结为保障双赢的管理手段，这固然是原因之一，但在笔者看来，这不是本质原因。本质原因在于企业特征的变化，在于战略导向的调整。企业特征引发的战略调整对于薪酬策略成败的决定性影响，这个时候才开始显现出威力来。

简而言之，胖东来其实已经消耗完了初创期市场上存在的战略资源空间，已经在面临战略转型，需要构建其他核心竞争力了，再坚持同样的高工资，是取得不了想象中的高回报的。

什么叫战略资源空间？用大白话来说就是，在胖东来刚刚切入零售业竞争的时候，营运效率和薪酬水平都处于很低的水平，大家工资水平都比较低，但营运效率改进的空间却很大。这个时候胖东来采用极端领先型的薪酬水平策略，一下子与当时的营运效率形成了极大不对称，而这种不对称显然不可能长久存在，所有的不对称都有重新归于对称的内驱动力，这种动力的外在表现形式就是，管理人员主动改进营运效率的动力被提高到了非常可怕的程度。

于是结果就是，营运效率被逐渐提高到了与薪酬水平相当的水准上，胖东来依靠这种效率提升带来的效益，战胜了同时期的竞争者，也弥补了高薪酬水平带来的人力成本的高企。

然而，营运效率的提升，终究是有极限的。尽管步履慢了一些，胖东来的竞争者们也逐渐将薪酬水平和营运效率赶了上来，也许还达不到胖东来的水平，但也已经可以抵消大部分的竞争压力。而在向省外拓展的时候，省外的市场更是不具备营运效率与薪酬水平双低的战略资源空间，一二线城市的零售巨头们，早就将营运效率提高到了很高的水平上。这样实际上胖东来在三四线城市的高工资已经不算高，或者高工资的效益已经没那么大了。竞争的主战场已经从薪酬水平以及营运效率转移到其他资源的获取能力上了。

简而言之，胖东来其实已经从高速发展期进入成熟稳定期，其核心竞争力已经需要从极其高效的内部营运效率转变成外部资源的拓展能力。面对这样的战略导向的变化，简单的高工资已经不能满足企业发展的需要，胖东来需要适应新环境的精细化和定制化薪酬体系。

三、关于岗位特征的选择逻辑

通过前文的分析，我们已经知道，对薪酬策略的选择很多都是直接根据岗位特征来决定的。除了在战略导向阶段直接引发的岗位关键性之外，岗位特征中主要包含了五个要素。

（1）对组织绩效影响度。

（2）岗位的业绩变动性。

以上两个因素共同构成一个矩阵，帮助判断岗位一般情况下适合采用什么样的薪酬固浮比，影响的是薪酬结构策略。

薪酬固浮比选择矩阵如图 3-11 所示。

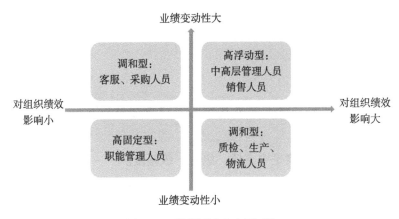

图 3-11　薪酬固浮比选择矩阵

（3）岗位的业绩可衡量性。

该因素会导致对以上策略的调整。一般而言，岗位的业绩可量化程度越高，则浮动薪酬比例越高；反之亦然。

（4）岗位的业绩体现周期。

当岗位业绩需要中长时间的周期才能体现，在结构策略选择时就不太可能选择高浮动方式，而在绩效奖金策略选择中，也更倾向使用目标奖金制而非团队分享或个人提成制。

（5）岗位的稀缺性。

所谓岗位的稀缺性，也可以认为是岗位人员的可替代性，如果该岗位的人员在市场上难以寻找，势必会抬高员工的薪酬水平。对于市场上人员稀缺的岗位，需要一开始就以较高的薪酬水平去吸引人才，否则可能徒劳无功。

第四章

框架构建：合理有效的薪酬体系设计

> **导 读**
> - 薪酬体系设计是科学与艺术的结合，过程始终不忘既定的薪酬策略定位。
> - 薪酬体系设计三要素是中点值、级差、级幅度。
> - 宽带薪酬体系为员工薪酬的差异化定薪、动态调薪提供了依据与空间。

核心模型：薪酬体系设计三要素

本章的主要内容是通过对薪酬现状的分析，结合战略制定的薪酬策略，设计薪酬体系。薪酬体系是一系列数字组成的体系，如何确定这一系列数字呢？实质就是把握薪酬体系设计中的三要素：中点值、级差与级幅度。我们将在本章中详细阐述。

第一节 明概念：宽带薪酬体系

一、点薪制薪酬体系

一般来说，薪酬体系是对一个公司付薪策略、薪酬结构、薪酬水平的统称，最终会体现在为每个岗位付薪的数据上。随着现代薪酬管理理念与管理方法的发展，薪酬体系也在不断发展。从付薪模式上看，主流的薪酬体系主要有两种：点薪制体系与宽带薪酬体系。

点薪制是一种单一薪酬标准的付薪模式，即一个岗位/级别对应一个工资数值，在这个级别/岗位上的员工的岗位工资是一样的，参考表4-1中某公司点薪制的薪酬体系。

表4-1　点薪制

级别	档次	职级	系数	工资标准	职务及岗位新调整后的方案
1		总经理	5	5 000元以上	总经理
2	A	副总经理	4.9	3 500元	分管大部分工作的副总经理
	B	副总经理	4.8	3 300元	分管小部分工作的副总经理
	C	总经理助理	4.7	3 000元	总经理助理
3	A	总监	4.6	2 800元	市场营销总监、计划财务总监
	B	总监	4.4	2 500元	餐饮总监、商务总监
	C	总监	4.2	2 300元	康娱总监
4	A	部门经理	4	2 000元	市场营销部、财务部、餐饮部
	B	部门经理	3.8	1 800元	人力资源部、工程部、保安部

该公司根据不同的级别、档次设计了不同的工资标准，B级部门经理的工资标准为1 800元，A级部门经理的工资标准为2 000元等。这种方式中，处于B级的部门经理的工资标准都为1 800元，不存在差别。

目前，这种点薪制的方式在企业应用中已经比较少见，以往在政府部门、国企等企业部门中较为常见，现在已经不适合多变的市场环境以及对员工的激励目的了。即使采用该方式的企业，很多也在点薪制的基础上进行了一些改进与变形，以更适应市场、企业中多样化的用工、付薪要求。

以前企业使用点薪制，主要是因为看上去比较公平，减少了对人的评价，避免了让领导感到为难或尴尬的工作，但实质忽略了员工的能力，仅能代表员工所在的级别。

随着市场与企业的发展，人们发现点薪制的薪酬体系存在很多不合理的地方，于是基于3P付薪理念的宽带薪酬体系应运而生。

二、宽带薪酬体系

宽带薪酬体系是一种根据不同级别设置有一定薪酬跨度的薪酬体系。宽带薪酬体系的重点在"宽带"上,有别于以往一个级别对应一个薪酬标准的体系,而是对应一定跨度的薪酬标准,员工根据其级别在对应的薪酬范围内定薪。

图4-1为一个典型的宽带薪酬体系示意图,从图中我们可以看出有几个特点。

(1)**薪级**:图中横坐标(1~14)代表了宽带薪酬体系中的薪级(级别),薪级从小到大代表了企业岗位价值的由低到高。

(2)**薪酬标准**:图中纵坐标(0~800 000)代表了薪酬标准,即给员工的定薪数值。

(3)**薪酬范围**:图中每一个长方形代表了对应薪级的薪酬标准范围,长方形的底部代表对应薪级中薪酬范围的最小值,顶部则代表最大值。

(4)**中点值**:图中每个长方形分为两个部分,交接处代表该薪级中薪酬范围的中点值。

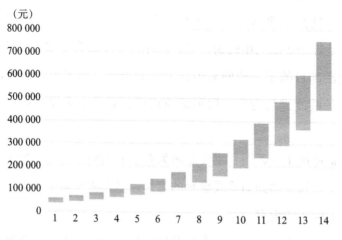

图4-1 宽带薪酬体系示意图

以上是宽带薪酬体系的一般特点,在薪酬体系设计时,薪级设置个数与薪酬宽带的范围两者互相作用影响，薪级个数越多，对应的薪酬宽带范围越小，反之亦然。

所以，宽带薪酬体系根据薪级个数的多少、宽带范围又可以区分为以下两类。

（1）窄带型薪酬体系，主要特点如下。

- 薪级个数较多，达到15个以上。
- 每个薪级对应的薪酬范围较小，级幅度40%～50%［级幅度计算方法为：（最大值－最小值）／最小值］。
- 适用于成熟的、等级观念较强的企业。
- 员工更注重个人职位晋升，薪酬管理较简单。

（2）宽带型薪酬体系，主要特点如下。

- 薪酬等级相对较少，8～15个。
- 每个薪级对应的薪酬范围较大，级幅度90%～100%。
- 适用于初创企业，以及组织模式相对欠成熟、业务灵活的企业。
- 员工薪酬可随岗位提升发展、岗位内能力提升而提高。
- 管理灵活性空间较大，但管理难度也较大。

为什么越来越多的企业选择应用宽带薪酬体系，宽带薪酬体系又解决了企业在人员定薪与激励中的哪些问题呢？总结主要有以下几点：

第一，宽带薪酬体系更加合理，能够对相同级别、相同岗位但不同胜任能力的员工支付有所区别的薪酬；这种区别的付薪是对员工能力的肯定，同时也是对不同能力员工能够取得不同业绩成果的肯定。

第二，宽带薪酬体系在同一级别、同一岗位上具有加薪空间，实际是鼓励员工在本岗位上的学习与发展。即使未达到职位晋升的要求，也能在本职岗位上通过提高胜任力获得加薪，这不仅是对员工能力提升的肯定，而且减少了员工追求加薪对晋升诉求的压力，能更好地保留员工。

宽带薪酬体系解决了企业在人才激励中的大问题，那为什么还有很多企业不应用或用不好呢？那是因为宽带薪酬体系无论是在设计还是实施上都存在一定困难。

首先，宽带薪酬体系的设计过程比较复杂，需要具备较丰富的薪酬体系设计经验，同时深入了解企业用工情况，并应用多种工具，熟练操作表格，这样才能设计一个相对科学合理的宽带薪酬体系。

其次，宽带薪酬体系在实施与应用过程中需要多种配套机制共同应用，如绩效管理、人才评价等，企业只有具备完善的全面激励体系，才能保证宽带薪酬体系可持续应用与实施。

不仅如此，宽带薪酬体系在应用过程中存在较多灵活变通的因素，需要 HR 与企业管理者对体系具有较为全面、深刻且统一的理解，才能用好宽带薪酬体系。

最后，由于宽带薪酬体系对岗位的定薪具有一定的灵活空间，如果管理者和 HR 们不能合理使用，可能会导致员工对内部公平性的质疑和挑战，也可能导致企业用工成本的快速增加，难以控制。

宽带薪酬体系在应用上解决了企业很多激励问题，却也存在如此多的困难，那么究竟应该如何设计一个好用的宽带薪酬体系，在设计过程中应注意哪些方面呢？下面我们就来详细阐述宽带薪酬体系的设计。

第二节　定数字：宽带薪酬体系设计

设计一个宽带薪酬体系，融合了科学与艺术，不仅需要我们用科学的方式进行计算，还需要在运用数学公式的时候考虑企业实际情况进行艺术的调整，以符合企业付薪的导向与企业实际情况。构建一个薪酬体系的框架是确定薪酬体系的核心三要素：中点值、级差、级幅度。

一、一定中点值

薪酬体系的设计，是确定企业中为每个岗位付薪的水平，并在这个付薪水平对应的数据范围内上下合理取值。宽带薪酬体系中的每一个薪级对应的中点值就代表了企业对岗位的付薪水平，所以确定了关键岗位所在薪级的中点值，就基本确定了对该薪级的薪酬数据。

确定关键岗位的中点值主要是确定关键岗位所在薪级的中点值，保证关键岗位的付薪水平符合公司制定的付薪策略，并保证对关键岗位人才的保留与激励。

无论是薪酬体系的诊断还是薪酬策略的定位都是为了制定各薪级更准确的中点值，当然，中点值的确定并不是"拍脑袋"，需要参考很多数据。

（一）参考专业机构发布的薪酬调研报告

市场上有一些机构会发布行业、区域的薪酬报告，企业可以参考薪酬报告中的数据确定关键岗位的中点值。在应用薪酬报告时，需要注意几点：一是发布薪酬报告的机构可信度如何；二是其数据收集的口径与企业所在行业、区域是否一致；三是其描述的岗位与企业内部相应的岗位承担的职责是否一致。但实际想找到符合以上条件的薪酬报告难度非常大或者成本非常高，所以参考外部薪酬报告数据这个方法运用难度比较高。

（二）竞争对手、岗位上人才所来源企业的付薪水平

企业在确定付薪水平时无论是领先还是跟随的策略，都是与市场上其他企业相比较而言，制定本公司薪酬水平时，了解竞争对手的付薪水平后再制定相应的付薪策略，能够更有针对性地确定关键岗位的中位值。参考竞争对手薪酬数据的难点主要有：一是如何准确了解竞争对手的数据，当前很多企业采用薪酬保密的政策，想要了解其整体付薪水平存在一定的困

难;二是在竞争对手付薪策略变化时需要及时地变化本企业的薪酬水平,否则影响薪酬策略的执行。

以上内容在本书第二章第四节中均有详细的阐述,此处不再赘述。如果我们很难找到符合我们条件的外部数据,应该如何确定中点值?其实还可以参考**以往对该岗位的付薪水平与人工成本**。

除了参考外部的付薪水平,也必须参考企业内部以往对该岗位的付薪水平与企业整体人工成本可承受程度。一味追求领先、跟随外部的薪酬水平,可能导致企业内部的付薪公平性欠缺,引起企业薪酬激励问题。

Z 企业了解其核心岗位薪酬竞争性后,为了保留与吸引优秀员工,决定将核心岗位的薪酬水平定位在市场 50 分位值的 110% 左右。

Z 企业核心岗位外部竞争性如图 4-2 所示。

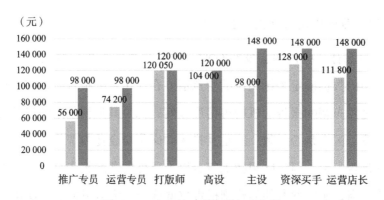

图 4-2　Z 企业核心岗位外部竞争性

注:浅色为岗位内部平均水平,深色为外部对应薪级 50 分位值。

根据企业对核心岗位的薪酬水平策略,确定核心岗位的薪酬定位,也就是核心岗位所在薪级的中点值,具体如表 4-2 所示。

表 4-2　Z 企业核心岗位薪级中点值　　　　　　　　　(单位:元)

	薪级	内部	外部	薪酬定位
推广专员	5	56 000	98 000	**107 800**
运营专员	5	74 200	98 000	**107 800**
打版师	6	120 050	120 000	**132 000**

(续)

	薪级	内部	外部	薪酬定位
高设	6	104 000	120 000	**132 000**
主设	7	98 000	148 000	**162 800**
资深买手	7	128 000	148 000	**162 800**
运营店长	7	111 800	148 000	**162 800**

总体来说，企业对关键岗位的薪酬中位值的确认需要参考企业所在行业、区域对关键岗位的付薪水平，还需要参考企业内部以往的付薪水平、可承担的成本空间等，制定更为科学合理的关键岗位薪酬中点值。

在确定中点值的过程中，我们经常会发现企业的关键岗位并不只有一个，也许是分布在不同薪级上的不同岗位，将这些岗位根据上述方法，再结合企业的付薪策略确定其所在薪级的付薪水平，从而确定出其他薪级的中点值。

在一个薪酬体系中，能够明确的薪级的中点值可能会出现以下三种情况。

1. 确定了每一个薪级的中点值

（单位：千元）

薪级	1	2	3	4	5	6	7	8	9	10
中点值	37	40	45	50	60	75	90	115	150	180

这种情况下，每一个薪级的中点值都可以确定，基本确定了薪酬体系的付薪水平的整体定位。

2. 确定了几个薪级的中点值

（单位：千元）

薪级	1	2	3	4	5	6	7	8	9	10
中点值				50			90		150	

在薪酬定位时，由于缺少完善的外部数据，只能确定几个核心岗位的薪酬定位。

3. 只能确定一个薪级的中点值

(单位：千元)

薪级	1	2	3	4	5	6	7	8	9	10
中点值							90			

在薪酬定位时，只能确定一个薪级的中点值。

前面说过，薪酬体系的设计中如果确定了各薪级的中点值，就确定了各薪级的付薪水平。在薪酬体系设计的三要素中，最核心的就是定中点值，而定级差的本质也是为了确定各薪级中点值。在上述三种情况中的第一种，各薪级的中点值都能确定，就无须再计算"级差"，可以直接设计级幅度。

二、二定级差

每个薪级的中点值可根据企业的薪酬策略确定。上面也提到，在实际的薪酬体系设计中，并不能完全对标外部或直接确定每个薪级的中点值，那么只能通过几个核心薪级确定所有薪级的中点值。这里，就需要引入"级差"：

较高薪级的中点值 = 较低薪级的中点值 × (1+级差)

那么，如何通过确定每个薪级之间的级差来确定对应薪级的中点值？

（一）通过几个分散薪级的中点值确定各级级差

假设一个企业的薪级共有10级，经公司分析评价确定公司的关键岗位分别分布在薪级4级、7级与9级上，其对应的中点值分别为5万元、9万元、14万元，如何确定每一级的级差？

(单位：元)

薪级	1	2	3	4	5	6	7	8	9	10
中点值	?	?	?	50 000	?	?	90 000	?	150 000	?

根据上一节中提到的关于薪酬宽带的特点，薪级之间中点值并非等差

或等比关系,那如何体现薪级中点值之间的关系呢?

根据上面的公式,假设薪级 4 级与 5 级间的级差是 A_{4-5},其他级差以此类推:

$$90\,000=50\,000\times(1+A_{4-5})\times(1+A_{5-6})\times(1+A_{6-7})$$

虽然,A_{4-5}、A_{5-6}、A_{6-7} 是并不相等的三个级差数字,但差别并不大,所以暂时以相等的级差看待,即 $90\,000=50\,000\times(1+A)^3$,计算得出 A 的值为 21.6%,级差为 21.6%。

但由于薪酬体系设计中,各薪级的中点值并不是等差、等比序列,所以一般规律来说,$A_{4-5}<A_{5-6}<A_{6-7}$,所以 $A_{5-6}=21.6\%$,A_{4-5}、A_{6-7} 的具体数值可以在 21.6% 左右设置。

另外,从以上数据可以看出,薪级 7 级、8 级、9 级之间也可以依据以上公式计算得出相应的级差,即 $150\,000=90\,000\times(1+A)^2$,计算级差值为 29%,所以各薪级的级差根据计算所得与级差的一般规律可以设置如下:

薪级	1	2	3	4	5	6	7	8	9	10
级差	/	A_{1-2} 18.0%	A_{2-3} 19.0%	A_{3-4} 20.0%	A_{4-5} 21.0%	A_{5-6} 22.0%	A_{6-7} 23.0%	A_{7-8} 24.0%	A_{8-9} 25.0%	A_{9-10} 26.0%
中点值(元)	30 000	35 700	42 800	51 800	63 200	77 700	96 300	120 400	151 700	151 700

以上设计的薪酬体系中的数据与公司确定的核心岗位的中点值存在些微差距,是不是就不符合公司制定的薪酬策略与付薪政策?

并非如此,薪酬体系设计过程就是依据各种激励策略、规律、政策等制定最贴合的薪酬体系,并不追求数据的完全一致。

(二)通过几个连续薪级的中点值确定各薪级级差

假设一个企业的薪级共有 10 级,经公司分析评价确定公司的关键岗位分别分布在薪级 4 级、5 级与 6 级上,其对应的中点值分别为 5 万元、6 万元、8 万元,级差应该如何确认?

薪级	1	2	3	4	5	6	7	8	9	10
中点值（元）	?	?	?	50 000	60 000	80 000	?	?	?	?

根据上例我们了解到，可以根据相应的薪级、中点值计算级差 A_{4-5}、A_{5-6}、A_{6-7}，并根据这三个级差呈现出来的规律确定其他薪级的级差与中点值，那么三个相邻的薪级与分散的薪级在计算的结果上有什么区别呢？

由于我们在设计薪酬体系时，是希望在计算中了解薪级的级差与中点值之间的关系，相邻或连续的薪级在设计薪酬体系时可能导致距离较远的薪级的级差出现偏差，所以在计算与设计时需要一定的试错，最终确定每一个薪级的级差。

（三）通过一个薪级的中点值确定各薪级的级差

假设一个企业的薪级共有 10 级，经公司分析评价确定公司的关键岗位在薪级 6 级上，其对应的中点值为 9 万元，如何确定薪级？

薪级	1	2	3	4	5	6	7	8	9	10
中点值（元）	?	?	?	?	?	90 000	?	?	?	?

之前的两个案例中，我们可以通过一定的计算确定薪级，通过已知的薪级、中点值能够计算出几个薪级值，但是在这个案例中，只有一个已知的薪级与中点值，无法计算薪级的级差。这种情况下，我们需要依靠经验假设级差，计算中点值，确定薪酬体系。

三、三定级幅度

确定了薪级的中点值、级差就确定了每一个薪级付薪的水平，每个薪级的带宽则代表了该薪级的付薪范围。带宽在薪酬体系设计中叫作"级幅度"，计算公式为某个薪级的**（最大值 – 最小值）/ 最小值**，一般用百分比表示。

级幅度定得过宽，无法体现薪级之间的薪酬差距，也会在定薪时导致薪酬偏高,企业成本无法控制;定得过窄则会导致薪级内的增长性无法体现,且无法容纳薪级内能力不同员工的差别化定薪。

所以,薪级幅度的确定需依据以下几个原则。

(1)能够基本覆盖现有人员薪酬。

设计薪酬体系的目的是在企业中更加科学合理地为员工定薪,而非束之高阁,所以薪酬体系必须适用于企业现状,也就是说能够对现有人员运用体系进行定薪,主要体现在薪酬体系能够覆盖现有的大多数员工的薪酬数据。

(2)能够保障多数岗位未来2~3年的薪酬增长空间。

仅仅覆盖现有人员的薪酬数据是不够的,衡量一个企业薪酬体系是否科学合理的重要维度之一是其增长性,也就是说,薪酬体系的数据能够保障大多数岗位未来2~3年的增长空间,随着员工能力提升能够在体系中定薪。换句话说,体系在初步设计完成时,现有人员应该大部分处于宽带的下半区,也就是最小值到中位值之间。

(3)随着薪级的增长,带宽宽度变大。

薪级越大,在该薪级上的岗位价值越大,代表的综合能力也越高,所以薪酬的级幅度也越大,目的就是能够更适应薪级高的员工的薪酬增长。

四、宽带薪酬体系:数据体现

薪酬体系设计三要素是中点值、级差、级幅度。这三个核心数据如何计算确定到目前为止都一一介绍,但"薪酬体系"究竟是一个什么样的体系呢?难道如同图4-1是一个示意图?那么在实践中又如何使用呢?

其实,宽带薪酬体系应该是一个数据表,这个数据表是通过中点值、级差、级幅度三个核心要素确定出来的一系列数据,这一系列数据就是企业在应用时参考的薪酬体系。

宽带薪酬体系如表 4-3 所示。

表 4-3 宽带薪酬体系（最小值—最大值） （单位：元）

薪级	中点值	级差	级幅度	最小值	最大值
1	47 969	—	60.00%	36 900	59 000
2	56 843	18.50%	60.50%	43 600	70 000
3	67 643	19.00%	61.00%	51 800	83 400
4	80 833	19.50%	61.50%	61 800	99 800
5	97 000	20.00%	62.00%	74 000	119 900
6	116 885	20.50%	62.50%	89 100	144 800
7	141 431	21.00%	63.00%	107 600	175 400
8	171 838	21.50%	63.50%	130 400	213 200
9	209 643	22.00%	64.00%	158 800	260 400
10	256 813	22.50%	64.50%	194 200	319 500
11	315 880	23.00%	65.00%	238 400	393 400
12	390 111	23.50%	65.50%	293 900	486 400
13	483 738	24.00%	66.00%	363 700	603 700
14	602 254	24.50%	66.50%	452 000	752 600

在表 4-3 中，假设在定中点值阶段只确定了薪级 5 级的中点值为 97 000 元，并通过经验确定各薪级间的级差。通过公式：

$$\text{较低薪级中点值} \times (1 + \text{级差})$$

计算得出各薪级中点值，如表 4-3 中"中点值"一列。

确定了各薪级中点值，我们依靠经验确定各薪级的"级幅度"，然后就可以计算各薪级对应的最小值、最大值：

$$\text{最小值}：2 \times \frac{\text{中点值}}{(2 + \text{级幅度})}$$

$$\text{最大值}：\text{最小值} \times (1 + \text{级幅度})$$

为什么要计算最小值与最大值呢？薪酬体系中各薪级的最小值、最大值就代表了该薪级上对应的岗位的付薪范围是多少，在该范围中付薪，能够保证付薪水平的内部公平与外部竞争。

到此我们设计出了一个企业薪酬体系，得到了明确的数据，能够在这个范围中为员工付薪。

五、宽带薪酬体系设计中的一般规律

在上面的内容中对薪酬体系确定的三个核心要素进行了阐述,但薪酬体系的设计过程还有许多艺术的部分需要依靠经验与企业实际情况进行调整,我们总结了以下规律与特点,帮助读者在设计过程中提高效率。

(1)薪级越高,薪酬范围的最小值、最大值、中点值均越高,即薪级越高,对应的薪酬整体水平越高。

这点相信不用再详细阐述,薪级越高代表岗位的价值越高,企业的付薪水平也应该越高。

(2)一般情况,随着薪级的上升,薪级的级差会越来越大;假设薪级1级与2级之间的级差为 A_{1-2},依次向上分别为 A_{2-3},…,A_{9-10},则 $A_{9-10}>A_{8-9}>…>A_{1-2}$;随着薪级的增加,级幅度越来越大。

我们发现一些企业的薪酬体系为了追求绝对的公平,每级、每档向上时基本采用等比甚至是等差的序列,但这与员工实际成长或付薪的规律是相悖的。一般情况下,企业对基层员工的要求相对较低,同时集中在专业的领域中,员工的成长速度较快,一两年就可以胜任更高级别,随之薪酬也可以有一定的增加;但到了较高级别时,企业对这些岗位的要求更高、更全面,员工的成长速度也随之变慢。即从了解到熟练掌握相对较快,而从熟练到精通很难,所以当员工成长到更精通的专业或更全面的能力,企业给员工付薪的增长程度不应是等差增长。这样,企业薪酬体系随着级别的上升,级差、幅宽都应不断增大。

(3)两个相邻薪级,较低薪级的最高值大于较高薪级的最小值,即两个相邻薪级的薪酬范围存在重叠部分。

我们在初到一个企业进行调研诊断时会研读企业原来的薪酬体系资料,经常发现,很多企业的薪酬体系在相邻级别的薪酬范围采用的是头尾相接的方式。例如,人力资源专员所在级别的薪酬范围是5万~8万元,人力资源主管所在级别的薪酬范围是8万~12万元，即一个人力资源专员晋升到主管岗位时，他的定薪最小值是8万元。这与我们说的相邻宽带有重叠不一样，从数据上来看，人力资源专员级别的薪酬范围是5万~8万元，人力资源主管的薪酬范围是7万~12万元，重叠的区域约为1万元的区间。

为什么相邻级别最好要重叠？一般来说，员工晋升或调整岗位的那一刻，能力并不会很大提升，而薪酬却会因为岗位的调整重新确定，如果级别间不重叠，那员工在新级别所在的薪酬宽带中进行定薪时，薪酬即使从最低水平开始定薪，也会有较大的提升。重叠的宽带，可以给员工带来更广阔的加薪空间，能够随着其能力的成长获得更高的激励。

以上这些规律与特点是宽带薪酬体系在设计过程中的原则与要素，其规律背后都有其在应用过程中代表的意义，遵循并把握住这样一些关键因素与数据，能够帮助我们的体系设计更加科学合理。当然，实际运用时，读者可以再仔细理解琢磨这些规律背后的意义，根据自己企业的特点与需要进行数据上的设计。

六、结构拆分与固浮比设计

企业在进行外部薪酬对标时会发现，外部的薪酬水平是指年薪水平，一般市场中薪酬调研报告中的薪酬水平也是采用年薪数据，所以我们在进行薪酬体系设计时一般也采用年薪进行设计，即企业为某岗位付薪的整体区间大约是多少。年薪数据设计出来后，应该以何种薪酬结构、比例给员工发放呢？直接除以12每月发放还是用其他方式？这里就需要根据岗位的级别、类别、特点等因素拆分成不同的薪酬结构进行付薪，关于薪酬结构的策略、固浮比内容在第三章第三节中有详细阐述，这里不再赘述。

薪酬体系中的年薪代表一个员工在其岗位上基本完成公司对其相应的

业绩要求后能够得到的年薪，既不是保障薪酬也不是最高薪酬。员工的保障薪酬即固定发放的部分，其与通过业绩考核等方式发放的浮动部分共同组成了员工的年薪。

那么对于不同的岗位，应该如何切分固定与浮动部分的比例呢？其实这没有固定的要求，只要遵循以下规律，维持企业内部、企业与同行业的平衡即可，保证不对人才的吸引造成影响。

（一）规律一：较低层级员工固定比例高于较高级别员工

基层员工的工作职责是在管理者的要求或指导下完成自己的工作，对企业整体业绩完成与否、好坏与否产生的影响非常小，所以员工只要完成其工作内容，应该能够得到大部分的年薪；此外，基层员工的工作内容多为基础事务性的工作，只要工作的动作完成，成果能够保障；最后，基层员工薪酬相对较低，固定比例过低，在人才的招聘上必然存在问题。

相反，中高层的岗位承担了部门业绩的达成或公司业绩的达成责任，在达成过程中与员工的能力和主观能动性关系较大，所以需要根据工作成果对员工的业绩进行判断。如果采用较低比例的浮动薪酬，缺少对员工的激励性，造成薪酬激励性不够。

一般来说，基层员工（专员、主管）级别浮动薪酬的比例为10%～20%，不超过30%；中层员工（部门经理）级别浮动薪酬的比例为20%～30%，不超过40%；高层员工（总监、副总经理等）级别浮动薪酬的比例为30%～50%，根据负责的业务确定。

（二）规律二：越靠近价值链前端／客户的岗位浮动薪酬越高

相信很多企业采用这样的方式：销售人员的薪酬结构是低底薪＋高浮动，而这种方式也被大多数销售人员接受了。企业和员工认为，这些岗位的业绩靠员工个人的能力达成，同时也能够明确地衡量与计算，所以浮动的比例较高。随着岗位越来越趋向后台，更多为体系化工作，浮动的比例相对较少。

更详细的固浮比确定规则可见第三章第三节的论述。

第三节　解疑惑：薪酬体系设计中的常见问题

一、有档 vs. 无档

在本章的第二节中通过对薪酬体系核心三要素的设计，确定了薪酬体系的数据（如表4-3所示），在该薪酬体系中只计算了每一个薪级付薪水平的最小值与最大值，HR在应用这个体系时，只需要在这个薪酬范围内为员工定薪。但在实际应用中，往往发现员工的薪酬越定越高，只要不超过范围，尽量给更高薪酬，因为这样员工好、管理者好、矛盾少，但企业付出的成本却越来越高。

所以，薪酬体系在设计时，还有一种"有档"的薪酬体系，就是对每个薪级对应的薪酬范围进行分档，可以将薪酬宽带按照一定的等差、等比划分档次，在实际应用时员工的薪酬定在每一个档上，调薪根据档对应的数字进行，每次调整时基本按照定好的数字进行调整。

具体如表4-4所示。

在表4-4中，不仅确定了各薪级付薪范围，还根据级幅度将该范围依据等比的方式分为了7档，并明确了每一档上的薪酬数据。对于HR来说，在应用时只能选用薪酬体系中的数字，而不能选择其他数据。

以上两种方式在企业中都可应用，也各有优缺点，设有档的宽带在应用时比较方便管理，HR与业务部门在对员工的定薪、调薪中可以设置相对固定的规则进行调整，减少对薪酬的博弈。但是，这样的体系也会比较

表 4-4 有档的宽带薪酬体系

(单位：元)

薪级	中点值	级差	级幅度	最小值	最大值	1档	2档	3档	4档	5档	6档	7档
1	47 969	—	60.00%	36 900	59 000	36 900	39 900	43 200	46 700	50 500	54 600	59 000
2	56 843	18.5%	60.50%	43 600	70 000	43 600	47 200	51 100	55 300	59 800	64 700	70 000
3	67 643	19.0%	61.00%	51 800	83 400	51 800	56 100	60 700	65 700	71 100	77 000	83 400
4	80 833	19.5%	61.50%	61 800	99 800	61 800	66 900	72 500	78 500	85 000	92 100	99 800
5	97 000	20.0%	62.00%	74 000	119 900	74 000	80 200	86 900	94 200	102 100	110 600	119 900
6	116 885	20.5%	62.50%	89 100	144 800	89 100	96 600	104 700	113 500	123 100	133 500	144 800
7	141 431	21.0%	63.00%	107 600	175 400	107 600	116 700	126 600	137 300	148 900	161 500	175 200
8	171 838	21.5%	63.50%	130 400	213 200	130 400	141 500	153 600	166 700	180 900	196 300	213 100
9	209 643	22.0%	64.00%	158 800	260 400	158 800	172 400	187 200	203 300	220 800	239 800	260 400
10	256 813	22.5%	64.50%	194 200	319 500	194 200	211 000	229 300	249 100	270 600	294 000	319 400
11	315 880	23.0%	65.00%	238 400	393 400	238 400	259 200	281 800	306 300	333 000	362 000	393 500
12	390 111	23.5%	65.50%	293 900	486 400	293 900	319 600	347 600	378 000	411 100	447 100	486 300
13	483 738	24.0%	66.00%	363 700	603 700	363 700	395 800	430 700	468 700	510 000	555 000	603 900
14	602 254	24.5%	66.50%	452 000	752 600	452 000	492 100	535 700	583 200	634 900	691 200	752 500

机械化，员工的调薪经常出现"高不成低不就"的现象，这时候往往都会选择"向上定一点"，造成了人工成本的增加。这种机械的方式在一些管理能力相对较弱、部门负责人在人员管理上的理念不够先进的企业进行应用，会取得比较好的效果。

没有带宽的薪酬体系随意性较大，可能会出现"为了50元、100元争吵"的现象，造成HR与部门负责人站在对立面，造成一定的矛盾。这种方式在一些管理成熟的外资企业、民营企业中应用广泛。

以上两种方式各有利弊，应用的企业特点也不尽相同，企业可以根据自身管理现状、文化等进行选用。

二、人员定薪后的体系调整

在薪酬体系初步设计完成之后，我们需要验证体系设计是否合适，如何去验证呢？

（一）体系数据是否符合企业的付薪策略

企业的付薪策略总体来说就是对关键岗位、关键层级人员的付薪倾向，将有限的资源分配给更需激励的岗位，体现在薪酬体系中就是特定薪级的体系数据较内部其他薪级、外部市场更具有竞争力。从具体的数据上即可验证相应的薪酬是否符合公司的激励策略，如果数据中未能体现出相应的付薪策略，那薪酬体系应该做一定的调整。

（二）现有人员能否在体系里定薪，定薪后是否符合对个人的激励策略

第二种验证体系是否合理的方式是将公司现有人员或需要招聘入职的员工带入新设计的薪酬体系中进行定岗定薪，定薪后根据个人薪酬的变化情况验证体系是否合理。

三、一个企业是不是只能有一个薪酬体系

企业在设计薪酬体系时会制定各类付薪策略，科学合理的薪酬体系要能够满足企业制定的这些付薪策略，但实际的情况往往是一个体系无法完全符合制定的所有付薪策略。不仅如此，随着企业的扩大与业务扩张，岗位架构越来越复杂，业务延展向不同城市、不同领域，一个薪酬激励体系满足如此多的岗位、不同的业务不再可能。那为了保障不同业务、不同岗位间的相对公平性与可比性，是不是只能采用一个薪酬体系？

答案当然不是，为了满足企业的各项激励策略，企业可以制定各种各样的体系，津贴、补贴、福利等只要能激励都可以为企业服务，只要在多个体系中做到相对的公平、公正，统筹考量就可以。

四、设计的体系无法覆盖所有的人员怎么办

企业在梳理设计宽带薪酬体系时，需要将现有人员运用新体系进行定岗定薪，实际定薪时发现员工原薪酬差别很大，新设计的体系无法覆盖所有员工的薪酬现状，出现了很多员工无法在体系中定薪的情况，例如图 4-3 中超出薪酬宽带的点。是我们的体系设计出现问题了吗？应该如何解决这样的问题呢？

出现了很多员工超出薪酬宽带范围的现象时，首先我们要明确一个前提，新的薪酬体系设计完成后，个别员工无法在新体系中定薪是正常的，正是员工原来的定薪出现了公平性的问题才需要对薪酬体系进行完善与优化。

倘若数量过多的员工（超过员工总数的 20%）无法在新体系中定薪，我们需要验证体系设计的合理性，一般可以分两种情况进行分析验证。

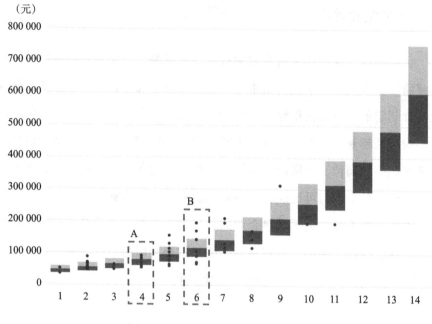

图 4-3　超出宽带薪酬体系员工薪酬

（一）超出体系的员工薪酬分布在体系上、下限附近

如图 4-3A 区域所示，超出体系范围的员工薪酬在上、下限附近时，可能由于体系带宽稍窄，可以适当将体系带宽放宽，以适应员工在新体系中的定薪。

（二）超出体系的员工薪酬离体系上、下限较远

如图 4-3B 区域所示，超出体系范围的员工薪酬离体系上、下限较远，即使适当放宽薪酬宽带，也难以适应所有员工。这时不建议将宽带过度放宽，超出范围的员工就是薪酬异常的员工，而且过宽的薪酬宽带在应用时可能带来各种问题，有档的薪酬体系容易造成员工薪酬一次增长过高，无档的薪酬体系在员工薪酬增长时容易过度，造成企业人工成本变高。

第五章

激活动力：差异化激励的绩效奖金策略

导　读

- 上承战略、中合业务、下引岗位，绩效奖金策略对员工行为有直接的引导与激励作用，是支撑企业战略目标达成的关键。
- 薪酬激励体系能够激活动力的关键在于借助绩效奖金策略选择模型的框架，结合企业战略针对性思考与差异化设计。
- 绩效奖金策略秉承激励为先的原则，按照"个人提成制、团队分享制、目标奖金制"的顺序选择与组合。
- 从绩效奖金策略角度审视当下盛行的合伙人、阿米巴、小组制等，意味着"团队分享制"将成为未来激励的趋势。

　　VUCA时代，变化是唯一的不变，变的不只是外部环境，还有员工的内心，信息的冲击、生活的压力、高薪的诱惑，让员工内心时刻都蠢蠢欲动，希望能找到一份通过自己的努力有更好报酬的工作，所以员工的激励与保留成为HR工作的重中之重。

　　VUCA时代的员工内心现状让HR们在制订激励方案时越来越棘手：老板要求成本可控，花的每一分钱都要有价值；管理者要求方案刺激，能够调动每一位员工拼搏完成业绩；员工要求方案清晰公平，取得的业绩能实实在在变成口袋里的现金；更有的需求是精神激励，能够取得自我成长发展和他人的认可。这就要求激励方案不再是一刀切，需要兼顾所在行业、业务特点、岗位责任、成果衡量等设计具有针对性的方案，激励每一位员工奋勇向前。

此外，方案需要兼顾内部公平性，俗话说"不患寡而患不均"，奖金的绝对数字很重要，但是比绝对数字更重要的是员工对数字公平性的感知，如何让每位员工对奖金认可，如何保证方案的公平性，也是激励方案中不可或缺的一部分。那么，这既有针对性又兼顾公平性的激励方案如何设计呢？

核心模型：绩效奖金策略选择模型

在本书第三章关于绩效奖金策略中，针对一个岗位采用何种绩效奖金策略是由企业的战略、企业发展阶段与岗位的特征决定的，企业的战略决定什么岗位是企业关键核心岗位，企业发展阶段、文化决定了如何激励岗位。

在企业实际激励中，如果考虑对每一个岗位的激励性，更多还是需要考虑岗位的特点，对于岗位特点需从以下几点进行考虑。

- **单一量化价值**：该岗位能否对企业战略发展，经营中的收入、成本、费用、利润、效率等财务性指标产生直接且明确的影响。
- **个人交付**：该岗位上的个人能否对产出的最终结果负责，而不受其他岗位的产出影响，且产出结果能够对战略或经营目标的实现有直接支撑作用。
- **团队内部贡献可衡量**：能否对每个团队成员对最终结果的影响程度清晰衡量，是否能避免大锅饭的情况。

绩效奖金策略选择模型如图 5-1 所示。

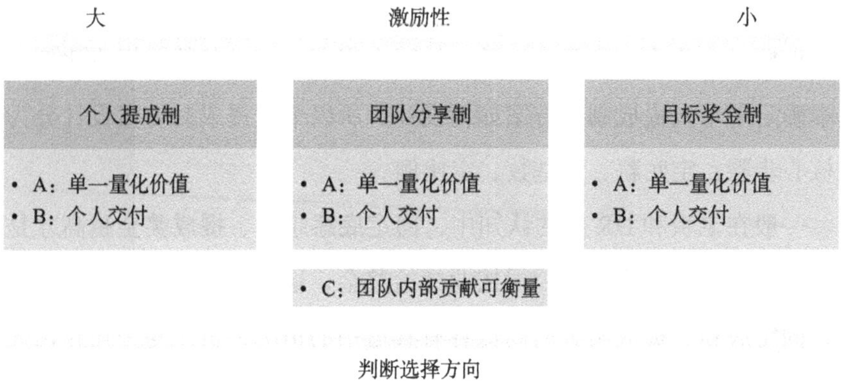

大	激励性	小
个人提成制	**团队分享制**	**目标奖金制**
• A：单一量化价值 • B：个人交付	• A：单一量化价值 • B：个人交付 • C：团队内部贡献可衡量	• A：单一量化价值 • B：个人交付

判断选择方向

图 5-1 绩效奖金策略选择模型

根据岗位特点，我们将在本章中对个人提成制、团队分享制、目标奖金制三种绩效激励关联方式进行详细讲解。针对每一种方式定义了核心步骤，详细解析每一个步骤的操作方法，并运用咨询中的实际案例进一步为读者展现最具有实践价值的绩效奖金关联方式。

不仅如此，在本章第四节中，将以实际案例的方式指导读者如何根据每个岗位的特点在这三类激励方式中进行选用。

第一节　强刺激：个人提成制方案设计三步曲

个人提成制，顾名思义，根据个人达成的业绩按照一定比例、标准进行奖金核算，一般适用于产出结果完全可量化，也直接能够转化为产值、营收或利润的岗位，这是绩效奖金核算中最直接、最简单的方式。该方式计算过程清晰明确、易于理解且激励性高，员工明确知道完成一个订单、生产一个产品、设计一张图能够拿到多少奖金，只要通过自己的工作与努力就能够得到。

采用个人提成制的员工薪酬发放方式也比较简单,可依据以下公式:

员工薪酬 = 固定底薪 + 提成奖金(= 提成基数 × 提成比例)

根据以上公式,只要确定员工的固定底薪、提成基数与提成比例,就基本确定了个人提成制的方案如何设计,所以个人提成制方案设计分为三个核心步骤:定底薪、定基数、定比例。

一般在老板和 HR 们的认知中,**固定底薪**越低、**提成奖金**越高才是越好的,员工靠业绩说话,公司按业绩给奖金,这是天经地义的。但其实不然,固定底薪、提成奖金的高低各有其适用的情况,员工与公司付出先与后往往能够显示出一个公司或者老板的格局,从而影响业绩的达成。

固定薪酬与提成奖金占比有着不同的组合方式,不同的方式存在不同的优势与不足,其适用的情况也各有不同。具体如表 5-1 所示。

表 5-1 不同底薪与提成奖金比例组合特点

组合策略	优势	不足	适用情况
低底薪 + 高提成	无业绩产出时,公司成本低 激励力度大,业绩导向	双方趋于交易关系,可能产生短期行为 不利于人才保留	销售周期短,个人能力关联性大 业绩需求大(周期短、见效快)
高底薪 + 高提成	保障员工基础利益,人员相对稳定 激励力度大	成本过高	盈利能力强的企业对人员稳定要求高
高底薪 + 中(低)提成	人员相对稳定	公司成本较高 激励效果较差	无拓展需求,更需维护现状 强调人才保留
低底薪 + 中(低)提成	无业绩产出时,公司成本低	不利于人员的吸引与保留	业绩产生不依赖销售人员个人能力 销售管理机制完善

(1)低底薪 + 高提成。

较低的底薪和较高的提成奖金是个人提成制中最常见的方式,这种方式最大的优势就是销售人员带来业绩后公司发放提成奖金;在没有业绩产出的情况下,公司付出的成本较低。但这种直接、线性的业绩导向,也会为企业带来一些问题,由于对业绩的直接导向,员工认为自己与公司更趋向于简单的交易关系,对企业的归属感、荣誉感降低,从而导致销售人员可能追求短期利益产生一些短期行为,例如在销售活动中的"吃回扣""飞单"等违规行为,损坏企业利益。此外,这种方式也不利于人才的保留,员工的离职成本较低,在更大的利益诱惑下,员工会选择离开。

虽然低底薪+高提成的方式存在以上风险与不足,但依然是企业选择的主要方式,究其原因主要是其适用的范围广,同时解决了企业销售业绩提升的困难。该方式适用于企业销售产品的周期较短,即客户购买决策时间相对较短,能够及时体现出销售人员的业绩。另外,这种方式也适用于业绩产生与销售人员个人能力关联性较大的情形(而不是依靠产品本身、企业的渠道构建基础等条件达成业绩销售)。最后,企业在短期内对业绩要求较高,需要用高比例的提成激励销售人员,也会采用此种方式。

(2)高底薪+高提成。

底薪与提成在市场上均有一定竞争力的企业比较少,企业在亟需扩大市场份额、快速提高销售额阶段可能采取这种方式吸引人才,并激励员工快速产出业绩。这种方式对企业的成本要求过高,也存在"高提成"方式导致各种可能的发生,只能作为短期的激励政策,一旦该政策取消或调整后,可能对人才的保留有严重影响。企业在使用这种方式时,需要对该政策调整前后的过渡期做好充足准备。

(3)高底薪+中(低)提成。

较高的底薪和较低的提成奖金方式在个人提成制中也经常出现,只是提成奖金占总收入的比例较低,往往被忽视。保障性的高底薪能够让员工相对稳定,业绩压力较低,一定程度上阻止了销售人员为了业绩采用一些不合规的手段。相对地,这种方式对业绩的激励效果也较差,员工对业绩的努力缺乏动力。

虽然该方式激励效果较差,但这种方式强调了员工对企业的归属感,有效地保留了员工,企业业务要求维护好现有客户,强调客户服务的企业可以采用这样的方式。企业可以适当根据员工对客户的服务态度、服务质量等因素引入对员工的评价、评级方式,从另一层面激励员工。

这种方式也可能适用于初创阶段的企业,企业核心产品或成熟产品尚未成型,对于员工来说,销售周期较长或者销售难度较大,采用高底薪+低提成有助于保留并培养员工。

(4)低底薪+中(低)提成。

低底薪+中(低)提成方式同样极少见,一般在产品生命周期的末期可能采用,该方式无论是对人才的吸引还是激励都较为欠缺,所以一般不会采用。

企业建立完善的销售管理机制,对销售人员不再依赖,业绩产生不依赖销售人员个人能力或员工个人,导向事务性工作,可以采取该方式。虽然企业的成本控制较好,但无论是人才的激励还是保留作用都很小,企业应慎用。

一、定底薪

固定底薪与提成奖金的高低比例组合适用的情况各不相同,企业如何结合各自的薪酬策略、市场环境、业绩导向给员工发放固定薪酬呢?这是设计个人提成制时首先要确定的步骤。下面我们就固定薪酬发放方式的设计、适用环境、注意事项展开阐述。

(一)方式一:同底薪

同底薪,指销售人员的底薪标准统一,相互间无差异。无论是从业十年的资深销售专家还是刚踏入销售领域的小白,大家的底薪都是一样的。比如房产中介公司的销售代表,底薪均为3 500元/月,其余收入根据业绩提成确定;某服装店的导购底薪标准是当地最低工资标准的1.5倍……

很多企业都会采用这种方式，同底薪的方式设计、计算简单，体现了内部公平，减少了矛盾。但实际情况中，这种"一刀切"的方式也存在种种不足。

1. 差异化不足

严格的一致其实是不公平的体现，忽略新老员工、学历、工作经验等差别，过度追求公平，阻碍了"基本条件"更好的员工进入公司或在公司长久待下去，合理的差异化才是真正公平的体现。

2. 忽略对员工能力高低的体现

从业十年与刚进入行业的小白比，无论从能力还是经验上都有较大的差异，固定薪酬的高低是对员工能力的体现，也是对员工未来创造价值预期的体现，企业应鼓励员工提升个人工作能力与经验，取得好的业绩可能性更大。

3. 对员工成长鼓励不够

固定薪酬的增长，是对员工能力成长的肯定，是激励员工能力成长的导向。随着员工能力的成长，缺乏对应的固定薪酬的增长甚至会变成一种负激励。

（二）方式二：差异化底薪

差异化底薪指根据销售人员的能力、经验、级别设置不同的底薪。例如，某企业的初级销售代表底薪为3 000元/月，高级销售代表底薪为4 000元/月。这种差异化定薪，在引导员工业绩提升的同时注重个人综合能力提升，也体现了对管理工作、培养他人的关注。高级的销售人员一定是在学习中成长起来的，依靠每个人自己通过工作学习总结的成长效率较低，而"传帮带"的方式能更高效地促进员工成长，更快取得业绩。

某企业根据职级不同的差异化底薪如表5-2所示。

表 5-2　某企业根据职级不同的差异化底薪

职级	年度全新客户销售额目标	职级月薪标准（元/月）		
		1 档	2 档	3 档
S6	600 万元以上	15 000	16 000	17 000
S5	400 万～600 万元	13 000	13 500	14 000
S4	300 万～400 万元	11 000	11 500	12 000
S3	200 万～300 万元	9 000	9 500	10 000
S2	100 万～200 万元	7 000	7 500	8 000
S1	50 万～100 万元	5 000	5 500	6 000

从表 5-2 看出，该企业根据员工不同职级设计了不同的月薪标准，职级代表了员工的能力差异，在月薪标准上差异化体现。

差异化定薪是根据员工不同的能力、经验等给员工差异化的定薪，难点在于究竟应该依据哪些原则给员工定级。不合理的定级标准或人员定薪都会导致企业内部的矛盾，希望通过差异化定级、定薪导向的"师父带徒弟"更是无从谈起，科学的团队管理也是难上加难，所以差异化底薪的设计重点与难点在于设计公平透明的定级标准与定级规则，且合理地对员工进行定级，防止矛盾产生。

在表 5-2 的案例中，就是根据"年度全新客户销售额目标"制定了差异化的底薪标准。这种定级标准简单明确，对员工的激励也是直接、透明的，可以作为员工差异化底薪的制定依据。

（三）方式三：动态调整底薪

所谓动态调整底薪，是指员工的底薪根据上个周期业绩完成情况动态调整，业绩达成结果影响底薪部分的高低。这是一种较为复杂的方式，我们前面说，员工的固定薪酬体现的是员工的个人能力与工作经验，体现员工能够为企业带来业绩的可能性。而差异化的底薪，则是通过员工上一阶段实际为公司带来的业绩调整员工的固定薪酬，即将"可能性"变为"确定性"。这种动态调整方式更刺激，不仅从业绩角度，还从底薪的层面引导员工对业绩的完成，现在很多互联网企业在拓展市场、抢夺客户的阶段都会采用这样的方式。

某企业动态调整底薪标准如表 5-3 所示。

表 5-3　某企业动态调整底薪标准　　　（单位：千元）

超一线城市	销售量≥ 400	40 ＞销售量≥ 300	销售量＜ 300
底薪	6 000	5 000	4 000
一线城市	销售量≥ 300	30 ＞销售量≥ 200	销售量＜ 200
底薪	5 000	4 500	4 000
二线城市	销售量≥ 250	25 ＞销售量≥ 150	销售量＜ 150
底薪	4 500	4 000	3 500
三、四线城市	销售量≥ 200	20 ＞销售量≥ 100	销售量＜ 100
底薪	4 000	3 500	3 000

表 5-3 的案例中是根据上一月度销售额动态调整员工下一月的固定薪酬，每个月根据业绩动态调整，激励员工在每一个月中的业绩达成。

当然，这种做法也有一定的不足，这种动态调整比较复杂，销售人员的底薪可能在每个业绩周期中都是不一样的，给 HR 的统计与计算带来一些麻烦。另外，更为重要的是，这会导致员工的不安全感，缺乏对员工的保障性，因为业绩总是有偶然，如果因为少数的偶然影响了多数的常态，影响了保健因素，反而会适得其反。所以 HR 在设计具体方案时，应注意明确调整规则，底薪调整比例与提成激励比例间需要平衡，保健因素与激励因素也要合理平衡。

固定薪酬的设计方式多种多样，但对于采用个人提成制的员工来说，薪酬的主要体现还是在业绩的提成部分，即使采用相对高固定的底薪方式，其绝对值也不会非常高，但是对于刚入行业的新员工来说怎么办呢？他们暂时缺乏经验，缺少资源，积累的客户还远远不能达成业绩目标，这时候对他们有严格的业绩要求，难免强人所难。

很多企业采用了一种"保护期"的方式给予处在新手期的员工一定的保障与支持，新入职员工在刚进入公司的前三个月中，若不能达成业绩目标,则不需要进行业绩考核或不完全依据业绩发放提成奖金,公司给予一定的补偿奖金,保障员工基本薪酬收入。在此期间,员工可以更注重学习与成长,尽快掌握取得业绩的技能与能力;对于公司来说,也需要考察员工是否具备胜任岗位的潜力。

二、定基数

明确了提成对象,就要明确奖金从哪来,每个企业根据其各自的业务情况,会选用最能代表其业绩的提成因素,**常见的提成基数包括**合同额(销售额、虚拟产值)、回款、利润(营业利润、毛利、净利润)等,不一而足。

企业应该怎么选择提成基数呢?一般遵从以下原则。

(一)企业的业绩体现与导向

根据当期企业业绩最主要的体现选择提成基数,我们分为以下几种情况。

1. 销售额

企业发展初期,希望能够快速抢占市场,获得更好的市场占有率,或者扩大市场规模时,多数会采用低价策略切入,追求的是规模效应,这时候对于销售人员的提成基数应该与企业导向相一致,用销售额进行提成,在此期间,企业会放弃一定的利润空间。

2. 用户数(B端/C端)

互联网时代,用户为尊,圈住更多的用户是一个产品成功的关键。例如,改革了咖啡消费习惯的瑞幸咖啡,2018年亏损了10多亿元,却稳稳地占住了市场,其在初期采用的策略也是将重点放在了用户数上,"介绍新用户,新用户与介绍用户都可获得咖啡"这一形式使其用户数快速增加。所以，也有很多企业在发展初期采用客户数、活跃客户数、店铺数作为提成的基数，而不会在意当期的销售额与利润。

3. 回款

对于某些制造业或者生产价值链上游的供应商们，稳定的现金流是公司可持续发展核心的指标之一。同时对于这些企业来说，回款的周期相对较长，希望销售人员能够跟踪到回款。一是利用销售人员与客户的良好关系；二是有效防止销售人员为了签单拿奖金，在销售时采用非法手段促成交易。

4. 毛利润

利润率相对固定的产品，或产品处于成熟阶段时，公司对产品的要求是在恒定单价下尽可能地销售产品，以规模效应取得更高利润。这时可以采用"毛利润"作为提成基数。

5. 净利润

在管理咨询过程中，个别企业的老板们希望能够用净利润进行提成，因为经常会出现这样一种情况，即员工的提成奖金都挺高，但是公司财务结算时，发现企业还是亏损的，所以提出以"净利润"为基数提成奖金。咨询公司其实非常不建议用净利润口径进行提成，净利润为企业扣除所有成本、费用、税金等后的利润口径，企业的管理成本、费用、税金等是企业管理活动中发生的，并非员工能够控制、影响的，以这样一个口径计提员工的提成奖金，哪一个员工能够心服口服？

所以，我们建议无论企业采用什么数据作为提成的基数，一定要保证提成的基数明确、清晰，能够被每一位激励对象清晰地计算得出，且由激励对象完全控制或决定性影响，只有这样的提成基数才能被员工理解并认可。

"外卖"已经改变了人们的生活方式,每天都能看见外卖小哥在大街小巷穿梭而行。我们在"点外卖"时都是在外卖平台上点单,这些平台在扩张初期,为了能够快速占领市场,赢得客户,采用了线下推广(地推)的方式,让很多推广员去每一家实体店铺推广外卖平台。在那期间,平台希望以最快的速度获得更多的店铺上线,吸引更多消费者,从而引导消费者的行为,所以平台的首要目标是增加进驻平台的实体店铺的数量。因此对推广员来说,提成的基数是进驻平台的实体店数,而不是销售额或利润。

(二)与销售人员付出的相关性

一些企业存在多产品,面向不同客户、不同区域的情况,所以对于不同产品、不同区域的销售人员来说,可能产品、项目、区域间存在天然的区别,这与销售人员的付出并不存在直接关联,采用何种提成基数也需要慎重考量。

K公司是一家从事快消品销售的公司,与其他几家竞争对手分庭抗礼,市场份额也一直较为稳定。K公司的销售人员付出了很多努力,在每一个销售终端与竞争对手们竞争,K公司也以销售额的1%作为销售人员的提成奖金。

最近,K公司研发了一款新型产品,而该产品是老产品的替代品。K公司迅速抢占市场份额,还配合了明星代言宣传,该产品一经投入市场,引起了极大的反响,并抢占了近50%的市场份额,当然也淘汰了自己公司的老产品。在新老产品交替阶段,K公司给新产品销售人员的提成奖金仍然为产品销售额的1%,新产品销售额的快速增长,也给相应的销售人员带来了极高的奖金提成。这引起了老产品销售人员的不满。

在该案例中，新产品销售额的快速增长其实与对应销售人员的努力或能力无关，而公司在产品研发、宣传上的优势，却在销售人员提成奖金上体现，这必然引起不公。所以，作为提成基数，一定要与销售人员的付出完全相关，才能体现销售人员的业绩，这才是一个公平的提成基数。

（三）业绩体现的周期

如果回款周期过长，则不建议直接用回款作为提成基数，这就是业绩体现的周期因素。即时激励的激励效果最好，激励延迟的时间越长，激励效果越差，甚至是负激励。所以，在选取提成基数时，也应该选取与员工业绩体现保持一致的基数，这样才能更好地激励员工行为。

有些企业回款周期长，希望员工能够关注回款，可在销售额达成后先核算一定比例的提成，比例一般不低于50%，剩余部分待相应回款到账后核算。

例如，施工行业的回款周期非常长，有的甚至在项目完工决算一年以后还有部分工程款项未回款。如果采用回款作为项目经理的提成奖金基数，这奖金的滞后有可能延续一两年，但对于项目经理来说，跟踪项目决算回款也是其重要的工作职责之一，所以公司可以将未达成回款的部分提成奖金预发给相应的项目经理用以激励，剩余部分也作为对项目经理的回款考核。

三、定比例

相信很多 HR 每年在制订提成制方案时，最头疼的不是是否要给销售人员执行提成制，也不是应该采用什么基数进行提成，而是应该以什么比例或者价格进行提成。在招聘销售人员的时候，HR 都会问一问候选人上一家单位的提成比例是多少，做了多少业绩，大概能拿到多少钱，总会发现外部市场给的提成比例比自己高，引进员工时心里充满了忐忑，担忧销售人员会有波动。其实无论是外部市场数据还是竞争对手给的薪酬，都要根据企业自身业绩目标和员工的薪酬结构确定。因此，企业对个人提成制的提成比例需经过完善、严谨的测算确定。

（一）比例类型

提成比例方式根据提成因子的不同可以分为两种方式：一是比例式，二是单价式。

1. 比例式

比例式是指按一定的百分比进行提成，这种方式主要适用于销售额、利润、回款等营收相关的指标，在营收的成果中分享部分给员工。例如，地产销售员售出的地产能够分享房屋价值的1%，所以地产销售既希望卖出更高的价格，又希望卖出更多的房产。

2. 单价式

单价式是指根据绝对值单价进行提成，这种方式主要适用于客户数、产品数等成单量指标，代表企业在销售规模等指标上的成果。例如，我们经常会在超市看到的导购人员，他们经常会给我们推荐一些产品，导购根据销售数量进行提成，所以企业在产品的定价上有主导权，导购只要根据企业定价进行销售即可拿到提成。

（二）提成比例的测算

如上文中所说的"1%"应该如何测算呢？无论是比例式还是单价式，计算提成比例主要分为以下步骤。

1. 确定销售人员预期总收入

首先根据外部市场、本行业的薪酬水平，确定销售人员预期的年度总收入是多少，即企业今年预期给一位销售人员发放多少薪酬。

2. 确定销售人员预期浮动收入比例

根据公司制定的薪酬策略及人工成本控制限额确定预期的浮动收入额，如我们前面所说的企业薪酬导向是什么，是希望激励员工争取业绩还是维护服务客户，同时结合企业的人工成本确定销售人员浮动收入是多少。注意，这里确定的是浮动收入比例，而不是预期全部收入，因为固定收入是必须发放的，是企业必须付出的人工成本，也是销售人员保障性收入，无论业绩好坏都要发放。

3. 结合外部市场确定每位销售人员的目标业务量

确定每位销售人员的目标业务量之前根据企业当年的经营发展目标及外部市场、竞争对手的情况确定当年关于提成因子的目标业务量，可能是销售额 1 000 万元、活跃客户数 30 000 位、成交单量 2 000 单……

再根据市场一般情况下每位销售人员能够完成的业绩是多少，以及公司能够为销售人员付出的人工成本大约为多少，基本确定预期业务量。

4. 结合预期浮动收入，测算合理的提成比例

根据销售人员浮动收入与提成因子的预期业务量确定提成比例或绝对值，并在算出的比例或绝对值结果上进行一定的微调。

5. 设置提成、封顶等配套机制、政策

以上我们算出的提成比例或单价与提成因子之间是线性相关，但企业在激励中的导向是希望销售人员的业绩越高越好，单个销售人员的高业绩可以在一定区间上降低企业的固定成本，提高边际效益，所以可以在步骤 4 算出的提成比例基础上设置提成比例或单价的变形。原则是：降低提成因子较小时的提成比例与单价，提高提成因子较高时的提成比例与单价（如图 5-2 中的左图）。

不仅如此，还可以设置业务的门槛值、封顶值等作为界限，设置不同的提成比例（如图 5-2 中的右图），这种提成比例的设置可以消除不稳定的市场环境导致业绩过高、过低的影响，也可以消除销售人员偶然性业绩，维持销售人员收入相对稳定，达成保留销售人员、持续激励销售人员的目的。

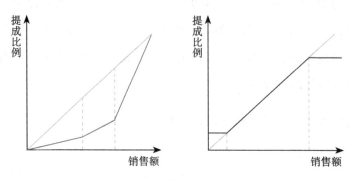

图 5-2 基于提成比例的变化

6. 多产品、多区域提成比例差别

企业在发展过程中为了更稳健发展经常采用多产品组合的方式，不同产品的单价与利润率也所有不同。另外，相同产品在不同的区域销售也有着其不同的市场适应性，就例如在全国广受欢迎的海底捞火锅在重庆却无人问津，这是由市场本身的文化、消费习惯等决定的。所以，在相同区域的不同产品、不同区域的相同产品设置提成比例也应该有所区别。

W 公司是一家从事服装外贸销售的企业，公司期望在近期能够在销售额上有一定突破，希望引进多名销售人员，现在需要给这些销售人员定薪了。

（1）在服装外贸销售行业，平均一位销售人员的全年收入约为 8 万元，75 分位的全年收入约为 10 万元，公司为了能够吸引销售人员，决定预期全年收入约为 10 万元。

（2）服装外贸销售业绩的达成与销售人员的能力相关性较

大，公司希望在引进这些销售人员后能够在业绩上有所突破，决定对销售人员设计相对较高比例的浮动工资。W公司所在城市当年最低工资标准是2 000元/月，经过沟通，决定设计固定工资比例为40%，浮动工资比例为60%，即6万元/年。

（3）一般情况下，外贸服装销售行业一位销售人员一年的业绩为80万～90万元，业绩较高的销售人员的业绩为110万～120万元，W公司为了更好地保留销售人员，估算一位销售人员当年的业绩约为100万元。

（4）提成因子为销售额100万元，预期浮动收入约为6万元，则W公司的提成比例为6%，即每位销售人员完成1万元销售额时能够提成600元。

（5）W公司认为，如果一位销售人员当年的业绩未达成40万元，则这位销售人员当年业绩不合格，应该不予以提成。所以设计提成门槛值为40万元，员工在完成40万元后启动提成机制（注意：这里的提成机制启动后，已完成的40万元也参与业绩提成）。为了激励销售人员取得更高的业绩，企业决定销售额超过100万元的部分，按8%的比例进行提成。

（6）随着国民生活水平的提高，高质量的服装在国内越来越受欢迎，W公司决定外贸转内销，亟需打开国内市场。W公司根据上述计算方式与关键点，测算出内销人员的提成比例在第一年为4%，第二年为3%。

四、个人提成制设计技巧

（一）设计原则与要点

总体来说，个人提成制激励方案的设计与实施过程应遵循以下原则与要点。

1. 政策清晰直接：前提条件

清晰直接的政策是方案设计的第一要点，也是衡量一个方案能否执行的前提条件。可以从两个方面衡量，一是方案在制订时对相关的规则描述是否清晰且完善，对可能出现的各类情况是否都有所预测，并给出了完善的对应方案。

二是员工是否完全理解方案及相关规定与要求，员工提出的问题HR们能否解释清楚并被认可，员工是否能够根据自己的业绩清楚地算出提成奖金。

2. 内部公平：关键

方案在制订过程中需要保持内部公平性，正如我们前面说到的，公司在不同产品、不同区域甚至不同事业部之间存在许多天然的差别，这和企业的产品结构、经营策略等相关。平衡这些差别并做到相对公平，是方案落地执行的关键，"一刀切"和"专属定制"都不是好方式。"求大同、存小异"，在明确的激励导向下，做到内部相对的公平公正，是保障方案落地执行的关键。

3. 行为规范：底线

个人提成制与利益的直接关联导致了很多"为小利、损大益"的短期行为，这些短期行为不仅损害了公司的利益，还可能违背企业的社会责任，造成企业的一蹶不振，最为典型的案例就是××医药公司为了业绩采取了贿赂医生、医院管理人员的短期行为，最终事情败露不得不退出中国市场。这样的短期行为对企业长远利益是极大的损害，为了有效防止此类行为的产生，应在方案制订中考虑全面，明确哪些行为是坚决制止的，并严格执行，防患于未然。

4. 文化导向：环境

每一个企业都希望在内部形成良性竞争，能够有效激励员工争优争先，但是企业对"良性竞争"的定义各有不同，需要企业通过日积月累的制度、规范、政策、行为的导向决定，这也是我们常说的企业文化。不同的企业文化对内部竞争的程度、方式都有所不同，强调的是有序的竞争还是完全的竞争，同样影响方案的制订。有序的竞争是内部依据一定的规则竞争，并非完全以业绩说话，而完全的竞争是完全开放的竞争。

> Y 软件公司主要业务是向企业销售信息系统，并完成系统的实施上线、日常维护工作。Y 公司为了更多地销售产品，聘用了很多销售人员甚至区域代理团队进行销售工作。Y 公司规定，销售人员、代理团队在销售中接触销售线索时，应及时在系统中记录相关信息，在记录信息的半年内该线索属于第一次记录该信息的销售人员或代理团队，这是属于该销售人员的"私海"，其他团队不仅无法获取线索信息，也不得私下接触客户。如果半年内该线索未成项目，此条信息会回到线索"公海"，每一位销售人员或代理团队都可以竞争。

这就是通过"公海 vs. 私海"的方式对企业与员工的资源进行管理与控制。公海，指所有不属于个人的，由团队共同拥有的客户资源；私海，指个人拥有的或跟进中的客户，公司保护员工私海中的客户不被他人恶意竞争，保证了竞争环境的公平公正。

（二）提成奖金的发放

确定个人提成制员工的提成奖金后，应该如何给员工发放呢？可能有的 HR 会觉得疑惑，按实际发放就行了，怎么会存在如何发放的问题？

由于个人提成制员工奖金占比较高，如何准确计算并及时发放给员工，在实际操作中存在很多需要注意的地方。

首先是提成因子的准确测算，由于企业在收集、统计数据中存在口径区别及滞后性，导致销售人员的提成奖金测算也存在滞后性。统计数据的滞后性产生的问题主要是两个方面：一是激励的滞后性，员工实际业绩与业绩奖金提成的时间不一致，可能业绩很好时，当期的提成奖金却相反；二是滞后的时间越长，员工对测算的透明程度会越疑惑，引起员工不满。所以，提成因子测算的滞后性应尽力避免。

其次是员工生活保障，个人提成制员工固定薪酬比例较其他类别岗位低，如果在奖金的发放上周期较长或不稳定，可能影响员工的日常生活，导致员工对激励方案不满。

所以，在提成奖金的发放上应注意：

（1）提成因子的统计与测算应尽力做到及时且透明。让员工了解其奖金测算的依据与数据来源，能够很大程度上降低员工对提成奖金的疑惑和不满。

（2）如果不能及时发放提成奖金，可考虑在员工月度工资中体现一定的预发，保障员工日常收入稳定，在结算期根据实际业绩计算提成奖金，多退少补。

（三）个人提成制中的补充薪酬结构

一般来说，销售人员的薪酬结构相对比较简单，因为是明确的结果导向，根据我们多年的管理咨询实战经验，销售人员的薪酬结构可能包括以下几个部分：

全年总收入 = 固定工资 + 销售提成 + 考核工资 + 专项奖金 + 超业绩目标奖励

其中，固定工资、销售提成是最主要的组成部分，占总收入的90%以上，后三者是对总薪酬的补充与激励。

1. 考核工资

例如，考勤工资、绩效工资等。这部分占销售人员工资的比例非常小，可以说是一个象征性的薪酬结构，主要的作用是对销售人员的日常行为进行规范，例如是否按考勤要求执行、是否在工作中遵守相关的管理制度等；考核工资设置的本质是希望销售人员工作中遵守公司各项管理制度，但是由于其占总薪酬的比例非常小，其约束作用也就可想而知了，而公司却要为这一薪酬结构付出一定的成本，所以现在很多企业不再设置这一薪酬结构，而是针对销售人员日常违规行为进行惩罚性的扣薪，这种方式的约束性更好，且无须设置专门的薪酬结构，降低了企业成本。

2. 专项奖金

专项资金指针对某项工作、某个目标，针对个人或团队设置的竞争获胜的奖金，也可能是对某个重要客户、某个区域的重大突破奖金等；这个奖金设置的目的是激励销售人员完成某个特殊目标。专项奖金的目的是在常规激励方案的前提下进行补充性或更具有挑战性目标的激励，常见的专项奖金有销售冠军奖、销售额翻倍奖、销量突破奖……这些目标实现较为困难且可能性较小，为了激励销售人员达成目标，设置非常具有吸引力的奖金方案，不仅能够选拔出优秀的销售人员，还能够实现企业需实现的困难目标。专项奖金的设计有很多方式和方法，目标设定与达成的可能性需要综合考量，一般来说目标实现的可能性越低，激励的奖金应越大。

R企业是一家从事女式服装销售的电商企业，在多个电商平台拥有多家店，产品在相应的类目中也非常具有竞争力。对于电商企业来说，客服是直接面对客户的第一线，所以客服能力的高低、态度的好坏直接影响销售的转化率与客单价，从而直接影响企业的销售效益。

由于该企业的多家店分布在不同的电商平台，每家店所处的阶段各不相同，每日的客户量差别也非常大，如何激励每一位客服更好地服务客户，并且引导客户消费更多的产品，是困扰电商老板的问题之一……一方面，客服抱怨工作量越来越大、平台要求越来越高；另一方面，企业不断增加客服人员，人工成本不断提升。如何激励客服更高效地完成任务，更愿意通过提高技能、提升业绩达成薪酬的增长呢？

客服是较为典型的销售人员，需要通过业绩说话，我们在 R 企业引入内部 PK 机制，在同一店铺中，对当月接待量排名第一、转化率排名第一的客服发放专项奖金，这样激励每一位客服积极地接待更多客户，并通过各种方式提高转化率；同时客服会跟每一位同事竞争，在发现自己的数据落后于他人的时候想办法赶上。

这种简单的内部 PK 机制专项奖金，能够很好地激励员工的良性竞争，促进员工自主提升业绩，从而不断提升企业的业绩。

3. 超业绩目标激励

超业绩目标激励指的是个人或团队在完成了既定的销售目标后超额部分对应的激励。这里的超业绩目标是完成既定目标后的超额部分，这种激励方式设置的目的是让团队或员工在达成目标后仍然具有持续取得业绩的动力。这种方式更适用于具有一定层级的销售团队负责人，这样的销售管理人员不仅要对自己的销售业绩负责，还要对其团队的业绩负责，督促其对团队整体业绩进行规划与调整，保证业绩的达成。

S 公司是一家从事快消品销售的企业，其在华东地区的销量近年来趋于稳定，市场占有量也趋于饱和，公司增长疲软，影响了新品的研发投入，公司渐渐陷入恶性循环之中。为了快速打开市场，摆脱当前的窘境，也为了更好地激励销售团队，公司采用了超业绩目标的奖励方式。

原来，S公司的销售激励方式是根据销售额进行提成，提成的比例约为1%，根据不同区域有所区别；为了快速提升市场占有率，并战胜竞争对手，S公司提出，所有销售团队或个人在完成上年同期销售额110%后，超出部分提成比例提高到3%，完成上年同期销售额2倍的团队，每人奖励2万元，团队负责人奖励5万元……

通过这种方式，S公司当年销售额较上年增长了80%多，大大提升了市场占有率，并实现了当年研发投入的需求，公司呈现良性增长。

以上三种方式是对销售人员固定薪酬、提成工资以外的补充方式，但不仅限于这些结构，企业可以根据自己的业务特点、激励特点等设置灵活、多样的激励方案，作为对基本业绩完成后的补充性激励方案，用以激励员工向更高的目标冲击。

第二节 重协作：团队分享制方案设计三步曲

在"个人提成制"中，提成奖金基于个人业绩核算。只是该方式的前提是员工创造的价值还是衡量到个人，但随着市场的快速变化以及客户需求的多样变化，单兵作战的方式难以满足市场与客户的要求，个体价值创造逐渐向团队交付的方式转变。针对这种变化，激励方式应该如何改变呢？

针对这样的团队，应设计更有针对性的激励方案。由于团队产出的成果是明确且可以衡量的，所以能够给团队衡量相应的激励奖金，这就形成我们这一节重点阐述的"团队分享制"激励。

根据激励对象的不同，其适用性也有所不同，如表 5-4 所示。

表 5-4 个人提成制与团队分享制对比分析

	优势	不足	方案设计核心
个人提成制	激励规则明确，鲜少造成分配矛盾	引导员工只关注个人业绩而忽视其他要求会造成内部抢单、排挤新员工等现象	提成基数、提成比例的设计排除产品、项目、地域等带来的不公平
团队分享制	提倡团队业绩，引导员工注重团队合作	团队内部二次分配时造成不公平	科学合理的二次分配规则对部分角色（如团队负责人）的分配比例设置需谨慎考量

团队分享制是一种里程碑式的即时激励，是指针对一些非常规的成功绩效表现或是一个项目、方案或产品的完成予以奖励。它可能在事件发生前制定，也可能在事件发生后制定。这种方式更多适用于针对不同客户 / 产品，以小组或项目组进行营销或交付的服务性企业，如咨询公司、软件公司、设计行业等。

可以看出，"团队分享制"是基于一个团队创造的价值确定对应的奖金包，再根据团队中不同成员的贡献程度进行分配，所以设计"团队分享制"激励方案的核心步骤主要有三步：定对象、定奖金包、定分配系数。

一、定对象

定对象，就是确定将哪些岗位纳入激励的团队范围。

首先我们应澄清一个观点，无论对于个人还是团队，如果能准确激励他 / 他们创造价值，其激励效果是最优的。在企业创造价值的过程中，由于并非每一个员工对企业最终的盈利与价值关系都是明确的，因此在整个价值链中，如果能根据生产流程将价值链切分成相对独立的阶段性闭环，形成许多相对独立的小团队，就能够客观地衡量明确其价值，我们将这样的几个人称为"团队"。

这就是"团队分享制"的激励对象。如何确定将哪些岗位筛选纳入这个"团队"中呢?纳入"团队"中的岗位过多,难免造成"大锅饭""蹭奖金"的情况;岗位过少,将"团队"与其他岗位割裂开,又会影响"团队"与其他岗位的协作,影响效率。

所以,选择岗位可以根据以下几个衡量标准:

(1)对某项明确的结果负责。

能够独立对某项成果完全负责,不受外部的干扰或影响程度很小。

(2)能够根据结果达成情况计算奖金。

对某项成果产生的价值能够清晰算出,可以是经营业绩的体现,也可以是企业内部约定俗成、定义的某个价值。

(3)团队人数最少化。

在团队分享制中个人无法独立对某项经营结果负责,必须由2人及以上的团队协同合作最终达成业绩成果。团队分享制中的团队成员并非越多越好,人数越多在区分贡献时困难越大,奖金分配比例越难以衡量,所以遵从能够对某项经营结果负责的最少人数组成团队的原则。

(4)较为清晰地规定团队内每一位成员对成果的贡献比例(非必须)。

即使是团队分享制的分配方式,奖金最终也需要核算到个人,所以在团队中应清晰地界定每一位成员的贡献,根据贡献程度分配奖金。当然,这是非必须要求,在角色、责任非常明确的团队中能够区分,在团队角色不是非常明确、存在较多协作或互相支撑的团队中无法明确,但只要在奖金分配过程中相对公平公正即可。

T公司是从事汽车后市场产品的制造企业,其主要业务是通过各大电商平台、各种贸易渠道将产品销售至B端客户、C端客户。T公司通过"研发—生产—销售—售后"的全流程模式运营,且近年来将"运营导向"转变为"产品导向",逐渐加大了研发与生产的投入,希望能够通过领先市场的产品打开市场、占领市场。但企业在转型阶段遇到了一定的瓶颈，因为新产品研发节奏一直滞后，难以跟上快速变化的市场，不仅市场销量停滞不前，成本也不断增加。

产品与研发人员激励方案的设计对于很多企业来说都具有一定的难度，因为很难找到指标衡量其工作产出，对于新技术、新产品的研发经常需要"天时地利人和"，老板们也难以把控。T公司为了更好地激励产品与研发人员，让他们更关注产品设计、技术突破与销售成果，决定采用"团队分享制"对产品与研发人员进行激励。T企业的产品在设计、研发与生产阶段大约为6个月，产品的销售生命周期约为一年半到两年，所以产品与研发人员的业绩，在产品进入设计阶段后的6个月左右就可以体现，且在往后的一年半中都能持续体现。

T公司产品部与研发部岗位架构与核心工作内容如表5-5所示。

表5-5　T公司产品部与研发部岗位架构与核心工作内容

部门	岗位	核心职责
产品部	产品部经理	统筹新产品开发工作，管理部门日常事项
	产品经理	进行市场调研、发现新需求，并主导推进新品研发过程
	供应链采购	开发新产品生产所需的供应商
	新品开发	寻找并开发市场现有产品，丰富公司产品线
	储备产品经理	协助产品经理完成日常工作（作为产品经理培养对象）
研发部	研发部经理	对接产品部需求，统筹开展新功能、新特点的研发工作
	结构工程师	完成新产品的工艺、结构等方面的设计工作
	测试工程师	对新产品各项性能、参数进行测试，发现问题并优化、改良
	SQE	把控供应商生产过程中的质量问题
	品控	对产品进行质量检验、品质控制工作
	ID主管	对接产品部需求，主导新产品外观设计工作
	设计师	完成新产品的外观设计工作

那么，是将上面所有岗位纳入分享对象吗？起初，T公司的老板认为为了保证团队协作性，应将所有岗位纳入团队分享。但在确定每个岗位对最终销售结果的贡献价值大小时却遇到了问题：岗位过多，导致无法衡量每个岗位的价值贡献。为了解决这个问题，筛选了两个部门中非核心岗位

与对销售结果影响不大的岗位：新品开发、储备产品经理、测试工程师、SQE 与品控。

同时，在 T 公司，产品部经理与研发部经理也参与日常产品开发与技术研发的工作，并非是完全管理岗位，所以也纳入分享对象中。当然，对于他们承担的部分管理工作，在分配系数中同样有所体现。

二、定奖金包

在"定对象"中，团队成员的选择要能够清晰算出某项成果产生的价值，也就是值多少钱，这是不是表示能够用团队分享制的团队只能是业务团队，能够直接产出经营业绩的团队？

"团队分享制"是针对某个特定成果给予的奖金激励方案，特定成果可以是阶段性、里程碑式的某项工作，如 IPO 成功、薪酬激励体系的落地、办公环境改造……也可以是一种价值创造的方式，如华为的铁三角、韩都衣舍的小组制、阿米巴……

不同的方式决定了奖金包确定方式也有所不同，上面举例中也能看出两者间的区别，里程碑式的工作更偏向于职能团队创造的价值，铁三角、小组制是团队创造价值的方式，两种不同的价值创造方式也决定了其奖金包确定的形式有所区别。

（一）里程碑项目奖金

企业在经营发展中为了应对市场变化、快速达成阶段性的目标，需要在短期内高效达成目标，每当遇到这种情况时，管理者往往发现交代的事情很难完成，想在计划的时间内达成更是不可能。为什么会这样？

随着企业的扩张，企业内部的管理越来越精细化，每一个岗位的职责越来越细分，岗位上的员工所负责的工作也越来越明确，但压力更大却没有带来更高或更明确的激励，并非每一位员工都愿意积极投入，从而导致了企业整体目标难以达成。

因此，为了在某个时间节点前达成某项较为特殊的目标，可以临时组建或要求现有团队完成，并给予团队一定的奖金。在团队中，每个人承担的工作内容或工作要求与在原岗位上有一些差别，无法基于原岗位上的薪资或级别进行浮动奖金的发放，所以采用团队分享制的奖金核算方式，即依据每个人在团队中产出的成果、贡献、重要程度等综合考量，由团队的负责人或领导者另行分配。除了能够高效快速地完成目标，还能够减少项目小组人员在一定时间段内的流失，强化绩效文化与导向。

由于这个奖金针对临时性的专项任务，所以对于项目成员来说，这并非是年度总收入中主要的组成部分，仅仅是对其短期付出的体现。

对于这种临时组建的团队需要注意的是团队成员选择，特别是团队负责人的选择，团队中每个成员可能来自于不同的部门，甚至不曾见过面，团队协作至关重要，善于合作、真正有价值的员工更适合作为团队成员；对于团队负责人来说，不仅需要控制项目的进度，还需要公平评价每一位员工的贡献，防止个别成员贡献与奖金成反比，破坏激励方案的严肃性，造成不好的影响。

奖金包难以依据其对经营业绩的直接贡献确定，一般来说是企业根据该里程碑对公司当前阶段的价值大小，直接确定一个奖金包。

不过奖金包的多少要根据该里程碑目标对公司的价值大小、达成的难易程度衡量，过高会造成公司资源的浪费，过低则失去了其激励性。例如，IPO对公司来说是一个持续多年、工作量巨大、达成难度大的里程碑目标，奖金包的多少应该与里程碑项目特点匹配。

> Q企业随着不断发展，企业规模越来越大，员工已达到200多人，但近期发现不同部门之间常有"矛盾"发生，且愈演愈烈，渐渐影响公司正常运作。老板认为这是企业文化体系欠缺的原

因，各部门本位主义，未能站在公司大局上做事，所以提出了要梳理、建立公司的企业文化体系。老板要求人力资源部负责，在三个月内梳理出企业的"核心价值观"与对应的行为项，并完成宣讲与全体员工的评价，在规定时间内完成既定的目标，参与推进企业文化体系梳理与落地的员工能够得到一份奖金。

Q企业人力资源部负责人做出了"企业文化体系梳理落地"计划书，企业列明了该工作所需的核心成员、预算、需要配合的部门、工作计划。

Q公司企业文化体系梳理落地项目立项审批表如表5-6所示。

表5-6 Q公司企业文化体系梳理落地项目立项审批表

一、基本信息	
项目名称	企业文化体系梳理落地
项目周期	3个月（2018年9月1日～2018年11月30日）

二、构成人员及分工投入		
参与人员	主要工作	时间投入
人力资源部总监	• 把控项目推进方案与时间计划 • 审核阶段性成果 • 与上级、其他部门沟通协调相关事宜	1天/周
人力资源经理	• 项目方案与推进计划制订 • 组织核心人员参与访谈沟通 • 企业文化体系各项成果文件编制	2天/周
企业文化专员	• 企业文化体系资料收集 • 记录整理 • 其他支持性工作	2天/周

三、项目里程碑及效果指标		
里程碑节点	效果衡量指标	时间
访谈工作	完成核心员工与绩优员工的访谈	9月30日前
企业文化体系梳理总结	梳理访谈记录，总结归纳核心价值观与行为项	10月15日前
汇报与全员宣讲	向上级（老板）汇报核心价值观体系，通过后组织全员宣讲	10月21日前
组织评价与统计	采用360度评价方式对全体员工进行评价，并统计评价结果	11月15日前
评价结果汇报	向上级（老板）汇报评价结果，制订下一步落地工作计划	11月30日前

(续)

四、项目奖金包	
项目奖金包	3万元
项目奖金分配方式	人力资源总监、经理、企业文化专员以1∶2∶1的比例分配奖金；以上里程碑节点中，有一个未按时完成，扣减奖金包20%，扣完为止

从上述案例来看，企业在采用里程碑项目激励方式进行激励时，应先确定里程碑项目的目标、周期与衡量目标是否达成的标准，以及项目具体参与岗位，并明确这些岗位在项目中投入的时间、精力，最后确定具有一定激励性的奖金包。

（二）团队交付业绩

随着互联网时代对组织管理模式的演变推进，越来越多的产品型组织，也开始划小核算单元，实施更加灵活、直接的小组团队激励模式，如华为、海尔。这些团队日常工作就是交付各种各样的成果，对团队的经营业绩负责，所以将团队经营业绩作为提成基数，核算奖金包。

在电商行业，韩都衣舍可谓是明星级企业，近些年来，其骄人的业绩和独特的发展模式被业界津津乐道。这种独特的发展模式便是在电商圈赫赫有名的"以小组制为核心的单品全程运营体系"，简称"小组制"。

小组制，即将传统的直线职能制打散、重组，从设计师部、商品页面团队，及对接生产、管理订单的部门中各抽出1个人，3人组成一个小组。绩效激励以小组为单位，每个小组都要对各自服装款式的设计、营销、销售承担责任。

韩都衣舍小组制的模式有以下几个特点：

- 小组负责非标准化的环节，如选款、页面制作、打折促销、生产跟单等，公司作为大后台，负责标准化环节，如客服、市场推广、物流等。
- 小组被充分授权，对款式、颜色、尺码、售价、促销有着决策权。

- 小组员工自由流动,这样不仅能提高成员的竞争意识,还能淘汰落后的小组和人员。

三个人对小组的经营业绩完全负责,因为韩都衣舍销售规模已经形成,利润是公司更重视的,所以以小组产出的毛利润作为提成基数,乘以一定的提成比例后确定奖金包。

同时,韩都衣舍对销售额、库存也有一定要求,又引入了"库存周转率"的因素,并将其作为奖金包的影响因素,最终确定小组成员可以分享的奖金包。

韩都衣舍小组制如图 5-3 所示。

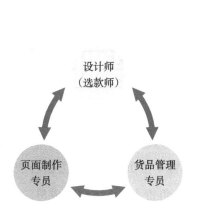

◆ 小组的责、权、利
责任:确定销售任务指标
— 销售额、毛利率、库存周转
权利:
— 确定款式
— 确定尺码以及库存深度
— 确定基准销售价格
— 确定参加哪些活动
— 确定打折节奏和深度
利益:业绩提成
— (销售额 − 费用)× 毛利率 × 提成系数 × 库存周转率(销售额完成率)
— 产品小组更新自动化
— 每日销售排名
— 新小组向原小组贡献培养费(奖金 10%)

图 5-3 韩都衣舍小组制

韩都衣舍小组制的"团队分享",在一定程度上激发了各个小组对业绩目标的追求与达成,企业以难以置信的速度发展并最终成为行业学习的标杆。

三、定分配系数

既然是团队分享制,那么无论是临时性专项目标还是常态化的成果交付，都需要在团队内部进行奖金分配。公平公正地分配奖金是团队分享制激励方案成功执行的关键。

（一）按照既定的贡献系数分配

这种方式更适用于常态化成果交付的团队，以成果交付为主要工作职责的团队成员相对稳定，且每一位成员在团队中的角色、职能、贡献评价也清晰明确，可以根据团队成员的角色与贡献设置不同的分配比例或系数，在成果达成的情况下参考分配系数分配奖金。

关于分配系数的设置，可以采用两种方式：一是根据不同角色所占百分比进行分配，二是根据不同角色代表的分配系数进行分配。

1. 根据角色百分比分配

角色	团队负责人	核心成员	骨干成员	辅助成员
分配比例	40%	30%	20%	10%

假设某团队分配系数依据上述比例关系分配奖金，即团队负责人能够在最终的奖金包中分配40%的奖金，核心成员分配30%的奖金。让我们假设这样一种情况：一般情况下，团队配置1位负责人、2位核心成员，但由于一些项目的特殊要求，变为2位团队负责人、1位核心成员，如果还是按照上述比例进行分配，会出现什么结果？团队负责人可分配的奖金低于核心成员，与制定的比例导向不一致；另外，假设团队中不需要安排辅助成员，那么本属于辅助成员10%可分配的奖金应该如何分配，是留存公司还是分配给另外的项目成员？

所以该方式看似公平，其实存在必要的前提条件：团队中各角色成员数量比例是基本恒定的，且每个角色的成员在每个团队中都必须配置。

2. 根据角色代表的系数分配

由于根据百分比分配的方式的局限性，可以采用以下分配方式，如

表 5-7 所示。

表 5-7　某企业角色分配系数

角色	团队负责人	核心成员	骨干成员	辅助成员
分配系数	2	1.2	0.8	0.4
A 项目人数	1	3	5	1
绩效系数	1.5	0.8，1，1	1，1，1，1，1	1.2

上述系数分配方式的含义是在团队分享中，团队负责人、核心成员、骨干成员、辅助成员分配奖金的比例为：1∶1.2∶0.8∶0.4，代表的是团队内不同角色对最终成果的贡献比例。每一位成员的可分配奖金计算公式如下：

$$可分配奖金 = 总奖金包 \times \frac{个人角色分配系数}{\sum(角色分配系数 \times 对应人数)}$$

根据表 5-7 中 A 项目人数，假设总奖金为 10 万元，则团队负责人可分配的奖金为：

$$10 \times \frac{2}{(2\times1+1.2\times3+0.8\times5+0.4\times1)} = 2（万元）$$

从上述案例可以看出，团队不同角色之间可分配的奖金比例是恒定的，当然，该方式中还可以引入绩效评价系数，假设对每一位成员的绩效系数对应如上，则该团队负责人可分配奖金为：

$$10 \times \frac{2\times1.5}{(2\times1\times1.5+1.2\times0.8+1.2\times1+\cdots+0.4\times1\times1.2)} = 2.77（万元）$$

根据上面的测算，我们可以发现，应用分配系数有如下优点：

- 能够保证奖金包完全分配，无论角色成员是否存在，这符合团队分享制的导向，团队成员应共同享有全部奖金。
- 奖金分配过程保障了不同角色间奖金分配的整体比例关系，不会因人数的变化而变化。

这种方式也需要注意一点，那就是在团队人员配置中，应合理把控人员编制，因为无论哪一种角色的人数增减都会影响每一位成员的奖金分配，所以在团队成员配置中应尽量采用最少的人员达成目标，而不是"每人来分一杯羹"，让真正贡献的员工无奖金可分。

（二）团队负责人分配

对于常态化成果产出的团队来说，能够依据经验制定出分配比例，采用上述奖金分配方式，但是对于临时性的专项目标或项目成员变化较大，难以制定相对稳定分配系数的团队，又如何分配呢？针对每个项目或团队成员的情况设置相应的比例关系？如果项目中途人员变化、角色变化，又该如何？

对于上述一系列难以解决的问题，我们可以采用大道至简的方式：由团队负责人根据团队成员的贡献直接分配。这种主观评价分配的方式会不会造成矛盾，影响团队成员协作，影响目标的达成？答案是肯定的，这种风险一定存在，但我们从另一方面来看，最了解项目成员贡献大小的一定是项目负责人，所以只要团队负责人保持公平公正，他的主观评价也可以被看作是客观的，当然，企业也应该设置相应的机制加以引导与保障。

四、团队分享制设计技巧

"团队分享制"有很多优点，也在企业激励中起到了明显的作用，HR们是否要在企业中大力地推广应用呢？

没有任何一个工具是万能的，也没有任何一个工具是完美的，团队分享制的激励方式能否在企业中应用，也需要对各种适用前提进行判断。

1. 能够基于客户/产品清晰合理地核算出小组/项目所创造的价值

团队分享制最重要的前提是对小组创造的价值与经营成果能进行清

晰合理的核算，算得出小组贡献了多少销售额、多少利润，节约了多少成本，拓展了多少客户，而且取得的结果应该与小组成员工作业绩直接且线性相关，这样创造的价值才能作为小组激励的基数与基础。

2. 项目／小组有合适的责权

对于小组成员来说，不仅要有创造价值的能力，还要有创造价值的空间，那就是匹配的责权，就像是虽然有达到目标的道路，但通道被阻断，再具有激励性的目标也难以达成。

3. 项目／小组机会均等，公平竞争

在团队分享制中，应保证竞争环境的公平公正，每一个小组获取机会的概率相同，如果存在"黑幕"，方案的激励性也会大打折扣。

4. 企业文化支持内部竞争与人才流动

这是一个容易被忽略的前提条件，有人可能觉得只要保证竞争环境的公平就可以支撑团队分享制方案的落地，但实际企业的文化还要支持内部的竞争，否则可能过于追求公平而损失了竞争性。不仅如此，合理的人才流动也是内部竞争的必须条件，小组只有不断淘汰不合适的成员，引入更合适的员工，才能时刻保持团队的活力，不断参与竞争。

5. 有效的机制避免项目组／小组的短视和唯利是图行为

团队分享制除了上述前提条件外，在方案运行过程中，一定要设计有效的机制避免小组为了短期利益损害了长远发展，这在所有的激励方案中都是需要注意的。

即使在团队分享制中做好了以上所有方面，团队分享制下的奖金核算方式在现实中仍然存在一些困难，例如难以管理和执行，该方式的业绩导向明显，极易损害公司内协调、合作的文化。虽说可以通过管理手段、强制规定要求等，但主流的文化导向还是以业绩为先。不仅如此，一旦采用这样的奖励方式会让部分员工认为具有有挑战性的目标都应该激励，员工不断与公司进行谈判，最终难以管理。此外，在一些里程碑目标激励的方案中，期初的目标确定也非常重要，要做到非常清晰，否则可能难以落地和执行。

综上，"团队分享制"虽是激励方式的大趋势之一，在实践中也取得了很多成功的案例，但在运用时仍然要依照企业的土壤客观衡量。

第三节 破温床：目标奖金制与强制分布

个人目标奖金制是指员工根据不同级别、岗位设置一定比例的目标绩效薪酬，并定期根据绩效考核结果计算发放。

采用个人目标奖金制的岗位多为职能类岗位、管理类岗位等与经营业绩贡献非线性相关或难以清晰衡量的岗位。为了更好地激励或规范这一类员工完成既定的绩效目标，在其薪酬结构中拆分出一定比例作为绩效薪酬，所以一般来说目标奖金制的员工薪酬结构如下：

年度总收入＝固定薪酬＋（月度／季度／年度）绩效薪酬

其中，固定薪酬分12个月固定发放；绩效薪酬根据绩效考核的周期考核发放，可分为月度、季度与年度；绩效薪酬就是本节中所说的"目标奖金"。

目标奖金根据考核周期内绩效结果计算发放，在根据年度总收入与绩效薪酬比例确定目标奖金后，该目标奖金为该员工预期奖金收入，最终的绝对值还需要根据绩效考核结果确定。

这里引入"绩效系数"的概念，所谓"绩效系数"，是考核周期内绩效考核结果对应的得分或评定结果，应用在对绩效薪酬基数的调整，如下：

年度绩效薪酬＝年度绩效工资基数 × 绩效系数

采用目标奖金制的难点就是绩效系数的确定，确定绩效系数的方法主要有以下四种：

（1）绩效得分百分比率法。

（2）绩效得分区间层差法。

（3）绩效得分变速连续法。

（4）强制分布确定绩效等级。

一、绩效得分百分比率法

"绩效得分百分比率法"就是根据绩效实际得分占总分的比例确定绩效系数。一般绩效考核指标设计的得分规则是十分制或者百分制，假设绩效指标计算得分为82分（基准满分100分），则绩效系数为82/100=0.82，员工该考核期内的绩效薪酬基数 ×0.82 就是实际所得的绩效薪酬。

从上面的规则中我们也能看出，一般绩效得分的范围为 [0，1]；只有当指标设计中设置了加分项，员工的绩效系数才可能超过1。

"绩效得分百分比率法"确定绩效系数方式的优点是简单、直接，导向明确，只要员工提高自己的绩效得分，绩效薪酬就会更高。但这种过于简单的方式也存在一些不足：

首先，绩效得分的范围大，绩效系数在 [0，1] 范围内的取值，造成员工的不安全感，激励效果差。对于目标奖金制员工来说，目标绩效薪酬是预期内的收入，如果绩效系数的上限为1，绩效系数对绩效薪酬的实际所得影响波动过大，且绩效系数的上限为1，＜1的可能性非常大，会使员工认为公司故意扣减其薪酬，这大大降低了绩效激励的效果，而且引起员工恐慌，对一切绩效指标抵制。

其次，对绩效指标与指标考核规则制定的要求非常高，增加绩效管理的工作量与难度。由于绩效指标考核的规则直接对应绩效得分，则每一个指标的每一种考核规则都会影响最终的绩效得分，导致 HR 与部门、员工在沟通制定绩效指标及其计算规则时存在很多博弈，沟通成本非常高，推动落地的难度也很大。

二、绩效得分区间层差法

"绩效得分区间层差法"是指将绩效得分划分成几个绩效区间，根据实际绩效得分所在区间确定绩效系数。

例如，将绩效得分划分为以下四个区间，并为每个区间设置对应的绩效系数。假设某员工考核期内的绩效得分为82分，则属于"合格"的绩效等级，对应的绩效系数为"1"。

绩效等级	优秀	合格	待改进	不合格
绩效得分	90≤得分≤100	75≤得分＜90	60≤得分＜75	得分＜60
绩效系数	1.2	1	0.8	0.5

"绩效得分区间层差法"中绩效系数是根据绩效指标考核得分的范围确定的，绩效系数的范围可根据企业的绩效考核导向设计确定，系数范围可以是[0.5，1.5][0，2][0，5]……不仅可以设置保底系数，还能够设置上浮系数。

这种方式主要的优点是绩效系数范围可根据企业文化或激励导向进行设置，浮动的上限、下限及浮动范围大小可以变动，绩效系数上浮比例较大时，激励效果较好。不足主要是根据划定的绩效得分区间确定绩效系数，区间内对应的绩效系数是一样的。例如上表中，绩效得分90分与100分的绩效系数一样，不能在优中择优，给绩效更优秀的员工在绩效薪酬上的体现不足。

三、绩效得分变速连续法

"绩效得分变速连续法"是对以上两种方式的结合，根据绩效得分划分了一定的区间，还在绩效系数上引入绩效得分的影响。如下表中，员工绩效得分为 90 分时，其绩效系数为 1.2×90/100=1.08。

绩效等级	A（优秀）	B（合格）	C（待改进）	D（不合格）
绩效得分	90≤得分≤100	75≤得分<90	60≤得分<75	得分<60
绩效系数	1.2×绩效得分/100	1×绩效得分/100	0.8×绩效得分/100	0.5×绩效得分/100

这种方式不仅能够设计上浮的绩效系数空间，还能区分区间内不同得分的不同绩效系数影响，激励效果更明确；不足是在引入绩效得分作为影响因素后，绩效系数＜1 的可能性较大，乘积的方式实际降低了绩效系数，导致激励效果降低。所以采用"绩效得分变速连续法"时，应适当提高固定的绩效系数上限，保持激励效果。

四、绩效得分的来源：绩效指标

以上三种方式中，绩效系数都是根据绩效得分确定，而绩效得分是根据绩效指标确定。所以，通过绩效得分确定绩效系数的前提是制定每一个岗位的绩效指标与考核规则。

对于目标奖金制的岗位（职能类或管理类的岗位）来说，产出的成果需要一定的时间周期才能更好地衡量，且岗位职责往往是兼顾多项工作，且为持续性、规律性、重复性工作，所以很难采用基于某一项成果或某一件工作给多少奖金的方式，故而运用对目标完成情况的整体绩效评定方式确定业绩情况。

绩效指标的评估是基于其一段时间内主要的工作内容与阶段性成果进行评价，将主要的工作内容与成果、目标要求形成可量化的指标，考核期末时根据业绩结果量化核算，并对应相应的绩效等级，发放绩效薪酬。我们将这种方式称为个人量化指标，直接量化核算绩效等级。在为每个岗位制定可量化、可衡量的绩效指标时，应包括以下必要的因素，具体如表 5-8 所示。

表 5-8 绩效指标考核表模板

序号	绩效指标与含义	目标值/衡量标准	权重	考核得分计算规则	数据提供部门	完成情况说明	考核得分
1							
2							
3							
4							
5							
6							
最终总分							

（一）绩效指标及含义

根据岗位主要工作内容、职责、需达成的业绩目标进行界定与描述。

（二）目标值或衡量标准

以上绩效指标在考核期内需要达成的目标值，可以是绝对值，也可以是百分比，甚至可以是一个能明确清晰描述的结果。

（三）权重

该指标在所有指标中的占比，代表该指标在岗位工作内容中的重要程度，一般来说权重合计为 100%。

（四）考核得分计算规则

考核得分计算规则，即衡量既定的目标值是否完成或完成程度的衡量规则，比如"要求招聘专员季度完成招聘 10 位候选人，每招聘 1 名候选人并签订劳动合同的得 1 分，完成招聘 5 人以下，该指标不得分"。考核期末需要根据得分计算规则评价得分。

（五）数据提供部门

数据提供部门，即评分规则中的相关数据由哪些部门提供。如果要对指标进行考核计分,那么必须有客观准确的数据支撑,提供数据的部门与数据统计的口径必须明确。

(六) 完成情况说明

考核期末由人力资源部门根据各部门提供的数据对指标完成情况进行简单描述,供各部门、管理层参考。

(七) 考核得分

由 HR 部门根据目标值、得分计算规则、实际完成情况计算各指标的考核得分。

(八) 合计得分

将各指标的得分进行合计,得出该岗位考核期内最终绩效得分。

对于采用目标奖金制的岗位来说,为其制定合理、科学的绩效指标并设置合理的指标目标值,在很大程度上会影响目标奖金制方案的激励性。所以,企业在采用目标奖金制时,应将更多的时间与精力用在指标与目标的制定上。

五、强制分布确定绩效等级

(一) 强制分布的理念

根据绩效得分对应绩效系数方式的前提是给每一位员工设置合理的绩效考核指标并进行考核,但实际情况下因为要耗费公司、HR、部门负责人及每一位员工大量的时间与精力,制定指标、收集数据、计算数据等,让大家望而却步,这种精细的绩效管理也难以推动执行。

鉴于以上情况,在绩效等级的确定上衍生出了一种简单直接的方式:

"强制分布确定绩效等级"。就是在部门（团队）内部根据每一位员工的绩效表现两两对比由高到低进行排序，再按照一定的比例划分不同的绩效等级。

"强制分布"的概念来源于美国 GE 集团的 "271 活力曲线"，在企业中有 20% 业绩优秀的员工，70% 业绩水平不错的员工，还有 10% 业绩不合格的员工，而这 10% 业绩不合格的员工可能面临的就是被淘汰，并在此基础上逐步演变成"强制分布"。

近几年来，微软、IBM、通用电气、德勤世界等知名企业纷纷取消强制分布和绩效评级，为什么有些巨头会取消强制分布的绩效评估呢？难道是强制分布不好吗？

杰克·韦尔奇说过，"我们的活力曲线之所以能有效发挥作用，是因为我们花了 10 年时间在我们的企业里建立起一种绩效文化。在这种绩效文化里，人们可以在任何层次上进行坦率的沟通与反馈，坦率和公开是这种文化的基石。"

GE 的 "271 活力曲线"如图 5-4 所示。

强制排序在现代企业管理中是一种比较有争议的管理手段，有些企业视其为"洪水猛兽"，认为它一无是处，也有的企业将其视为促进团队进步，筛选优秀员工的不二手段。

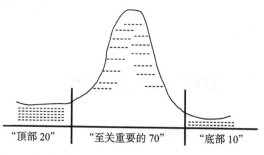

图 5-4　GE 的 "271 活力曲线"

对此我们要客观地看待它，虽然强制排序对团队的凝聚力、协作性有一定的影响，但是并非是本质伤害，而强制排序在团队成员的业绩界定、传递压力、优胜劣汰上具有较大的价值，特别对于当前时代员工岗位职责越来越模糊，难以量化的现状下，具有高效的应用价值：

- 加强员工优胜劣汰，区分员工表现优劣是企业管理的必要手段。
- 加强员工优胜劣汰，能够提高企业人力资源整体素质。
- 为了区分员工表现好坏，"强制分布"为管理者提供了一个很好的工具。

由于员工许多工作无法量化或公司缺乏足够的量化管理基础，实践中难以区分优劣，而"强制排序"提供了很好的工具。但"强制分布"在不同的企业中具有不同的应用场景与环境，每家企业可以根据自己的实际情况斟酌选用。

（二）强制分布的实践

一般来说，强制分布主要适用于较基层的岗位，具体操作步骤如下：

步骤一，部门/团队负责人根据员工个人综合表现进行评价并在部门/团队内进行排序。

步骤二，人力资源部门根据当期部门/团队负责人评价情况，对照企业强制分布比例提出各等级人员名额数量。

步骤三，部门负责人根据名额，结合部门内得分排序，提出个人绩效等级初稿。

步骤四，人力资源部门与经营负责人共同讨论确定所有人员绩效等级。

关于强制排序的比例，一般企业都会选择2∶7∶1的比例，20%优秀，70%合格，10%不合格（需要淘汰），这是HR们熟知的比例，也是应用在很多评价结果中的比例。

我们在强制排序中可以应用这一比例，但每个部门/团队都采用这个排序比例的前提是每个团队整体的业绩是一致的，用这个比例能够合理地筛选出每个部门/团队的优秀人才。往往事实不是这样，由于部门间的业绩存在差别，部门内的优秀人才比例也应该有所差别，一刀切的做法难免存在不公平，所以我们在实践中可以考虑根据部门业绩结果设置不同的强制分布比例。

绩效等级强制分布比例表如表5-9所示。

表5-9 绩效等级强制分布比例表

部门绩效等级（即部门负责人绩效等级）	员工绩效等级	绩效等级强制分布比例
优秀	优秀	30%
	合格	50%～60%
	待改进	10%
	不合格	0%～10%
合格	优秀	20%
	合格	40%～50%
	待改进	20%
	不合格	10%～20%
待改进	优秀	10%
	合格	35%～45%
	待改进	30%
	不合格	15%～25%
不合格	优秀	10%
	合格	30%～40%
	待改进	30%
	不合格	20%～30%

以上强制分布比例可根据不同企业的情况进行调整，原则是绩效优秀的部门其优秀员工比例应该较高。

"强制分布"的工具在使用中应注意以下几个方面，才能更有效地达成绩效评价目标。

1. 文化先行，强制分布强调的是奖优惩劣的差异文化

强制分布中包括正、负激励相结合的绩效理念，所以企业要尽力营造差异绩效文化的氛围。"干得多，得的多；干得少，得的少"，从价值观认可上让员工认为这样做是正常的、合理的。

2. 解决公平性的问题

人数较少的部门采用"联合考核"。但是在考核之前由各个部门的直管领导先在自己部门中选出一个"优秀"及"末位"，最终的"优秀"及

"末位"直接从各个部门的人选中评比。还有一种叠加的方法可以参考，若部门人数当期考核按比例不足一个"优秀"，可以两个周期评出一个"优秀"，"末位"亦然。

部门绩效与强制分布比例关联。既然不同部门间的平均绩效水准以及员工的素质参差不齐，在实践中，应该将员工的绩效与部门的整体绩效联系起来，而不应该简单地"一刀切"。推荐整体领先法。根据部门的考核等级，对整体绩效领先的部门给予一定倾斜。比如，允许优秀部门对各级别人员有几个百分点的调整，部门根据自己的情况来调整。

3. 让绝对"强制法""柔软"

模糊部分等级限制，比如将考核等级分为5级，企业严卡优秀比例，鉴于末位人员难以评价，可以将末位与次末位的比例进行合并，部门可以自由选择给员工评末位或次末位。如此，不仅可以避免"绝对强制"所产生的末位负面效果，还可以达到提醒员工改进绩效的目的，能达到长久的团队激励效果。

4. 严格把关"两头小"（即优秀和较差）部分的评价标准和事实依据

对于绩效等级为"优秀"或"较差"的员工，要求其考核者必须出具证明其业绩的数据或事实的书面证据。这一条至关重要，是保证强制分布结果正确性和公平性的重要前提。

5. 必须要建立一个监督和审议机制或委员会

该委员会可以由中层管理人员以上组成，对考核者所做出的员工绩效评价和分级进行基于客观事实和依据的有力监督、讨论和审议复核，减少单个人为判定的不利因素，确保结果分布的公平公正和合理性。

6. 强制分布不等于末位淘汰，致力于绩效改进

并不是"较差"员工都要百分百淘汰，而是要发现他的问题和不足，帮助其改善，提升其绩效。华为、龙湖等人力资源做得比较好的企业绩效

只考核业绩，能力使用任职资格进行考评，而绩效结果只应用于当期的绩效工资或股票激励，晋升、培训主要以任职资格为依据，这样做也能促使绩效结果更加客观、合理。

相信做到以上，你一定能更好地使用"强制分布"。

第四节 定机制：绩效奖金策略思考选择路径

前面三节中，分别详细阐述了三种差异化绩效奖金策略，也详细地分析了每一种方式的特点、操作方法、适用岗位及各种注意点，那么企业在实际应用中应该如何针对具体岗位选择最合适的激励方案？我们给出了一般选择路径，企业可以对比分析每一个岗位，选用合适的激励方式。

例如，电商公司最核心的岗位是运营岗位，该岗位的主要职责是通过平台运营、方案策划、数据分析等方式达成公司的销售/利润目标，可见其完全满足"单一量化价值"的条件。

要想选用个人提成的方式，还得看第二个条件——"个人交付"。对于运营岗位来说，虽然对销售目标/利润直接负责，但目标的达成并非运营一个岗位就能完成的，他还需要美工、车手、活动策划等岗位的配合与协助，故无法满足"个人交付"的条件。此时，则可以退一步选择团队提成的模式。

团队分享模式下还需要考虑第三个条件——"团队内部贡献可衡量"，即在运营+美工+直通车推广组成的团队中，有没有明确的规则可以衡量出不同岗位的贡献大小，如果没有，则可能产生提成分配的大锅饭。故在选择此模式时须建立较为明确的内部分配规则。

对于另外一些诸如人事、财务、库管、采购等职能型岗位，其工作无法"单一量化价值"，故常采用的激励方式为"目标奖金制"，至于这两者如何选择，建议综合考虑能否个人交付及管理成本是否合理两点即可。

当然，激励方案的选择并非一成不变，实际操作中还需根据实际情况进行变通。

再例如，相信很多电商企业对于"美工"这个岗位的激励很是苦恼，对于这个岗位业绩的好坏找不到明确的评价标准，因为对于"美"的认知"仁者见仁，智者见智"，那么如何对"美工"岗位进行激励呢？

一、激励方案 1.0：内部自由接单式的"个人提成制"

出于激励力度最大化的考虑，项目团队成员建议美工的激励方案采用内部自由接单式的"个人提成制"，即对公司所需的各种设计图进行定价，由运营发布任务，美工自由接单，最终奖金根据个人完成并交付运营认可的设计图数量计算。

内部自由接单式的"个人提成制"如图 5-5 所示。

大	激励性	小
个人提成制	团队分享制	目标奖金制

个人计件

类型	新图出图量(A)	新图单价(D)	优化图出图量(B)	优化图单价(E)	价值总额(A×D+B×E)
页面设计		1 000		500	
详情文案		300		80	
主图		50		20	
其他		30		10	
合计					

图 5-5　内部自由接单式的"个人提成制"

二、激励方案 2.0：内部外包式的"团队提成制"

很快，方案 1.0 在团队讨论中被推翻了，主要原因在于公司对设计图的要求较为复杂且时限较短,大多设计图须多名美工相互配合才能快速完成,此类情况较难区分个人贡献,可能造成内部争议。

于是衍生出了方案2.0——内部外包式的"团队提成制"。还是一样,对设计图进行分类、定价。只不过提成从计算到个人变成了团队二次分配的模式,即团队奖金=团队超额利润=∑一个周期内所有设计图的单价×数量-团队人工成本-其他管理成本。团队成员的个人奖金根据个人的能力级别、团队配合程度进行分配,即个人奖金=团队奖金×(个人分配系数/团队成员分配系数之和)。

内部外包式的"团队提成制"如图5-6所示。

类似设计外包方式

类型	新图出图量(A)	新图单价(D)	优化图出图量(B)	优化图单价(E)	价值总额(A×D+B×E)
页面设计		1 000		500	
详情文案		300		80	
主图		50		20	
其他		30		10	
合计					

图5-6 内部外包式的"团队提成制"

三、激励方案3.0:编入产品运营组式的"团队提成制"

然而,在方案的设计沟通过程中,方案2.0也出问题了。原因在于公司现阶段还未形成此方案实施落地的土壤。其一,公司美工团队暂无合适的负责人,无法做到设计任务的高效分配与协调,且暂未形成美工评级的流程与机制;其二,各类设计图定价较为困难,外部定价规则不尽相同,无可供参考的标杆,即便制定出合理的定价规则,现有员工依然会基于各自认知进行外部对比。经探讨决定,此方案不太适用于现阶段。

于是又衍生出了方案 3.0——编入产品运营组式的"团队提成制"。将美工与运营捆绑,直接从该团队产生的经营业绩提成。该公司的方案中,我们选择了用营业及利润作为提成基数。即团队提成 = 该产品运营团队季度实际利润 × 提成比例。个人的提成根据角色贡献系数进行分配。经过数据测算及与客户的探讨论证,最终确定出了产品运营团队中各角色的分配系数,其中美工(即设计)角色的个人分配系数为 1,等同于高级运营的 1/3。

编入产品运营组式的"团队提成制"如图 5-7 所示。

大	激励性	小
个人提成制	团队分享制	目标奖金制

编入产品运营组

小组提成工资总额 = 季度实际利润 × 提成比例

利润目标达成情况	提成比例
80% 目标以下	无
80% ~ 100% 目标	0.8a
100% ~ 120% 目标	a
120% 目标以上	1.2a

分配比例	店长/主管	高级运营	初级运营	产品维护	直通车	企划	设计	数据
	2	3	1.5	0.8	1.5	0.8	1	0.25

图 5-7 编入产品运营组式的"团队提成制"

四、番外篇:美工用 KPI 可否

看到这里,有人不禁要问,讲了这么多提成方案,美工能否用 KPI 考核的方式?

当然可以,在激励方式选择的路径中,如果优先方案行得通,则次优先、次次优先的方案便也行得通，区别只在于对员工个人的激励力度大小。如果你的企业美工团队不大，且企业文化倾向于中庸，KPI是相对可操作的激励方式。我们也列出了针对美工的一些KPI考核指标，如跳失率、设计及时率、静默转化率等。

美工岗位的KPI指标如图5-8所示。

大　　　　　　　　　　激励性　　　　　　　　　　小

| 个人提成制 | 团队分享制 | 目标奖金制 |

序号	绩效指标名称	计算方法
1	跳失率	生意参谋中"跳失率"数据
2	设计及时率	以设计项目分配设计时间为基准
3	静默转化率	
4	平均访问页面数	点击次数/UV量
5	人均停留时长	访客总访问时间/UV

图5-8　美工岗位的KPI指标

读完本章节的内容和以上的案例后，你了解每个岗位的激励方案应该如何选择了吗？对每一个岗位依据以上原则与顺序进行分析，一定可以找到最适合的激励方式。

读至此处，读者可能不禁疑惑，本章中介绍了三种绩效奖金关联策略，每个岗位是不是只能选用其中一种，或者是不是只选用一种激励性才是最好的？其实不然，每个岗位都有其合适的激励方案，只有纵观企业的战略、发展阶段、文化、岗位等特点，选择制定最合适的激励方案，才能取得最好的激励效果。什么才是合适的激励方案呢？

（一）战略定制

无论什么岗位的激励一定要符合企业战略的导向。每个企业的战略千差万别,所以即使是同样的行业、同样的岗位、同样的职责,激励的方案也不尽相同,不能迷信标杆企业或绝对优秀的做法,别人的成功经验不一定适合自己。

(二) 差异选择

对于每一个岗位,建议按照上述逻辑进行判断,基于战略与岗位特点,差异化地选择激励方案。

(三) 灵活组合

每个岗位的激励并非只能选用以上一种方案,也可以选用两种甚至三种激励方案组合使用,只是在组合使用时,应做好权重、奖金总额等方面的测算,既要保证权重分配合理,也要保证激励的有效性,以免激励的方向出现偏差。

(四) 动态调整

制定了每个岗位的激励方案后还需要对岗位业绩的相关数据不断回顾、分析,并定期审视岗位的激励是否符合战略与经营场景中对岗位的要求与业绩导向,有偏差时应及时灵活调整,千万不能为了保持稳定不做出调整。

第六章

动静结合：公平定薪与动态调薪

导 读

- 对薪酬激励导向性的影响，定薪和调薪环节的重要性不比体系设计本身小。
- 人才盘点为定薪档提供了标尺和依据。
- 充分有效的定薪测算可以验证既定的薪酬策略，并推动老板决策。
- 新体系的搭建与落实是解决历史遗留问题的绝佳机会。
- 动态调薪机制用未来激励当下。

核心模型：动态定薪与调薪模型

薪酬体系的目标本质上是赏善罚恶，奖励员工的贡献，激励员工做出更多对企业有利的行为，也就是具备行为的导向性。尽管通过水平、结构、绩效奖金的定制化设计，薪酬体系对重点岗位和优秀绩效的导向性也已经清晰体现，但很多企业在实际运行时，并没有让这些导向性真正体现出来，常常有员工对企业抱怨新的薪酬体系好像也没什么变化，甚至增加了更多的不公平。

经过调研之后才发现，原来很多企业是在定薪和调薪阶段忽视或者破坏了薪酬体系的导向性，做出许多自相矛盾的操作，给员工的感觉是"嘴上说一套，实际做一套"，薪酬体系的严肃性和权威性在施行的第一天就不复存在，又怎能期待其后续的激励效果呢？

比如我们曾有一位客户，体系设计严格按照战略、岗位、宽带等原则方法一步步做下来，光看制度和数据体系，这样的薪酬体系拥有足够多的差异化手段和空间，有着鲜明的业务和绩效导向。然而在定薪环节，我们根据人岗匹配结果进行定薪之后的数据几度被客户老板打了回来，一开始还不明说是什么理由，只让我们再贴合企业实际一些，后来经过沟通才了解到老板是对最核心的业务部门员工薪酬被拉开差距感到有疑虑，怕有些老员工会因此而离职。几次三番沟通无果之后，该部门员工的薪酬水平与项目开始前相比仅有微调。

定薪方案实施之后一个月，突然有两位该部门表现比较优秀的员工提出离职，老板十分不解，HR多番追问之下才了解到其实这两位早就对原有薪酬拉不开差距感到不满，因此也对此次薪酬变革十分期待，结果看到的却依然是一碗水端平，不免在不满之上又增加了失望，于是下决心离职。这一原因完全让老板始料未及，但又不好再次调整定薪结果，造成更大动荡，只好尽力挽留，最终留下一位，走了一位。客户这才下定决心在来年调薪时严格按照人岗匹配进行薪酬调整，确保体系导向的严肃性。

本书之前章节一直在做的，是考虑战略要素、考虑岗位要素、考虑绩效关联等，在工具的设计方面极尽心思，唯独缺少了对工具使用者的体验，也就是员工个体的关注。钱是发给员工的，怎么能不考虑员工的感受呢？无论体系设计多么完美，对于员工而言都毫无意义，他们关心的是实际到手的薪酬；对于企业管理者来说，虽然好的设计会直接带来管理成本的降低，但他们也很关心员工对薪酬的最终感知是什么。可以说，定薪和调薪这个环节，对于薪酬体系导向性的影响不比体系设计本身小，这个阶段如果不谨慎执行的话，整个前期的精心设计可能都白费，所以这一阶段才是决定实际激励效果的关键所在。

(单位：元)

薪等/薪档	1	2	3	4	5	6	7	8	9	10	11
40	33 600	34 800	36 000	37 300	38 600	40 000	41 400	42 800	44 300	45 800	47 400
41	36 300	37 600	38 900	40 300	41 700	43 200	44 700	46 200	47 800	49 400	51 100
42	39 300	40 700	42 100	43 600	45 100	46 700	48 300	50 000	51 700	53 500	55 300
43	40 800	42 600	44 400	46 300	48 300	50 400	52 200	54 700	57 000	59 400	61 900
44	44 400	46 300	48 300	50 400	52 600	54 900	57 300	59 600	62 100	64 700	67 400
45	48 300	50 400	52 600	54 900	57 300	59 800	62 300	64 900	67 600	70 400	73 300
46	52 700	55 000	57 400	59 900	62 500	65 200	67 900	70 700	73 600	76 600	79 800
47	55 600	58 400	61 300	64 400	67 700	71 100	74 500	78 100	81 900	85 800	89 900
48	61 100	64 200	67 400	70 800	74 400	78 200	82 000	85 900	90 000	94 300	98 800
49	67 200	70 600	74 200	78 000	81 900	86 000	90 100	94 400	98 900	103 700	108 700
50	74 000	77 700	81 600	85 700	90 000	94 600	99 200	104 000	109 000	114 200	119 700
51	81 400	85 500	89 800	94 300	99 100	104 100	109 300	114 400	119 900	125 700	131 700
52	86 500	91 500	96 800	102 400	108 300	114 500	121 000	127 600	134 200	141 500	149 200
53	96 000	101 500	107 400	113 600	120 200	127 100	134 300	141 800	149 000	157 100	165 700
54	106 600	112 700	119 200	126 100	133 400	141 100	148 610	156 900	165 500	174 500	184 000
55	118 400	125 200	132 400	140 000	148 100	156 600	165 100	174 100	183 600	193 600	204 200
56	131 200	138 800	146 800	155 300	164 300	173 800	183 300	193 300	203 800	214 900	226 600
57	145 800	154 200	163 100	172 500	182 400	192 900	203 400	214 500	226 200	238 500	251 500
58	158 100	168 300	179 100	190 600	202 900	216 000	229 100	243 000	257 700	273 300	289 800
59	177 100	188 500	200 600	213 500	227 300	241 900	256 500	272 000	288 500	306 000	324 500
60	198 200	211 000	224 600	239 100	254 500	270 900	287 300	304 700	323 100	342 700	363 400
61	222 000	236 300	251 500	267 700	285 000	303 400	321 800	341 300	362 000	383 900	407 100

员工如何在薪酬体系中定薪

那么，以什么方式来定薪和调薪，才能既符合企业的需求，又能最大化员工体验呢？核心在于八个字：**"公平定薪、动态调整"**。具体如图6-1所示。

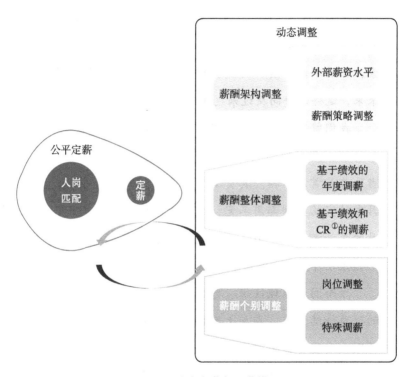

图6-1　动态定薪与调薪模型

① CR 指薪酬的相对比率。

所谓"公平定薪"，是指根据员工人岗匹配等确定薪酬，保障的是内部的公平性。员工能力表现各有不同，这些不同如果不能反映在薪酬上，势必会引起员工感受上的失衡。而人岗匹配则充分体现了在岗人员的能力表现与岗位（职级）的任职要求之间的关系。通过人岗匹配分析，得到员工整体水平在员工群体中的相对位置，继而也就确定了员工在薪酬体系上的相对位置。从人岗匹配得到的信息，正是进行人员定薪和调薪的标尺。

由岗位价值矩阵得到该岗位所处薪等，再根据员工盘点结果，按照一定规则确定员工的薪档；如果薪档的数据不是固定值而是范围值，还需要多一个步骤去试算确定员工的具体薪酬数字（月薪或年薪基准值），这一步就是所谓的定薪。

所谓"动态调整"，则着眼于员工的职业发展与成长。公平性并不是个静态的指标，它随着时间推移而会不断出现新的干扰因素，如果不能对员工的成长予以回报，只购买员工的现在而不是未来，这样的导向反过来也会影响员工现在的表现。

我们曾有个客户，是家化工类国企，在20世纪90年代曾十分辉煌，是当地的利税大户，一直到2000年年初其薪酬待遇在当地都是首屈一指。其员工告诉我们，工资不用说，当时连每个月发的实物福利都用不完，家里的日常用品基本上不用买，每个月的工资都是纯收入。因为待遇实在是好，当年厂里的小伙子、小姑娘在外面都很吃香。

然而因为地理区位、自身运营、行业衰落等众多原因，企业的效益持续衰退，再加上国企的政策刚性，自然没什么理由调整薪酬，以至于其主要岗位的薪酬长达十年几乎没有分毫长进。当年令人称美的高待遇，变成了食之无味弃之可惜的鸡肋。在我们项目开展之前，员工的不满已经积累到了临界点，开始出现大规模离职潮的迹象，更不要说平时的什么积极表现了。好在企业在收购整合后，资金情况得到缓解，决定进行薪酬体系的重新设计。

定薪虽然有个"定"字，但绝对不是一锤定音的工作，理论上任何导致对员工价值评估的变化，都应该和薪酬进行关联，这才能最大限度发挥薪酬的导向性和保障性，例如市场薪酬平均涨幅（导致员工平均价值的变化）、员工绩效考核结果、员工人才盘点结果等。当然由于管理成本的关系，很少有企业能每次都进行大规模的重新定薪行为，所以调薪行为通常只针对少数人进行，但仍然是必不可少的。这部分内容详见第三节。

第一节 定薪档：作为标尺的人岗匹配

既然薪酬的激励性是通过差异性来体现的，那么薪酬的差异性应该依据什么来决定呢？很显然是人的差异性。人的差异性又应该考察哪些方面呢？除了由岗位所在薪级形成的差异外，还有一部分差异，是由任职者本身体现的，这就需要对员工个体进行考察了。

对于企业而言，考察重点是与企业运营相关的因素，比如沟通能力、责任心、工作基本技能等。对于这些因素的考察，有一项管理工具是运用得最全面的，这就是人才盘点，也因此，人才盘点或简化的人才盘点（如能力素质模型建模和评价），就成了人员定薪的必经之路。

需要注意的是，一般情况下，人才盘点并不是专门为人员定薪而做的，而是一项基础工作。很多书籍文章在介绍人才盘点时，会说明其结果将直接用于薪酬调整、职位晋升等，请尽量不要将人才盘点的结果（即人才九宫格结果）直接用于薪酬调整。请记住，确定人员薪酬的是人岗匹配度，尽管人才九宫格结果在一定程度上反映了人岗匹配度，但其结果并非严格客观得到的，而是存在主观评价的因素，因此，人才盘点结果应作为人员定档的参考依据或隐性标准。如果非要有显性的标准（对员工公布），则应该更多地取人才盘点中相对客观部分的评价结果作为定薪依据，比如员工任职资格匹配程度。

一、人才盘点的概念

与很多现代的管理工具一样，人才盘点这个词是近些年才兴起的，但人才盘点涉及的理念却是由来已久。我国政府机关及企业单位以往曾采用

"德能勤绩廉"的方式对干部进行综合考察，这项工作实际上也可算为一种人才盘点。日本的大荣公司，每半年让各层级员工进行一次内部调动，他们也把这个过程称作人才盘点。准确地说，这一工作应被称为轮岗，但由于轮岗的前提是对员工当前能力与素质的全面掌握，轮岗的目的又是对员工潜力进行挖掘与培养，所以它也因为与现代人才盘点所追求的终极目的相似而被归为人才盘点。

什么是人才盘点？《人才盘点：创建人才驱动型组织》一书是这样界定的：人才盘点是对组织结构和人才进行系统管理的一种过程，在此过程中，对组织架构、人员配比、人才绩效、关键岗位的继任计划、关键人才发展、关键岗位的招聘，以及对关键人才的晋升和激励进行深入探讨，并制订详细的组织行动计划，确保组织有正确的结构和出色的人才，以落实业务战略，实现可持续成长。也就是说，人才盘点盘的不只是人才，而是组织与人才的匹配。

二、人才盘点的作用

除了用于人员定薪外，人才盘点其实在人力资源管理中有着更广泛的作用，也是非常基础性的工作。对人的分级分类是所有定制化精准化管理的第一步，无论用不用人才盘点这样的术语，一个优秀的人才管理体系中，人才盘点这一步都是必不可少的。

一家企业想要做大、做强、做长，只有把"对"的人在"对"的时间放在"对"的岗位上才有可能实现。对企业来说，人才盘点可以帮助做到人才可见，合适的人干合适的事情，人才进行透明的流动；对管理者来说，能更深入了解员工的长短板，充分利用资源发展下属；对员工来说，了解自己，更好地规划职业生涯，有机会获得更有针对性的培养，加速能力提升，能看到更多、更合适的职业发展路径。

对于公司而言，人才盘点有如下价值：

- 实现与战略及经营目标相契合的人才配置组合。
- 通过胜任力模型进行盘点，发现具备潜力的人才。
- 有效建立职业发展规划和人才发展体系。
- 为人员选拔、绩效、培养、薪酬提供依据。

不只对公司有益，对于员工个人而言，人才盘点也有如下价值：

- 明确企业的人才标准，让自己有清晰的努力方向。
- 推动员工努力提高个人绩效。
- 通过人才盘点过程了解企业经营战略对人才的需求及相关的人力资源体系。

完整的人才盘点工作包含四个体系的建立：**标准体系、评价体系、盘点体系和发展体系**，分别对应：制定人才标准、实施人员评价、组织人才盘点及制定人才发展建议。

三、人才标准：胜任力模型

（一）人才标准的内涵

人才标准一般是指持续稳定驱动员工产生高绩效的因素集合，重点是要具备可测量的条件。人才标准会随着企业战略重心变化而不断变化，当战略模式变化时，企业对人才的要求可能会发生很大变化，如从重视执行和服从，转变为重视创新和领导。

人才标准可以通过胜任力模型来建立，胜任力是与人员工作表现相关的显在和潜在的个人特质，包括冰山模型上部分的资质、经验、知识、技能等任职资格标准和冰山模型下部分的素质能力、个性品质、价值观动机等能力素质模型。这些因素与工作绩效紧密联系，能将某一工作（或组织、文化）中有卓越成就者与表现一般者区分开，并可用一些被广泛接受的标准对它们进行测量，而且，除个性特点外，大都可以通过培训与发展加以改善和提高。因此，胜任力模型包括任职资格标准和能力素质模型两个部分，在一些其他书籍中可能会有不同的分类方法，但主要内容基本一致，涵盖了从最刚性的学历、年龄等因素，到最柔性的价值观、个性、品德等因素。

胜任力模型如图 6-2 所示。

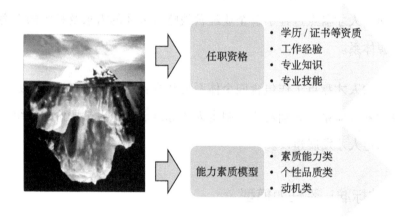

图 6-2　胜任力模型

知识与技能容易被评价，而素质能力、个性品质、价值观动机等则难以培养与评价，但却对绩效起着更为核心的影响作用，因此往往用冰山以下的特征来预测行为，并由行为来观测工作的结果。流程如图 6-3 所示。

图 6-3　素质因果流程模型

所谓**胜任力模型**就是完成某项工作，达成某一绩效目标所要求的一系列不同胜任力要素的特殊组合,即不同知识、技能和品质的合成体,可以通过行为表现去体现、观察和衡量。

1. 任职资格的内涵

任职资格是指从事某一岗位序列任职角色的人必须具备的**资质、经验、知识、技能**的总称。一般包括硬性资历标准、软性知识技能两部分,是从岗位胜任角度出发,对员工的基础资格进行分等分级,一般包括学历、资质证书、专业技能、专业知识、专业经验与成果等。早期任职资格是作为岗位说明书的组成部分出现的,其中经常混杂了关于态度、道德素养方面的要求,这种表述往往流于形式,无法落实应用。对于技能和知识的描述常常也比较简单,缺乏明确可衡量的标准。

在胜任力模型这一工具提出后,任职资格作为其组成部分被特意进行了强化。许多管理精细化的公司里,岗位说明书的作用已经开始被弱化拆解,比如工作职责被拆解至流程描述中,任职资格的内容被单列独立成为新的制度,特别是在职位体系(职位等级体系)的作用开始显现之后。任职资格体系作为岗位职级划分的标准,成了非常基础的管理工具。

有读者看到这里可能会说,到底任职资格是职位体系的内容,还是胜任力模型的内容?抑或是个单独的管理工具?出现这种疑问也不奇怪,我们已经论述过,人力资源管理的许多工具都是在做"分级分类",而任职资格作为最常见和底层的分级工具,被其他管理工具吸收组合,是完全可以理解的。

如果已经在职位体系中建立起任职资格来,那么胜任力模型的任职资格直接调用就可以了。如果因为种种原因,职位体系中的任职资格标准并未明确,那么就需要在胜任力模型中予以建立。

2. 任职资格开发的原则

任职资格标准衡量是某一岗位序列专业人员业务行为能力的标尺,它既要反映该专业序列人员能力成长的内在规律,又要满足企业实际运作的需要。

(1)基于岗位序列的原则。

任职资格标准是针对每一个岗位序列开发的,而不是针对每一个岗位来开发的;而且企业只需要开发关键岗位序列的任职资格标准,并不需要每一个岗位序列都开发任职资格标准。

(2)现实性和牵引性相结合。

任职资格标准不能仅仅反映目前员工的能力状况,要着眼于本岗位序列未来业务发展的需要,借鉴本行业员工职业发展的优秀经验,使得任职资格标准具有牵引性。

(3)关注核心能力的培育。

任职资格标准主要关注的是能够支撑该岗位序列核心业务的行为能力要素,不追求面面俱到。

(4)不断优化改进。

任职资格标准不是一成不变的,随着业务的发展、人员能力的提高,任职资格标准要进行不断的优化和改进。

3. 任职资格开发的步骤

第一,明确衡量本岗位序列业务工作的战略性业绩指标,包括财务指标和非财务指标。

第二,分析本岗位序列业务运作方式,确定本岗位序列的工作模块。

第三,依据本岗位序列战略性业绩指标区分关键模块和非关键模块。

第四,分析员工能力现状与本岗位序列功能定位要求的差距,结合本岗位序列员工成长的内在规律,来确定本岗位序列任职资格标准划分多少级别比较适合专业人员的迅速成长。

第五,分析每一级别人员需胜任工作项,确定该级别人员所需要的必备知识技能、专业经验与成果以及行为方式。

4. 任职资格体系案例

表 6-1 是某工程设计企业项目经理序列的任职资格，可以看到，这份任职资格主要强调的是专业经验与成果，而知识与技能，则主要通过员工的技术序列等级（二级工程师、三级工程师）来确定。这些不同体系间任职资格的互相关联，共同构成了这家企业的任职资格关系网络，使得人员的每种流动方式都有据可依。

表 6-1 某工程设计企业项目经理序列的任职资格

任职条件 \ 层级	初级项目经理	中级项目经理	高级项目经理
项目管理经历	担任过 2 个小型项目的见习项目经理	担任过 2 个一般项目的见习项目经理，或担任见习项目经理完成一般项目累计产值达 500 万元及以上	担任过 2 个大型项目的见习项目经理（或项目决策人），或担任见习项目经理（或项目决策人）完成大型项目累计产值达 1 000 万元及以上
项目绩效	申请认证项目考核分 ≥ 85 分，项目无质量问题		
顾客满意度	申请认证项目顾客满意度 ≥ 满意，无顾客抱怨投诉		
技术岗位	三级工程师	二级工程师	二级工程师
项目管理证书	集团初级及以上项目经理培训结业证书	集团中级及以上项目经理培训结业证书	集团高级项目经理培训结业证书
绩效	上年度绩效考评分 80 分（直管人员绩效考评分 75 分）或考评等级 B 级及以上		

由案例可见，虽然任职资格的标准包含的内容也是十分广泛的，任何有利于鉴别人才的因素都可以拿出来作为筛选和判定的标准，但具体选择多少因素就要看企业当前究竟是人才短缺还是过剩了。在短缺的时候，标准越少越好，只保留最紧要的几个；在相对过剩的时候（这在发展成熟期或者衰退期的企业并不鲜见），则标准倾向于越来越多。

当然，无论包含多少内容，基本上都可以归类为**知识、技能、专业经验与成果**三类。类似"过往绩效"和"顾客满意度"之类的因素，都属于专业经验与成果的一部分。有些企业在做任职资格标准时，会把素质模型的内容也放进去，这实际上就把任职资格变成胜任力模型了（**当然，这些名称并不重要，重要的是要包含整个胜任力冰山的所有内容**）。

（二）能力素质模型

能力素质（competency）是指"能将某一工作（或组织、文化）中表现优异者与表现平平者区分开来的个人的潜在的深层次特征，它可以是动机、特质、自我形象、态度或价值观"，而能力素质模型（competency model）则是指担任某一特定的任务角色，所需要具备的能力素质的总和。

建立能力素质模型有多种方法，包括专家小组、问卷调查、观察法等。但是，目前得到公认，且最有效的方法是美国心理学家McClelland结合关键事件法和主题统觉测验而提出来的行为事件访谈法（behavioral event interview，BEI）。

完整的能力素质模型经过咨询公司与企业的多年实践，已经逐渐形成了比较标准化的结构，一般包含能力素质项和分级行为描述两部分内容，分为通用素质和岗位专用素质两个类别。

- 能力素质项，即对于个性特质、品质要求的一种抽象的表达，一般是一个名词。
- 分级行为描述，即在该项能力素质上，处于不同能力的员工大致会有怎样的表现。
- 通用素质，即企业所有员工不分岗位，普遍应该具备的能力素质。
- 岗位专用素质，指专属于该岗位所需的特别的素质能力。

素质模型建立步骤

素质模型建立步骤如图6-4所示。

图 6-4 素质模型建立步骤

首先，定义绩效标准。

其次，从绩效优秀和绩效普通的员工中，随机抽取一定数量的员工进行调查。

再次，采用问卷调查法以及行为事件访谈法获取样本有关的能力特征数据。要求被访谈者列出他们在工作中的关键事件，包括成功事件、不成功事件或负面事件，让他们描述整个事件的起因、过程、结果以及影响层面等，在行为事件访谈结束时，让被访谈者总结事件成功或不成功的原因。

最后，通过行为访谈报告提炼能力素质，记录各种素质出现的频次。然后对优秀组和普通组的要素指标发生频次和相关的程度实施统计、比较，找出两组的共性与差异特征。将不同的主题进行特征归类，并根据频次的集中程度，设置各类特征组的权重，建立能力素质模型。

四、胜任力模型的评价体系

所谓盘点，本质上是根据员工在现有岗位上的胜任表现和可能存在的潜力表现，对其未来的发展做出预测和规划。因此，在建立人员标准之后，就需要依据标准实施人员评价。

常见的人员评价方法有：笔试/测试、360度测评、述职、结构化行为面试、性格测试、情景模拟等。不同公司运用不同的测评方法及组合，条件成熟的公司可运用情景模拟进行评价，一般公司常用360度测评。

（一）述职

述职有两个作用，一是改善因过去绩效考核数据不完备导致的缺陷，二是通过述职过程了解员工的思维能力、表达能力和心理素质。述职至少包括以下三方面内容：①工作绩效的回顾；②结合素质模型进行能力分析；③个人职业发展规划。述职是述职者本人总结经验、改进工作、提高素质的一个途径，也是上级主管部门考核、评估、任免、使用关键岗位或者管理岗位的依据。

(二) 性格测试

性格测试是了解员工风格与潜力的重要参考。通过学术与实践界数十年的发展，已经形成了较为完备、信效度很高的性格测试体系。市面上常见的性格测试有：WBI、DISC、MBTI、PDP、性格色彩、4D、九型人格等。有研究发现，最优秀的管理者所拥有的各种能力素质中，81%的能力都是和个性或情商直接相关的。个人的工作行为风格和情商已经成为有效开展人力资源管理的关键一步。

对处于关键位置的中高层员工，工作行为问卷（WBI）可以从外向性、亲和力、开放性、责任心、情绪稳定性五个角度来了解员工的行为风格，帮助判断其更适合哪一类岗位，或需要做出哪些改变。对于一般员工，可以采用MBTI或PDP等工具来达到同样的目的。

(三) 360度测评/180度测评

对于能力素质模型的评价还有一种常用方法是360度/180度测评，这种方式是针对被评价者的行为表现，从被评价者的上级、同级、下级和其他成员等角度进行全方位的评价（更广义的360度测评甚至会邀请公司外的人士参与评价，如打交道比较多的客户、供应商等）。采用这种方法将能够得到更为中立而公正的人员评价结果，也能够通过反馈让员工对自我的认知更准确。

五、盘点结果：人才九宫格

完成人员评价后，就将进入真正的人才盘点环节。这一环节一般是以人才盘点会或人才校准会等会议形式完成的。

在会议前，需要做好以下三个准备工作，便于参会的人员迅速开展盘点工作。

（一）岗位及员工基本信息

参与人才盘点的人需要对所有人员情况都有所了解，因此员工信息的准备十分必要，而人才盘点的意图是为组织服务，因此组织及岗位的需求信息也必不可少。

（二）人才九宫格或人才图谱

人才九宫格能够清晰呈现出员工的业绩、能力与潜力状态，更加完善的人才图谱还能够呈现员工的优势项和待发展项，这对于员工及公司后续的行动改善计划至关重要。

（三）提前思考岗位继任计划

人才盘点会很重要的一个任务是确定重点关键岗位的继任者计划，这一工作无法在短短的会议时间完成，需要提前识别和思考。

而在人才盘点会上，将主要完成以下几项任务：

- 重点关键岗位的人员盘点，即对于现有人员评价情况的回顾和校准。
- 重点关键岗位的继任者计划。
- 高潜力员工的盘点，包括个人发展计划。
- 未来组织调整和人员调整计划。

人才盘点的详细过程并不是本书重点，因此不做过多介绍，对于人员定薪而言，得到人才九宫格就已经能够确定此人在薪酬体系中的位置了。

九宫格本质上是一种可视化的多维度分类方法，通过不同维度的组合，可以产生很多种九宫格。对于定薪调薪而言，重要的是找准与薪酬最相关的判定因素，我们认为，对于薪酬最关键的判定因素包括业绩、能力和潜力三种。

通常情况下，采用业绩—能力九宫格，即可得到该员工的九宫格定位。图 6-5 是在企业管理咨询项目中常用的一种九宫格形式。

		低	中	高
		素质		
高	业绩	3	2+	1
中		3	2-	2+
低		5	4	4

图 6-5　常见的人才九宫格形式

华为认为人才盘点是传递公司战略的一个过程，为员工树立正确的价值导向，提升企业员工效率，建设健康氛围，最后才是梳理员工发展体系。所以，华为的人才盘点最后盘出的是组织健康度，是组织的拓展能力。

华为的人才盘点与众不同的是它首先建立标准，再盘点队伍，最后形成机制。华为常用的人才盘点工具有四个：绩效潜能矩阵（方格图）、学习力（潜力）评价表、工作量分析及效能提升表、岗位匹配度矩阵，这里仅介绍第一个工具。

绩效潜能矩阵（方格图）

用绩效潜能矩阵做人才盘点有两个维度——绩效考核和素质评估。纵轴是绩效或 KPI 或一些量化的结果，而横轴是行为或者素质等，它反映的是全面绩效，也就是人才在过去的一年当中达到的业绩结果和行为，或结果和过程。

绩效潜能矩阵如图 6-6 所示。

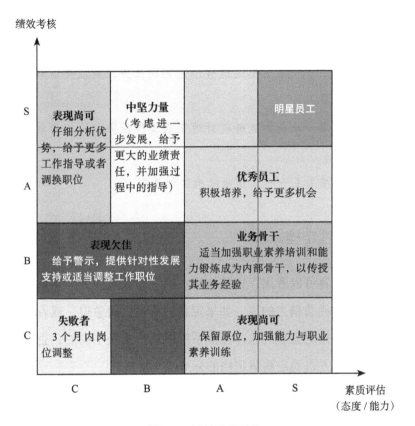

图 6-6 绩效潜能矩阵

注：华为的方格图可以称为十六宫图，其本质与九宫图一样。

通过绩效贡献考核和素质评估，了解队伍状态和人才特点，制订针对性培训计划，推动上级辅导培养下属，帮助员工认识、发展自我，为人才使用提供依据。把人才对号入座之后，怎么去识别关键人才，进行人才发展、晋升和激励呢？如下华为的方式供大家参考：

- 高潜力 S——在 1 年之内有能力可以承担更高的职责或挑战。
- 中潜力 A——在 2 年之内有能力可以承担更高的职责或挑战。
- 低潜力 B——在 3～5 年内有能力可以承担更高的职责或挑战。

- 无潜力——未看到几年内有能力可以承担更高的职责或者挑战。
- 卓越绩效 S——每次工作都出类拔萃,成为公司甚至行业内的榜样。
- 优秀绩效 A——几乎总是能够出色完成任务,是值得信赖的公认的优秀员工。
- 良好绩效 B——基本能够较好地完成工作任务,工作表现较为稳定。
- 有待改善绩效 C——工作业绩未达到要求。

六、自定义刚性定档标准

从上面的内容可以看出,完整构建一个人才盘点的标准体系和评价体系,是一件非常耗费精力的事。如果定薪的需求比较急迫,或者企业规模还比较小,着手构建完整的人才盘点系统的性价比是不高的,企业完全可以用简单直接的方式确定薪酬定档的标准。

所谓自定义刚性定档,就是主要依据刚性的标准来判断员工的人岗匹配程度,辅以少量的定性评价,以取代胜任力模型里知识、技能、素质等难以量化的软性标准的评价。人才盘点的各种判定要素里,很多两两之间都存在相关关系,比如学历一定程度上能反映知识水平和学习能力(素质项),职称一定程度上能反映技能水平和工作经验,司龄一定程度上能反映员工对企业的认同感等。

因此,最简化的自定义标准,至少要包含工作经验、学历、职称和新岗位胜任能力综合评价四项,其中学历和职称作为任职资格里的知识与技能的替代品,而新岗位胜任能力则作为能力素质模型的替代品。其中新岗位胜任能力主要通过定性的方式评价,一般占比不高。

自定义刚性定档标准案例如表6-2所示。

表 6-2 自定义刚性定档标准案例

因素名称	分值	计算方式
相关岗位工作经验	40 分	分值 = 实际工作经验 ×2
司龄	15 分	分值 = 司龄 /2（结果四舍五入，超过 15 分的按 15 分计）
职称	15 分	助理：5 分 中级：7 分 副高级：10 分 正高级：15 分
学历	10 分	高中及高中以上：3 分 大专：5 分 本科 8 分 硕士及以上：10 分
新岗位胜任能力	20 分	管理手册考试：10 分 领导层评价：10 分

表 6-2 是某企业自定义的刚性定档评价标准，在得到每个人的得分后，再依据分值水平的分布情况，确定分值范围与薪档的对应关系。

七、新进员工的定薪

阅读至此有人要说了，你们上面讲的其实不是定薪，是调薪，只不过是一次集体调薪而已。如果新员工入职，完全没有对人岗匹配度进行考察的机会，还怎么给人定薪档呢？

除了定档困难外，还有一个在实践中十分常见，但理论上我们不建议过多考虑的地方，即新进员工薪酬与现有人员薪酬的平衡问题。一旦开始脱离严格的判断依据去考虑所谓的平衡，本质上就是在脱离制度体系进行主观判断，而任何缺乏依据的主观判断都会逐渐导致对制度内在逻辑的破坏。尽管这种现象不可避免，但能晚一点、慢一点出现是最好的（涉及新老员工薪酬平衡的问题，可参见本书第九章）。

矛盾点无非在于对新员工难以获得所谓"严格的判断依据"，因为无论招聘环节做得多么充分，也无法获得足够多支持定薪决策的信息。这一问题只能通过更丰富的面试、诊断、测评、背调等环节尽量做到充分到位。

即便如此，最根本的问题还是在于管理者的心态——对于新员工的定薪，一定程度上是需要冒险的。问题只在于，制度有没有给出可供冒险的空间和具体范围，也就是说，制度有没有解除 HR 及管理者的后顾之忧：只要在这个范围内定薪，你完全可以不必考虑人工成本浪费、新老员工矛盾等问题，公司将有后续制度方法解决这一矛盾！

这种责任由整个 HR 管理系统来扛而不是由个别 HR 和管理者来扛的心态和意识，比具体做法更重要。

一般而言，对于新进员工的定档，可以有以下几种做法供选择或组合使用。

1. 模拟的人岗匹配分析

因为没有业绩数据，对于素质能力价值观方面也缺乏足够了解，无法进行真实的人岗匹配分析，但可以运用面试和测评数据进行模拟匹配。在面试中充分观察了解其对于过往工作思路、规划和成果的表述，进行主观评分代替业绩数据；在面试和测评中充分了解其能力、个性、价值观等特征，进行主观评分代替能力素质数据等。实际做法可以根据企业具体情况灵活定制。

2. 设置无视匹配度的标准档位

这一做法很简单，即无论员工资历背景、面试表现如何，只要通过了面试，发了 offer，就按照统一标准定档。一般初始档位定在中间或者比中间略低的位置上，比如 7 档中的 2～3 档，9 档中的 3～4 档等，给未来留下足够的涨薪空间。

3. 设置新进员工的专用薪档范围

这一做法是上一做法的延伸，即确定一个新员工定档的上下限而不是一个固定档位。比如薪酬体系共 11 档，新员工薪档不超过 3～8 档等。这样可以去比较和考虑员工资历背景、面试表现等内容。

4. 根据薪酬谈判结果倒推档位

如果员工的薪酬谈判能力较强，而又是公司志在必得的人才的话，那么一切限制都是空话。对方说多少钱就多少钱，不满意就不会来，那么HR要做的就是根据要求的薪酬数字，换算找到最为接近的薪酬档位。但这一对薪酬体系运行逻辑产生冲击的情况一定要非常谨慎，并且提前做出岗位或者数量上的约束，比如某某职级以上员工可以采取这种方式、每部门一年不超过 5 个人等。

八、关于薪档的另一种用法

现在大家已经很熟悉薪档的概念了，而且本书中的薪档基本上默认为一个固定的档位数字和其对应的薪酬数字。定薪档，定的就是那个确定的数字。但在实际操作中，还有一种用法，即把薪档视为范围值而不是固定值，比如表 6-3 所示的这家企业。

表 6-3　某企业职能岗位薪酬体系标准（节选）　　　　（单位：元）

薪级/薪档	1	2	3	4	5	6
8	2 145	2 417	2 689	2 961	3 233	3 505
9	2 753	3 058	3 364	3 670	3 976	4 282
10	3 412	3 791	4 170	4 549	4 928	5 307
11	4 085	4 603	5 121	5 639	6 156	6 674
12	5 063	5 705	6 347	6 989	7 631	8 273

单看薪酬体系还发现不了什么异常。这家企业在定薪的时候，薪级是按照职级来确定的，这个倒不是什么大问题，相当于职级与薪级一一对应。

但薪档却不是按照档位数字来定的，薪档是一个区间，即 1～2 是一档，2～3 是一档，以此类推。实际情况中甚至还有＜1 档的薪酬数字存在。员工的薪酬数字，大概有一半正好在区间边缘，也就是表 6-3 中的数字,但还有一半是在区间内,不是表6-3中的任何数字。

这两种做法各有利弊。

如果按档位数字定薪,一定是相对缺乏灵活性的。经常会遇到这样的情况,应聘者通常不可能正好索取档位上的数字,要么偏高,要么偏低,那么到底是给他哪个档位,高一点还是低一点,就很费思量了。一般情况下我们建议就近取档,大多数情况也不会因为就低取数之后引起候选人的不满。

好处则在于,薪酬调整非常容易,按绩效表现,按人岗匹配度,该调几档调几档,数字非常明确。

而如果按区间定薪,则正好相反,定薪时灵活性比较大,基本上跟候选人说好什么薪酬,只要大致在范围内,当场就能定下来。

但调薪时档位就完全失去意义了,通常根本不知道该往哪个档位调,当然也有在制度中规定,就近按高档位调薪的,但这时会出现许多不公平现象,比如表现同样优秀的两个人,因为原始薪酬有差距,结果调薪后一个人涨得比较多,另一个涨得相对少。当然,在薪酬保密的情况下,这种影响不会被发现。但如果某人原始薪酬正好在档位附近,那么就会出现调整太少或太多的情况。

一般而言,采取按区间定薪的,调整时会抛开档位数字,而直接按比例进行,比如绩效为A的涨20%等。这样做的问题在于,薪酬调整永远是线性的,永远是20%、20%这样去涨,虽然已经很可观了,但未必能符合员工的预期,特别是原始薪酬较低的时候,比例虽然高,但绝对值还是很低,要好几年才能追上原始薪酬高的员工,这种内在的不公平也很难处理。当然,我们可以采用本章第三节的方法进行差异化调薪,但操作起来略显麻烦,具体方法见后文。

总而言之,没有哪种方法是完美的,至于选择哪一种,就看企业的实际需要和习惯了。

第二节 测总额:新体系下的人员定薪测算

取得员工在人才九宫格上的位置后,我们终于得到了用于人员定薪的全部信息,接下来就是正式的人员定薪及定薪测算了。

一、人员定薪套改

通过第三章的岗位价值矩阵已经可以得到员工所处岗位的薪级了,如果薪级与岗位职级不完全一一对应,还需另行制定对应规则。

> 某工程设计行业上市公司的薪酬体系中,其岗位、职级和薪级呈现这样的对应关系:
>
> 岗位与职级基本是一一对应关系,比如哪些岗位是专员,哪些是经理,大体上是很明确的。但职级与薪级并不一一对应,比如经理级,在薪酬体系中对应14、15两个薪级(在该企业的语言系统中被称为职级,但实质上是薪级,这种称呼上的紊乱反映的是对这些概念的认识不清),也因此造成岗位与薪级之间的对应关系紊乱。比如同样名为会计的岗位,竟然要跨两个薪级。
>
> 而人员定薪时首先就要定级,面临这样的困境,该企业的HR人员本能地将会计岗切分为会计Ⅰ、会计Ⅱ这样并不存在的岗位称呼(这样的切分比比皆是),这样两种会计就分别对应一个薪级了。但具体哪些人应该是会计Ⅰ,哪些是会计Ⅱ,在定薪时依然只能通过人为的方式沟通确定,充满了不规范感,让薪酬管理人员增加了大量的沟通成本和不应当承担的责任。

怎么办?

其实这个案例本身就已经提供了解决方案——为什么会切分出会计Ⅰ、会计Ⅱ来?因为HR人员本能地意识到,这其实是两个岗位。只不过要注意的是,在给人员定岗的时候,所考虑的岗位名也不应还是简单的"会计",而是"会计Ⅰ、会计Ⅱ";与之相应的,在制定岗位编制的时候,不能只是确定"会计"的数量,而是两个会计岗的数量;在编写岗位说明书、任职资格等内容的时候,也都要区别对待。与其如此,不如直接将会计Ⅱ命名为高级会计,这样还比较规范。

上面这个例子应当可以说明,岗位与薪级的对应关系如果不明确,对于薪酬管理者而言,是怎样的灾难。在这种情况下,体系设计得再完美缜密,都会在这一环节变成一个普通定薪人员就可以自由裁量的玩具。

所谓定薪,定的就是薪级(基于岗位的薪酬差异化)和薪档(基于能力匹配度的薪酬差异化),即便没有薪级薪档这样的结构,其实质也一定是这样两个步骤。

在岗位与薪级对应关系明确后,我们就获得了每个人的薪级数据,而薪档的数据则**主要来自于人岗匹配九宫格**的数据。

以下我们将用一个标准的薪酬变革项目中的实际做法来给读者们做演示。

该企业的人岗匹配九宫格按业绩和素质两个维度设定,对人员的分类如图6-7所示。

可以看到,该九宫格一共将人员分为了6类:1、2+、2-、3、4、5。为什么不直接用1～6的数字来表达?没有什么理由,只是一种有历

		低	中	高
		素质		
高	业绩	3	2+	1
中		3	2-	2+
低		5	4	4

图6-7 人岗匹配九宫格

史沿革的习惯用法而已,早期也有分成4类的,也有分成5类的,后来我们在5类的基础上又做了区分,这才有了6类的分法。

名称不重要,重要的是分类的逻辑。可以看到,相对而言这种排序法更重视业绩,因此业绩中高但素质低下的是第3类,排在素质中高但不出业绩的员工之前。很显然,如果这家企业加入"如何处置小白兔员工"的讨论中,他们应该会毫不犹豫地支持将其淘汰的观点。

但这并不是唯一的分类法。我们已经知道,分类和排序反映的都是导

向性。如果有需要，可以直接根据九宫格将员工分为9类，可以将我们的第4类升级为第3类，甚至3、4两类合并为一类，或者其他做法，都是行得通也解释得通的。

这一步完成后，需要确定人员九宫格类别对应的薪档操作规则。

为什么要用这样拗口的说法，不是直接定薪档吗？是，但在操作上有几种不同的方式。

方式一：直接确定每个等级对应的薪档数，比如这家企业的薪酬体系设计为12级9档，那么可以按表6-4设定。

这样直接就可以得到每个人的薪档了。

至于为什么是从1档到6档，这可

表6-4 人才类别定档对应关系表

人才类别	薪档
1	6档
2+	5档
2-	4档
3	3档
4	2档
5	1档

以由企业自行判断，也可以是2档至7档，甚至1档至9档（中间存在断档）等。决策因素无非是：给高档位员工预留多少涨薪空间，给低档位员工保留的薪酬水平，代入测算后与现有薪酬水平的比较情况等。

方式二：设置基准档位，即居中的"2-"类别的薪档，及其他级别与"2-"的档位差，比如2+是2-之上一档，1是2-之上3档等。这一方式与方式一没有本质区别，仅仅是表达方式不同而已。

方式三：与方式二相似，类别也仅仅表示档位调整数，但调整的基础不是"2-"员工所在薪档，而是员工原始薪酬数据所在的薪档。

这一方式主要应用于不希望变革过于强烈的企业。可以想象，按照方式一和方式二进行定薪，很可能所有人的薪酬都会发生较大的变化。表现优异的年轻员工可能一下子薪酬就远远超过了表现一般的老员工，这种程度的振荡不是每个企业都能适应的，尽管从薪酬设计的逻辑上来说，这样效果最好。

所以大多数企业采用的都是方式三，先根据新的薪级倒算出员工的原薪酬所处的薪档，然后在这一薪档上按照预先设定的调整规则调整其所在薪档。也就是说,本质上这是一次调薪而非定薪。但对于大多数企业而言,这一做法显然更现实。而且,这一做法也可延续至来年的调薪之中,使得薪酬工作有了延续性。

例如,某员工岗位为综合部经理,在新体系下薪级为8级,原年薪总数(倒算薪档一般通过年薪而非月薪来进行)12万元,按照新体系的薪酬结构倒算得到月薪为每月8 000元。而薪档数据显示,8级3档的月薪数字为7 500元,8级4档的数字为8 600元,一般按就近原则落档为8级3档,也有企业按"就高"原则落档,这些区别不是很大,在定薪之后的测算中会有再次的调整。

表6-5是案例项目中设定的调整规则。

表6-5 薪档调整规则

盘点定位	薪档调整规则
1	2
2+	1
2-	0
3	-1
4	-1
5	-2

注:可以看到,这个规则对于3、4类员工,在薪酬上没有特别做出区分。

在这两步结束后,通过Excel公式操作,就得到员工在新薪酬体系下的薪档了。具体如表6-6所示。

表6-6 依据人才盘点结果确定薪档

红绿灯结果	薪档调整	薪级	薪档
2-	0	10	5
2+	1	8	3
4	-1	10	4
1	2	10	3

再参照薪酬体系数据,继续运用Excel公式,就得到该名员工所应给付的薪酬数据了。具体如表6-7所示。

表6-7 依据人才盘点结果确定薪档、年薪 (金额单位:元)

红绿灯结果	薪档调整	薪级	薪档	月薪定位	年薪定位
2-	0	10	5	6 720	115 000
2+	1	8	3	4 590	78 700
4	-1	10	4	6 180	106 000
1	2	10	3	5 690	97 500

总结一下定薪套改的步骤：

第一，确定员工在人岗匹配九宫格内所处的位置。

第二，确定人员九宫格的类别和顺序。

第三，确定人员九宫格类别对应的薪档调整规则。

第四，测算员工原始薪酬在新体系下的薪档（如有需要）。

第五，通过公式计算得到员工在新体系下的薪级、薪档和薪酬数据。

二、整体套改测算分析

完成上一步个人定薪套改，大多数人的定薪方案就差不多定下来了，后面这一步的分析主要是为了最终的定薪决策所用，是算给老板看的，是HR人员用来说服老板的。

当然，从HR的角度出发，我们也需要知道哪些人的薪酬发生了变化，发生了怎样的变化，有没有激励到我们想激励的人。尽管上一步的薪酬套改表中，已经体现了每个人的薪酬变化，但我们还需从更为宏观的角度去观察分析。

整体定薪套改数据的分析，主要包括两块内容：前后对比、现状图谱。其中前后对比一般分析如下内容：

（1）不同群体薪酬水平变化。

（2）不同群体薪酬结构比例变化。

（3）变动幅度较大的群体特征。

水平分析反映量的变化，结构分析反映质的变化（激励性）。水平影响财务预算的变化，结构影响财务资源调配的变化。

这其中，所谓不同群体，意指按照不同分类方法对人员进行分类，一般包含以下几种分类方式：

（1）员工全体。

（2）按管理层级分类。

（3）按部门分类。

（4）按职级分类。

（5）按职位序列分类。

不同分类方法可以交叉使用，以取得更具针对性的结论。比如可以针对性研究技术序列中高层的薪酬水平变化。

所谓水平变化，指的是月度、年度薪酬数字的变化幅度，这一分析将直接显示预算升高了多少，每个群体此次被激励的幅度是多少，有没有准确激励到想激励的人群等。

所谓结构比例变化，主要指的是固定薪酬和浮动薪酬的比例分析，新体系下的固浮比是预先设定好的。所谓分析，只是将原来的比例与新比例进行对照，以体现对于某些岗位或者层级而言，其薪酬的保障作用发生了哪些变化。

所谓变动幅度较大的群体特征，主要指的是找到薪酬水平变化幅度较大（一般会根据需要分析多个比例，如5%以上、10%以上等）的岗位或人员，都具备哪些特征。这一分析比起单纯的水平分析，能更加清晰地看到这次调薪主要将产生的效果所在。

具体的分析项目，不同企业会有不同的需要，但不会超出上述几个维度的组合。在分析时如果采用Excel作为分析工具，善用sum、sumif、sumifs、sumproduct、average、averageif、averageifs这几个函数，基本上就足以完成分析任务了。

除了上述前后对比分析外，薪酬分析还有一个工作，就是在薪酬诊断中做过的薪酬竞争性分析、薪酬公平性分析等（具体方法见本书第二章），通过这里的竞争性分析，对薪酬诊断做出回应，以验证我们的薪酬体系有没有按照第三章的策略去设计，有没有解决竞争性、公平性等问题。表6-8和表6-9就是本章案例公司定薪完成后所做的对比分析。

第六章 动静结合：公平定薪与动态调薪

表 6-8 定薪后员工薪酬整体变化表

（金额单位：元）

	现总额	调整后总额	调整后增减	整体调整比例	降幅超过 5%		降幅小于 5%		增幅小于 10%		增幅超过 10%	
					人数	主要职位种类	人数	主要职位种类	人数	主要职位种类	人数	主要职位种类
年薪	6 068 532	7 473 758	1 405 226	23.2%	0	—	10	主要是操作序列基层岗位，就近套档	83	—	45	中层正职以上岗位和专业技术岗位
月固定工资	353 310	375 239	21 929	6.2%	8	—	5	—	102	—	24	分中心中层干部正职、技术序列
季度绩效奖	230 400	502 326	271 926	118.0%	—	—	—	—	—	—	147	所有人
年终奖	907 212	961 582	54 370	6.0%	98	主要是基层岗位	1	—	3	—	35	中高层管理岗位和中层专业技术岗位

表 6-9 定薪后不同序列、不同薪级员工薪酬变化比率

（金额单位：元）

	职能管理序列	生产操作序列	技术序列	1～4级	5～7级	8～11级	12级
新年薪总额	17 615 268	19 536 111	11 384 754	7 886 197.9	31 715 326.3	8 530 273.2	354 640
原年薪总额	13 344 900	15 566 622	8 249 822	6 948 192	23 846 110	6 159 042	208 000
变动比率	32%	26%	38%	14%	33%	39%	71%

可以非常明显地看到,这次薪酬设计和调整的重头戏是什么。在相对充足的预算调整空间上(23%),固定工资部分几乎没有多少变化,年终奖也没有多少变化,但季度绩效翻了一倍还多,可见这次薪酬体系的调整,完全是强激励导向的。

再看增降幅相对较大的人群,也呈现了很显著的特征:主要增加了对中高层和技术序列员工的激励,而对价值下降的基层员工,则基本保持不变甚至有个别调低。这是种相当激进的做法,有其特殊的变革背景,这家企业刚被收购,在正式接手前被允许有这样一次不受干涉的薪酬变革。

表 6-9 就是所谓的分序列分层级的对比,比表 6-8 能够更加清晰地反映薪酬激励的导向性,虽然普遍都有较大幅度的增长,但更偏向于技术序列和中高级别的骨干员工。

在进行定薪套档和新旧数据比对的时候,要特别注意数据口径的一致,特别是在薪酬组成发生变化的时候,比如变革前有岗位工资和年功工资,而新体系取消了年功工资,那么在做比较时,应该用新的岗位工资对比原有的岗位工资+年功工资(假如只有这两项)。

三、薪酬设计与定薪测算中应用到的函数与公式

在薪酬体系设计中最基础的工具是 Excel 表格,所有数据的计算、对比分析、人员定薪、调薪等都需要用到表格中的功能,此处着重介绍常用的几个函数和公式。

- VLOOKUP:在数据表的首列查找指定的数值,并由此返回数据表当前行中指定列处的数值。
- INDEX:返回列表或数组中的元素值,此元素由行序号和列序号的索引值进行确定。
- MATCH:返回在指定方式下与指定数值匹配的数组中元素的相应

位置。

- COUNTIF：统计某个单元格区域中符合指定条件的单元格数目。
- SUMIF：计算符合指定条件的单元格区域内的数值和。
- ROUND：返回某个数字按指定位数取整后的数字。

（一）VLOOKUP

VLOOKUP 函数是 Excel 中的一个纵向查找函数，它与 LOOKUP 函数和 HLOOKUP 函数属于一类函数，可以用来核对数据，多个表格之间快速导入数据等。VLOOKUP 功能是按列查找，最终返回该列所需查询列序所对应的值；与之对应的 HLOOKUP 是按行查找的。

该函数的语法规则如下：

VLOOKUP（lookup_value,table_array,col_index_num,range_lookup）

参数	简单说明	输入数据类型
lookup_value	要查找的值	数值、引用或文本字符串
table_array	要查找的区域	数据表区域
col_index_num	返回数据在查找区域的第几列数	正整数
range_lookup	模糊匹配/精确匹配	true（或不填）/false

主要的适用情况：

- 根据员工姓名调用相关的工作年限、学历、薪酬数据等。
- 根据学历、年限调用学历薪酬、工龄工资的补贴标准等。

例：请从表 6-10 中调用"李某某"的薪酬。

表 6-10　某企业"员工—岗位—薪级—薪酬"表　　（金额单位：元）

	A	B	C	D	E
1	姓名	岗位	职级	薪级	薪酬
2	赵某某	采购组长	M1	6	68 900
3	钱某某	采购员	P4	4	58 500
4	孙某某	采购员	P4	4	61 100
5	李某某	采购员	P4	4	55 900

(续)

	A	B	C	D	E
6	周某某	采购员	P4	4	55 900
7	吴某某	打版师	P6	6	195 000
8	郑某某	打版师	P6	6	169 000

公式为：=VLOOKUP("李某某"，A2:E8，5，0)，在 A2：E8 区域中，根据"李某某"的信息调用第五列的数据，即薪酬数据"55 900"。

（二）INDEX

INDEX 函数是返回列表或数组中的元素值，此元素由行序号和列序号的索引值进行确定，是返回特定行和列交叉处单元格的引用。

该函数的语法规则如下：

INDEX（array，row_num，column_num）

参数	简单说明	输入数据类型
array	要查找的区域	单元格区域或数组常数
row_num	查找的行数	函数从该行返回数值
column_num	查找的列数	函数从该列返回数值

注：如果省略 row_num，则必须有 column_num；如果省略 column_num，则必须有 row_num。

主要的适用情况：

- 根据员工薪级、薪档返回对应的行、列的薪酬数值。

（三）MATCH

MATCH 函数是匹配函数，返回指定数值在指定区域中的位置。

该函数的语法规则如下：

MATCH（lookup_value, lookup_array, match_type）

参数	简单说明	输入数据类型
lookup_value	需要在数据表（lookup_array）中查找的值	可以为数值或对数字、文本或逻辑值的单元格引用。可以包含通配符等

（续）

参数	简单说明	输入数据类型
lookup_array	包含所有要查找数值的连续的单元格区域，区域必须是某一行或某一列，即必须为一维数据	函数从该行返回数值
match_type	表示查询的指定方式，用数字 -1、0 或者 1 表示	

注：为 1 时，查找小于或等于 lookup_value 的最大数值在 lookup_array 中的位置，lookup_array 必须按升序排列。

为 0 时，查找等于 lookup_value 的第一个数值，lookup_array 按任意顺序排列。

为 -1 时，查找大于或等于 lookup_value 的最小数值在 lookup_array 中的位置，lookup_array 必须按降序排列。

主要的适用情况：

- 根据员工的岗位确定其薪级所在的位置。

在薪酬体系设计与使用中，INDEX 与 MATCH 经常会合并使用，最主要的应用是通过员工的薪级、薪档调用相应的薪酬数据，所以在这里 INDEX 与 MATCH 综合示例说明。

某企业薪酬体系如表 6-11 所示，根据表 6-12 中某岗位的薪级、薪档调用对应薪酬。

公式为：

=INDEX（表一 !$A$1:$L$18,MATCH（表二 !C2,表一 !$A$1:$A$18），MATCH（表一 !D2,表二 !$A$1:$L$1））㊀

在薪酬体系表格区域中，在 A 列查找薪级"48 级"对应的行数、1 行查找薪档"2 档"对应的列数对应的薪酬，为 83 000 元。

在 HR 的日常工作中，Excel 是必备的工具之一。除了以上函数与公式，还有很多能够提高工作效率的函数与公式，需要 HR 在日常工作中不断学习积累。

㊀ 公式中的表一为表 6-11，表二为表 6-12。

表 6-11 某企业薪酬体系表

(单位：元)

A	B	C	D	E	F	G	H	I	J	K	L
级/档	1	2	3	4	5	6	7	8	9	10	11
43	31 000	33 000	35 000	37 000	39 000	41 000	43 000	46 000	48 000	51 000	53 000
44	37 000	39 000	41 000	44 000	46 000	49 000	52 000	55 000	58 000	61 000	64 000
45	44 000	47 000	50 000	53 000	56 000	59 000	62 000	65 000	69 000	73 000	77 000
46	55 000	58 000	62 000	66 000	70 000	74 000	78 000	83 000	87 000	92 000	98 000
47	66 000	70 000	74 000	79 000	83 000	88 000	94 000	99 000	105 000	111 000	117 000
48	79 000	83 000	89 000	94 000	100 000	106 000	112 000	118 000	125 000	132 000	140 000
49	97 000	103 000	110 000	117 000	125 000	133 000	141 000	149 000	158 000	168 000	178 000
50	116 000	124 000	132 000	140 000	149 000	159 000	169 000	179 000	190 000	201 000	213 000
51	139 000	148 000	158 000	168 000	179 000	190 000	202 000	214 000	227 000	241 000	255 000
52	171 000	183 000	196 000	209 000	223 000	238 000	253 000	269 000	286 000	304 000	324 000
53	205 000	219 000	234 000	250 000	267 000	285 000	303 000	322 000	342 000	364 000	387 000
54	257 000	275 000	293 000	313 000	334 000	357 000	380 000	404 000	429 000	457 000	486 000
55	303 000	325 000	348 000	373 000	399 000	428 000	456 000	486 000	518 000	553 000	589 000
56	363 000	389 000	417 000	446 000	478 000	512 000	546 000	582 000	621 000	662 000	706 000
57	457 000	489 000	524 000	561 000	601 000	644 000	686 000	732 000	780 000	832 000	887 000
58	556 000	599 000	646 000	696 000	749 000	807 000	865 000	927 000	994 000	1 065 000	1 142 000
59	727 000	783 000	843 000	908 000	979 000	1 054 000	1 130 000	1 211 000	1 298 000	1 391 000	1 491 000

表 6-12　某员工定薪表

	A	B	C	D	E
1	部门	岗位	薪级	薪档	新体系定薪
2	总经办	行政主管	48	2	?

第三节　活调薪：成长视角的动态调薪机制

成长视角的动态调薪机制如图 6-8 所示。

一、动态调薪的场景

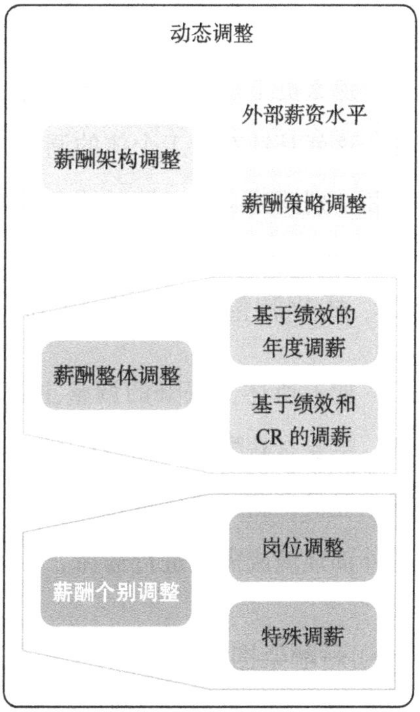

管理咨询很多时候是在做规范性的工作，因为我们很多客户是在市场中拼杀出来的，在创业早期不知道也不能对管理有过多的规范化要求，那样管理的成本太高。但随着企业的发展成熟，每次都进行协调和决策的场景越来越多，因此才需要制度化、流程化的管理。然而，在企业熟悉了制度化、规范化的管理之后，又经常会陷入另一个极端：过分依赖制度的刚性，缺少灵活性。

图 6-8　成长视角的动态调薪机制

尽管口头上每个客户都会认同这一点：一套制度出来之后还需要不断完善修订，但在设计方案的时候，很多客户都会有一种倾向，即要求我们的方案尽可能覆盖未来的变数，尽可能不需要未来的补充完善。

在薪酬体系设计中，也有这样一种倾向，薪酬体系设计完了，企业就不愿意再动它了。然而，管理制度的变动性并不依赖这个制度本身的健全完善，一个设计逻辑良好的制度，可以以最小的变动内容来适应环境，但无论如何，当环境发生变化，良好的管理者一定会对管理体系进行微调。有一类补丁式调整，这类调整往往与行业环境中的整体动向有关，比如近些年来热门一时的股权激励，很多行业的竞争环境运营内容并没有发生重大的变化，但头部玩家突然开始用股权激励，次级玩家也想使用却可能资源不足，只好采用适度调整薪酬结构和水平的方式，来应对挑战。

对于薪酬体系而言，这就是对薪酬体系的整体调整。

而对员工个体而言，薪酬体系的设计内容还包含了职业发展的导向性，那么员工是否按照导向开展行动，这些自然要在后续的薪酬中予以体现，这就是针对员工个体的调薪。而针对员工个体的调薪，又分为整体调薪和个别调薪两种，针对的人群范围有所不同。

二、薪酬调整的种类与时机

如上所述，薪酬的调整主要分为三类：第一种是针对薪酬体系的微调，主要是薪酬架构调整；第二种是对个别员工薪酬进行调整；第三种是对企业员工薪酬整体进行调整。这三种方式都有其适用场景，需根据企业内外部环境或需求进行选择。

（一）薪酬架构调整

准确地说，这应该是薪酬体系的调整，但这样说显得动静太大，薪酬架构的调整一般有如下契机。

1. 外部薪酬水平发生较大变化

当行业中给付薪资的水平发生较大变化时，企业为了应对这种变化，内部应及时调整变化，否则会严重影响人才的引进与保留。而薪酬水平的调整一般都会同时涉及薪酬结构的调整，比如是选择增加固定薪酬还是浮动薪酬，而不是同比放大或减少。

2. 薪酬策略调整

如果市场竞争要求或者公司战略导向出现了变化，引起了薪酬策略的调整，那么随之而来的必然就是对薪酬体系的微调，主要也就是薪酬结构的调整。通常情况下这种调整幅度不大，如果策略变化比较剧烈，实际上就需要重新设计薪酬体系了。

（二）员工薪酬的整体调整

员工薪酬的整体调整是指企业大规模员工的薪酬调整，涉及的员工数量、层级较广，属于阳光普照性质的调整，一般来说一年一次或两年一次（最少也应该两年一次，否则可能对员工的工作积极性有影响）。这种整体调整主要有两种方式。

1. 基于绩效考核结果的年度调薪

为了更好地激励员工，企业将绩效考核结果不仅应用于当期绩效薪酬的兑现，还将其应用于员工年度整体薪酬的调整，根据员工绩效情况决定是否调薪及调薪的幅度。

2. 基于绩效和 CR 值的年度调薪

单纯根据绩效结果进行薪酬普调存在一些不合理的地方，有可能导致内部不公平现象，甚至造成对薪酬体系的破坏，特别是宽带薪酬体系。因此很多企业会引入薪酬比率（CR 值）这一工具，通过这两个维度的共同约束，更加合理地进行薪酬普调。

（三）员工薪酬的个别调整

员工薪酬的个别调整是指企业内个别或少数员工的薪酬调整，主要场景包括员工岗位调整后的调整和员工特殊调薪。

1. 员工岗位调整后的调整

员工岗位调整（晋升、平调、降级等）后，参照原有薪酬情况，根据新的岗位在对应的薪级、新档上进行定薪，这也属于一种调薪。

2. 员工特殊调薪

员工的激励/处罚越及时，其激励/处罚效果越好，所以在员工绩效有很大进步或犯了较大错误，但绩效考核的周期还没有结束时，可以根据员工的业绩进行特殊的调薪，这就是特殊调薪的一种方式，其他特殊调薪还包括针对团队的集体奖励等非周期性的调薪，都属于特殊调薪。

三、几种调薪场景下的具体操作

针对以上不同的场景，自然会出现不同的调薪操作。比如薪酬架构调整可以视为对薪酬体系的一次简单的重新设计，所以基本的操作方法参照本书其他章节就可以了。以下介绍一下最常见的几个调薪场景的操作方法。

调薪操作一般需要解决两个问题中的一个或两个：

（1）单个调薪的人需要调多少？——这是额度问题。

（2）一共可以调多少？——这是预算问题。

（一）基于绩效结果和CR值的年度调薪

我们通过一个案例来看如何根据绩效考核结果来进行个人调薪，同时满足调薪预算。

在此之前，先普及一个概念：薪酬CR值。

CR意指薪酬的相对比率（comparative rate），在宽带薪酬体系中，指的是某薪酬数字在其对应薪级带宽范围内的相对位置。

$$CR = \frac{（当前薪资 - 最小值）}{（最大值 - 最小值）}$$

比如说，某人薪级为 10 级，这一级别的月薪范围为 8 000 ~ 12 000 元，而他的薪酬是 11 000 元，所以他的薪酬 CR 值为 75%（=3 000 ÷ 4 000）。

引入这一概念是为了解决这样的问题，**同层级绩效表现一样的员工，其涨薪的幅度是否应该一样**？或者说，这个幅度该怎么确定？比如说，员工甲和员工乙，入职薪酬分别为 7 000 元和 7 500 元，每年绩效表现都挺优异，年年绩效为优。怎么给他俩调薪呢？同比增长？肯定不行，那样员工甲薪酬永远也赶不上员工乙，甚至差距越来越大，这怎么能称之为公平呢？同数值增长？一样也不行，只是越往后相对差距越小罢了。

基本原则应当是，员工如果不升职的话，越往后两人的薪酬应该越趋向于基本相等。这一原则带来的结论就是，员工薪酬相对比率 CR 值越高，其涨薪比例相对越小，为什么？因为基数较大的情况下，尽管比例小，但绝对值仍然可观。此外，这也有利于尽量延长薪酬体系的使用寿命，免得一两年之后就有人超出了体系的范围。最后，一般来说，表现一直优异的员工很快会通过提升薪级的方式进入另一个薪酬宽带中，其调薪比例会再度恢复正常，而不是一直被抑制，避免了这种方法带来的新的不公。

案例：某公司一共 83 名员工，本年度涨薪幅度总预算被控制在 10%。其中 4 名员工绩效等级为 2 级，即 5 级中的第二级，相当于"S、A、B、C、D"档位的 C 档，"优、良、中、差、很差"的"差"档；29 名员工绩效等级为 3 级；37 名 4 级；13 名 5 级。

那么接下来可以有如下两种操作方式。

1. 不考虑 CR 值，绩效等级决定调薪比例

这个操作方法需要为不同绩效等级设置不同的调薪权重，比如在这个案例中，我们设置了如下权重：5 级权重 1.5，4 级权重 1.25，3 级权重 1，2 级权重 0.75，1 级权重 0。对应每个绩效等级的调薪比例为 $1.5x$、$1.25x$、x、$0.75x$ 和 0；将所有人的数字统计计算之后用 10% 的预算控制比例与之对照，就得到了实际的调薪比例，如表 6-13 所示，也就是 118.4x=10%，再换算得到每个绩效等级的调薪比例。

表 6-13　依据绩效等级确定调薪比例

绩效区间	A 人数	薪资总额（元）	C 所占总额比例	D 调薪指导	E=C×D 权重计算
5	13	14 600	18.0%	1.5x	27.00x
4	37	35 065	43.2%	1.25x	54.00x
3	29	26 900	33.2%	1.00x	33.20x
2	4	4 541	5.6%	0.75x	4.2x
1	0	0	0		0
合计	83	81 106			118.4x

2. 同时考虑 CR 值及绩效等级决定调薪比例，即所谓两维调薪法

可以看到普调的时候最重要的是将人员分类，赋予不同的涨薪比例。绩效等级是对员工的一种分类方式，而 CR 值则是另一种分类方式，结合两种分类方式，当然能获得分类更为细致，操作更为麻烦，但也更为合理的调薪比例。

如表 6-14 所示，其中"＜ 0.33""0.34 ～ 0.66""＞ 0.67"就是一种 CR 值分类法，大致是三等分的分类法，也可以进行四等分或五等分，一般分为 3 ～ 5 个类别就可以了。

表 6-14　依据 CR 值与绩效等级确定调薪比例

绩效表现	薪酬份额 B	＜ 0.33 薪酬份额 C	权重系数 D	0.34 ～ 0.66 薪酬份额 C	权重系数 D	＞ 0.67 薪酬份额 C	权重系数 D
5	18%	35%	2.5	49%	2	16%	1.5
4	43%	30%	2	45%	1.5	25%	1
3	33%	41%	1.6	49%	1.2	10%	0.8
2	6%	38%	1.4	46%	1	16%	0.8
1	0%						

以第一行为例，18% 指绩效等级为 5 级的员工，其薪酬总额占全员的 18%；35% 指绩效等级为 5 级的员工中，CR 值在下 1/3 段的员工，其薪

酬总额占 5 级员工总额的 35%；2.5 则是绩效等级为 5 级，CR 值在下段员工的权重系数，以此类推。其中权重系数设置的基本原则是，绩效等级越高，权重越高；CR 段位越高，权重越低。

计算单位调薪比例如表 6-15 所示。

表 6-15 计算单位调薪比例

绩效表现	调薪比例 =B×C×D×x		
	< 0.33	0.34 ~ 0.66	> 0.67
5	18%×35%×2.5x	18%×49%×2x	18%×16%×1.5x
4	43%×30%×2x	43%×45%×1.5x	43%×25%×1x
3	33%×41%×1.6x	33%×49%×1.2x	33%×10%×0.8x
2	6%×38%×1.4x	6%×46%×1x	6%×16%×0.8x
1	0.000	0.000	0.000
求和（1.54x=10%）			

最终计算得到 x 的值，以及每类人员的调薪比例。

（二）基于绩效考核结果的年度调薪

这是根据绩效结果调薪的一种特殊情况，上面案例的操作是每个绩效等级（除了最差那档）的人都会有一定幅度的调整。而这种调薪则只针对绩效表现较好和较差的两拨人。

表 6-16 是一个典型的年度调薪规则。

表 6-16 有档的薪酬体系调薪规则

两年年度绩效评价等级	调薪规则（调档）	领导调整
连续两年绩效考核优秀及以上	上调 2 档	具体调整由直接上级和人力资源处及分管领导共同讨论确定
连续两年绩效考核良好及以上	上调 1 档	
连续两年绩效考核可接受及以上	不变	
两年绩效考核可接受以下	下降 1 档	
连续两年绩效考核难接受	调降岗位或解除合同	

当然，其中的调薪规则可以自行调整，比如考核优秀的可以一年就调整一次，等等。这些没有定规，只看企业的需要。

(三) 岗位调整导致的调薪

岗位或等级变动而带来的调薪是日常工作中最常遇到的，因此也有必要阐述一下典型的操作方式。

情形一，同序列岗位平级调整：一般不会进行调薪，或者如果员工原始薪酬偏低，可以借机调整至新岗位薪酬范围的最低点上。

情形二，跨序列岗位平级调整：这种情况在施行轮岗制的企业很常见。一般有两种做法——

- 保持原薪酬结构与水平不变——轮岗视为一种挂职锻炼。
- 按新序列薪酬结构及水平重新定薪，一般会保障总体年薪水平与调岗前基本一致或略有上涨。

情形三，晋升或职级上升，这又要分为几种情况。

- 按最低薪酬调整：员工原始薪酬低于新岗位/职级最低薪酬，可以调整至最低薪酬处。
- 按中点值差异率增长：员工原始薪酬高于新岗位/职级最低薪酬，可以参照中点值差异率幅度涨薪，但要注意的是，晋升后的员工人岗匹配度是下降的，所以不可以完全按中点值差异率来涨薪，而要适当降低幅度。
- 重新定薪定档：将员工视为新进员工，用新岗位的任职资格等要求重新定档，但一般薪酬会有一定涨幅。

无论是以上平调或晋升的哪种情形，岗位变动后都可以暂不调薪，而设置考察期，在考察期通过后再根据人岗匹配情况进行调薪。

某互联网企业 HRD，在人力资源机制搭建方面专业技能一般，但非常擅长沟通协调。在岗时间五年后，自己开始倦怠，老板也不太满意，我们建议从下面提拔一个人做 HRD，把现任

HRD 调岗作为总裁助理。实施以后，起到了很好的效果，一方面给了下面这个高潜力的员工很好的发展机会，另一方面也充分发挥了现任 HRD 的沟通协调能力。经过一段时间之后，发现两个岗位都为老板和企业带来了很多价值。

调薪方式建议：暂不调薪，从逻辑上来看，薪酬是根据岗位和人岗匹配所定的，虽然岗位调整有可能意味着岗位价值有所变化，但因为员工从原来熟悉的岗位调整到新岗位，实际上人岗匹配胜任度会有所降低。因此，调岗当时不建议立即调薪，可以考虑设置 3～6 个月的试岗考察期，如果胜任则薪资做相应调整，如果不胜任，退回原岗或另行安排。当然，事前要跟员工沟通明确好这样的预期。

情形四，降级 / 降职：这种情况比较少见，有些企业在员工降级后维持薪酬不变，有些企业则采取降薪的方式。从人性激励的角度来看，如果员工对降级的决定是认同的，我们建议薪酬维持不变，或者如果企业和员工都对降级接受不了，不如直接辞退。因为采取降级降薪的方式，大部分人心理上是接受不了这样的双重打击的，即便留下来可能也会带着负面情绪工作，影响周边同事。

四、年度调薪的流程与手法

与体系设计相比，年度调薪的操作环节并不复杂，但会因各企业文化的不同而有所差异，成功与否主要体现在管理的艺术性上。HR 在这个环节上必须通过营造氛围、获得领导支持、应用正式与非正式沟通的手段及规范等，提高调薪管理的艺术性，具体如下。

（一）争取企业高层的认同与支持

HR 在正式公布调薪政策与渠道之前，首先要将年度的调薪政策、策略、额度、比例及调薪的依据向企业高层汇报，争取获得企业高层的认可。在这同时，口头向高层领导说明以往调薪容易出现的问题及导致这些问题出现的原因，并委婉地请求企业高层为了避免同类问题的发生，做到客观中立、按规则办事、明确授权等，坚决不违反规则直接受理关于调薪的相关报告与投诉，坚持只接受HR部门关于调薪相关事宜的汇报。

常见的汇报内容包括：

- 人力资本效能指标——人均产出/人力成本投入产出比/人工成本占比等环比及外部对比数据。
- 外部竞争性对标数据分析。
- 优秀人才招聘吸引难、流失严重的数据。

（二）以书面形式拟制调薪建议报告

采用书面的形式，一方面可以明确记录相关事宜，以避免日后纠纷无据可查；另一方面，也可以进一步提高相关人员的重视程度。书面调薪建议报告的样板由人力资源部拟定。报告的内容分为两部分，第一部分是通用部分，由人力资源部拟定，通常包括本年度的调薪策略、调薪规则、调薪比例、调薪原因及分析报告、调薪具体方案及调薪各项活动的时间进度表；第二部分是个性部分，由各部门分别填写，主要包括调薪的岗位及人员，调薪的依据、证据以及特殊情况说明等。对回收的调薪建议报告，人力资源部负责对照调薪规则审核，不符合规定的直接退回重新拟定。

（三）会议沟通

会议沟通是一种正式的口头沟通方式，通过会议沟通可以引起各部门负责人对事情的重视。因此，每年调薪前期，可以安排由高层参加的调薪碰头会议，重点强调本年度调薪的策略与政策、调薪的理由、金额及依据、调薪的流程与注意事项等。人力资源部可以在会议开始时，现场发放包含通用部门的调薪建议报告，并指导如何填写。

（四）发挥部门主管协调作用

调薪最容易出现的问题就是部门主管一手操办，缺乏与员工进行必要的解释和沟通的过程，使员工对调薪缺乏必要的知情权，从而导致员工的不满与怨言。因此，人力资源部要通过制度明确部门主管在调薪工作中应该承担的职责，即向员工解释、说明调薪相关事宜的责任，按照调薪政策与依据，客观公正地填报调薪建议报告的责任及必须遵守调薪相关政策与规定的责任。人力资源部通过与企业高层及各部门主管沟通，将调薪的相关责任列入部门主管绩效考核计划表，督促部门主管落实调薪的协调、解释等责任。

与部门沟通协调的要点包括：

- 阐述清楚调薪规则及原则。
- 总额控制、内部调剂。
- 从利于人员管理的角度出发。
- 横向比较。

（五）公开调薪投诉渠道及事宜

调薪引起员工越级投诉或不满行为的一个重要原因就是企业没有为员工提供明确的投诉渠道和程序。因此，企业必须通过投诉申报的制度明确规定，受理员工调薪投诉的部门是哪个，员工投诉的程序是什么，需要准备的材料有哪些等，并强调对于不按规定投诉的情况一概不予受理。每年调薪的时候，人力资源部首先要通过网络公告或平面公告的形式强调说明调薪投诉的渠道及事宜。

管理是一门科学，更是一门艺术，科学是基础，艺术是手段，希望

HR能够在调薪环节上，通过科学的方法和工具奠定调薪的基础，通过艺术的措施和手段规范调薪的管理，从而使老板满意调薪的目的与结果，使员工满意调薪的过程与结果，实现员工与老板的皆大欢喜！

整个调薪过程总结为一般流程可以是（并非一定之规，大致了解其步骤即可）：

（1）调薪草案及总预算审批。

（2）组织实施人员评价与盘点。

（3）HR制定调薪规则并测算。

（4）与业务部门负责人沟通讨论。

（5）具体调薪方案及结果审批。

（6）年度调薪宣讲。

（7）员工调薪反馈。

五、体系不够用了怎么办

经过数年的调整之后，如果体系数字调整不及时或者调薪规则不合理导致调薪过慢/过快等，都会导致员工的薪酬数字落在薪酬体系之外的情况，那么应该如何处理呢？

（一）当员工现有薪酬高于规划薪酬时

图6-9中，在薪酬体系的应用中，发现员工的薪资高于职级最大值，即部分员工薪酬水平处于红圈位置，超出了宽带范围，产生这种情况的原因主要有以下几个方面。

第一，具有特殊能力或技能的员工：企业在引入优秀人才或急缺人才时，需要给予较高的薪酬，或给予一定的体现其技能的补贴，导致其薪酬整体水平超出了企业制定的宽带薪酬的范围。

第二，员工业绩杰出，薪资增长较快：员工连续几年业绩突出，薪酬增长的频率与比例较其他员工明显,所以超出了企业制定的宽带薪酬体系。

第三,年资较长:员工在某个岗位上的年限较长,期间无功无过,业绩水平达不到晋升的条件,也没有差到需要淘汰,所以跟随企业整体调整,导致在该薪级上超出宽带水平。

第四,企业重组或职位调整:企业在重组或职位调整过

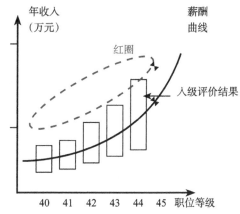

图 6-9 员工薪酬高于规划薪酬示意图

程中由于组织或岗位的合并,导致部分员工无法在原岗位或原级别上,但企业为了照顾员工或保留员工,在新的岗位上并未降低其薪酬待遇,导致员工的薪酬超出了宽带范围的上限。

上述各种情况是个别员工的薪酬超出了薪酬体系,无须调整整体薪酬体系,那么如何将这些特殊的薪酬进行调整,以保证内部的相对公平性呢?HR们可以采用以下方式:

(1)对于一些不是由于绩优导致超出宽带上限的员工,有意识地降低其薪资增长的频率与比例,使其慢慢纳入薪资范围中。

(2)将绩优员工或有潜力的员工晋升至上一级别,在新的薪酬宽带中继续增长。

(3)对于某个年资较长的员工,对其以往的贡献给予一次性的不包括在基本薪资中的补贴,将其薪酬定薪拉回合理水平。

(4)对于绩效一般的员工,薪酬不再增长,待多数员工薪酬增长差不多的时候统一考虑调整。

(5)调整超出上限员工的薪酬结构,增加绩效薪酬的比例,根据业绩发放薪酬。

（二）当员工现有薪酬低于规划薪酬时

在薪酬体系应用中，发现员工的薪资低于职级最大值，即个别员工薪酬水平处于图 6-10 中绿圈位置，小于宽带范围，产生这种情况的原因主要有以下几个方面。

第一，尚在试用期或培训期的员工：一些企业的试用期员工在其定薪水平上有所折扣，导致其薪酬落在绿圈范围中。

第二，快速或新提升的员工，尚处于学习阶段，还未能完全称职：刚晋升的员工或在岗位上仍处于新上任阶段的员工，不能完全符合岗位要求或业绩尚不能达成，薪酬低于同一薪级的其他员工。

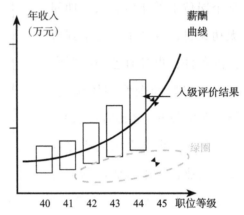

图 6-10 员工薪酬高于规划薪酬示意图

第三，过去的业绩不佳，薪资增长较慢：员工以往业绩不佳，薪酬长期未增长或增长缓慢，在薪酬体系调整后，其个人薪酬低于其他员工。

第四，给员工定薪过低：员工在入职时较为保守，没有和公司谈薪资，公司以较高的"性价比"签约员工，但低于实际体系范围。

第五，企业重组或职位调整：企业在重组或职位调整过程中由于组织或岗位的增设或合并，新任命一批原先业绩优秀的员工，其在新的岗位或薪级上薪酬低于宽带水平。

针对处于绿圈的员工，其薪酬低于企业整体付薪水平，应该怎么处理呢？是给他们提升薪酬还是不管他们？有些老板可能认为，既然员工没有提出加薪，现在工作状态也不错，那说明员工没有什么意见，所以公司没必要主动给员工加薪。

其实并非如此，员工在日常的沟通交流中，会了解自己的薪酬在企业中处于什么水平，如果员工了解到自己的薪酬处于较低水平甚至最低，会认为公司对其不够认可，一些相对内向的员工并不会主动提出加薪要求，但可能会选择离开，而这是企业和 HR 们都不想看到的情况。那么，是不是所有低于体系的员工都要进行调整呢？

企业在做出调整的决策前，应先估算调整所需的成本情况，是否是企业在当前情况下能够承担的成本；另外，对于处于体系以外的员工，也不建议一次性进行调整，而建议企业观察在职人员的业绩表现，通过增加调薪频率，慢慢将其纳入薪资范围。

> 小王是一名应届毕业生，毕业后入职了一家 IT 企业从事软件编程工作。小王性格内向，专注于各种编程语言的学习，面试时期望薪酬约为 4 000 元 / 月，该企业对于小王这样从事软件编程的应届毕业生薪酬宽带范围为 6 000 元～ 12 000 元 / 月，如果你是该企业的 HR，你如何给小王定薪？

是给小王期望的 4 000 元 / 月还是其所处薪级对应的宽带的最低值 6 000 元 / 月？这个问题其实和上述员工薪酬处于绿圈中是一样的情况，对于员工薪酬低于宽带体系最低值的，不应该熟视无睹，也不应该一次性调整到位，可以适当在其期望薪酬的基础上增加一些，但也不建议定薪 6 000 元 / 月，可以选择 4 500 ～ 5 000 元。

这样处理的原因主要有：

一是给新员工预期薪酬以上的薪资，对新员工有一定的激励性，对其入职也有一定的保障性。

二是一定程度上缩小了他与其他员工薪酬之间的差距，如果其能力、产出的业绩，公司满意，能够快速与其他员工薪酬水平持平。

三是增加了该员工涨薪次数的空间，短频小幅度涨薪对员工的激励效果最佳。

第七章

清晰透明：导向明确的薪酬政策

导　读

- 政策的清晰透明是激励效果发挥的前提。
- 比绝对数字更重要的是员工因心理期望带来的实际感知。
- 政策清晰透明的核心三原则：看得清、算得出、拿得到。
- 有效的薪酬激励方案应该是90%的透明与刚性+10%的灵活与弹性。
- 企业应该充分利用各种机会推销自己的薪酬激励体系，不断澄清激励导向。

核心模型：激励期望模型

我们先来回顾一下本书第一章提到的一个企业管理咨询案例。

J公司总经理陈总为了激发员工工作激情并提升工作效率，冲击年度挑战性经营目标的实现，在公司大大小小的会议和正式、非正式的场合总是不断告诉员工，只要大家工作努力，年终奖金的数额不会少，一定不会让大家失望。员工为了年末可以拿到更多的奖金，工作非常投入且高效，最终实现了公司的业绩目标。

但当年终奖金发放到员工手中时，很多员工感到非常失望，认为陈总并没有兑现诺言，开出的只是空头支票，自己努力工作的成果没有得到回报。有些员工在公司散播对于年终奖金的不满情绪，甚至有的员工因为对年终奖金不满意而提出离职。

当咨询公司进入后，对年终奖数据进行分析，J公司年终奖的绝对数额在当地同行业内是非常具有竞争力的，那么我们不禁会问：为什么J公司的核心员工还是会消极怠工甚至选择离开呢？

实际上，真正的问题所在并不难分析，员工之所以不满甚至离开，原因在于过程中心理期望不断被抬高，以至于事实上很高的绝对数额并没有达到员工内心的期望，反而起到了负面激励效果。

针对此问题，笔者结合多年实体企业和管理咨询的经历，总结提炼了以下个体激励期望公式（如图7-1所示）

"个体激励性"指员工面对企业提供的薪酬、福利、奖金等因素时感受到的激励程度。"实际所得"指在以上因素中员工实际所获得的绝对值和客观情况。"心理期望"指在以上因素中员工期望得到的大概数字。

激励期望模型

$$个体激励性 \downarrow = \frac{实际所得}{心理期望 \uparrow}$$

图7-1 个体激励期望公式

公式中，个体激励性分别与这两个因素成正反比关系，当实际所得不变时，心理期望越高，则个体激励性越低，反之则个体激励性越高。

那为什么员工的心理期望会不合理增加？主要来自于两个因素的相互作用：

第一，自我认知。几乎所有人都倾向于夸大所在岗位的价值、自身的能力及为企业所做的贡献，因此自我认知偏高会带来心理期望偏高。

第二，方案清晰程度。方案政策的不明确会让员工产生不安全感和猜疑情绪，这种模糊度在自我认知偏高的推动下，最终会导致心理期望的增加。

案例中J公司陈总经常谈论年终奖金，但却无明确的年终奖方案，奖金总额如何确定、个人如何分配、基于哪些因素分配等都未提前设计，无形中不断提升员工对奖金金额的期望。最终，即使实际发放的奖励金额并不低,但员工心理期望的不断提高仍使得奖金被实际感知的激励作用大大降低甚至出现了负激励作用,最终导致员工的消极怠工甚至离职。

因此,**比绝对数字更重要的是员工因心理期望带来的实际感知**,那么企业应该如何有效控制分母的"心理期望",让有限的薪酬奖金资源最大化发挥激励效果?

借用一位老板的话能够很好地阐述"期望控制"的方法,那就是"看得清、算得出、拿得到"。

薪酬激励政策是对员工行为引导最直接的指挥棒,只有"**看得清、算得出、拿得到**",员工才会产出指挥棒所导向的行为。

第一节 看得清:政策透明、薪酬保密

薪酬一直以来都是一个非常敏感的话题。关于薪酬"保密"还是"公开",对很多企业和 HR 来说都是困扰已久的问题。

当然,很多人在讨论薪酬"保密"还是"公开"问题的时候并不在同一个概念边界中,我们的观点是**政策公开、薪酬保密**。

所谓政策公开,是指适用于某个群体的统一的、具体的薪酬激励方案和规则要尽可能清晰和透明,让员工感受到阳光和公平。所谓薪酬保密,是指具体的个人薪酬收入数字要尽可能对无关人员保密,减少攀比带来的心理不平衡。

一、程序公平 vs. 结果公平

管理咨询实践中,我们看到过很多类似以下的场景:

- 某企业员工不清楚自己的工资怎么组成、怎么计算的,也不清楚为

什么有增减。
- 某企业20多页的销售提成方案，销售人员根本算不出来能拿多少钱。
- 某企业年终奖都是由老板和HR关起门来痛苦纠结地平衡（实为"拍脑袋"）出来的。
- 某企业核心高管年底拿着大额的分红却告诉老板不太清楚具体规则。
- 某企业基于过去历史遗留设立了很多工资和福利科目，员工不清楚适用对象和发放条件，经常抱怨为什么我没有。

....

无一例外，在这些场景中，企业老板付出去的激励资源再多，也很难很好地发挥对员工日常工作行为的激励效果。

公平性是激励性的前提，员工对公平性存在疑问或质疑时，激励性更是无从谈起。一般来说，公平包括两部分：一是程序性公平，指企业与员工之间在薪酬管理上应该建立起一个公平、公开和公正的程序，它是指在方案制订和执行过程中的公平问题；二是分配公平或者分配结果公平，是相对于员工付出来谈回报的公平性问题，即是指外部公平、内部公平和个人公平。

员工对薪酬公平性的关注同时包括这两个方面，甚至有的时候程序公平比结果公平更重要，因为没有绝对公平的结果。也就是说，现在的员工在关注薪酬分配结果的同时，也越来越关注薪酬政策制定、宣贯沟通等这些程序性公平问题。

然而，令人遗憾的是，目前仍有许多企业没有给予薪酬体系搭建与实施过程中的程序性公平以足够的重视，许多员工对自己的薪酬知之甚少。而之所以出现这种模糊的情况，往往是因为企业和管理者存在几个方面的担心：

（1）公司没有建立起科学合理的薪酬激励方案，没有政策，所以谈不上政策透明。

（2）一旦政策透明之后，老板和管理者就少了很多弹性和灵活空间，而管理中又往往需要这些灵活应对的空间。

（3）公布这些政策会让员工关注点都在收入上，而不是努力工作本身。

（4）薪酬激励体系是老板和少数管理者的顶层设计，与普通员工无关。

这几个担心很正常也很常见，但这样的担心往往忽略了一个至关重要的核心，那就是**薪酬激励政策能够充分体现企业的用人选择和导向，能够直接引导和激励员工行为，但如果员工无法通过政策的清晰公开透视企业的导向，又何谈激励？**优秀的企业会向员工不断阐述和宣传自己的薪酬激励体系，让真正匹配和合适的优秀人才在理解和认同薪酬激励导向的情况下努力奋斗，因此，我们重新审视上述几个担心：

（1）正因为没有科学合理的薪酬激励方案，才需要审慎思考和设计，通过具体方案明确激励导向。

（2）灵活性确实要有，但绝对不能全是灵活性，有效的薪酬激励方案应该是 90% 的透明与刚性 +10% 的灵活与弹性。

（3）按照马斯洛需求层次来看，如果员工对物质层面的激励都存在疑惑甚至质疑，很难谈内在动力，况且中国社会当下绝大部分员工还是主要受收入和物质激励的引导。俗话说，谈情怀可以，但得先填饱肚子。

（4）还没有认识到向员工推销企业的薪酬体系，是企业澄清激励导向的机会。

二、政策透明，程序公平

既然薪酬激励政策方案制度要做到清晰透明，才能发挥对员工的引导和激励作用，那么如何做到政策清晰透明？

（1）让员工适当参与到激励政策和方案制订过程中，比如岗位价值评估环节、外部薪酬调研、激励方案思路讨论等。

（2）薪酬激励方案一旦定稿，要尽可能大范围和细致地组织宣贯与讲解，对于个别复杂点的方案，多以案例和模拟测算方式进行解释。

某企业薪酬激励方案宣讲框架如图 7-2 所示。

（3）薪酬激励制度尽可能简单、清晰、可读性强，在公司内部系统中公布，供员工随时查阅。

（4）实施过程中，涉及工资、奖金核算规则、调薪规则等内容应及时公布。

（5）涉及个人调薪或结构、金额变化的，必须组织一对一反馈，结合人员评价对本人进行反馈，合理沟通让对方接受和理解，发挥激励引导作用。

图 7-2　某企业薪酬激励方案宣讲框架

某企业人员定薪表（节选）如表 7-1 所示。

表 7-1　某企业人员定薪表（节选）

一、任职信息			
部门	XX	直接上级	XX
岗位（附岗位说明书）	水电工程师	职务序列和职级	专业序列 C
薪级薪档	7-5	发薪日期	次月 6 日
二、薪酬收入			
月固定工资	￥ 4 150 元/月	月绩效工资基数	￥ 1 800 元/月
工龄奖	￥ 50 元/月	异地补贴	￥ 750 元/月
月收入合计	￥ 6 750 元/月	月薪调整比例	+13%
年终奖基数	￥ 18 000 元/月		
三、福利补贴			
社保缴费基数	￥ 1 794 元/月	通信补贴	￥ 100 元/月
贺仪和奠仪	婚礼、生育、奠仪 600 元，生日 100 元标准	节假日福利	￥ 900 元/年的标准
公费旅游和体检	带薪假、公费旅游、体检	其他补贴	无
年终奖与公司绩效和个人绩效的关系	实际年终奖 = 个人年终奖基数 × 公司绩效目标奖励系数 × 个人年度绩效考核系数		

那么，哪些属于政策公开的范围？我们的建议是包括但不限于以下内容：

（1）各类人员薪酬结构及部分刚性统一的薪资标准。

（2）福利项目及具体标准。

（3）考勤与休假工资扣除标准。

（4）薪酬调整规则。

（5）销售提成或计件工资核算标准。

（6）各种专项激励方案的启动条件及计算规则。

（7）绩效考核指标及考核结果。

政策是否需要公开的判断标准主要有两个方面：①公开的是不是针对某个群体的统一、明确且具体的规则和标准？②公开会不会加强员工的公平感和对公司的信任度？如果两者都符合，那就属于应该公开的政策。

如果企业想通过调研了解员工对薪酬激励政策的理解情况，可以考虑从以下几个问题入手，通过问卷或者一对一访谈的方式收集反馈：

（1）我清楚公司的付薪导向。

（2）我清楚我的薪酬结构和各组成部分的发放依据。

（3）我清楚做到什么样的情况会获得更高的奖金。

（4）我清楚公司的调薪机制以及在什么样的情况下会获得更高的调薪比例。

（5）我相信和认同公司薪酬激励政策的公平性。

三、薪酬保密，减少攀比

保密薪资制最早起源于西方资本主义早期，企业为了降低人力资源成本而采取与员工逐一谈判薪资的办法，进而确定每一位员工的薪资标准。同时，为了防止因薪资攀比造成部分员工产生不平衡心理、不稳定情绪，企业往往都会选择不公开员工的薪资情况，而且禁止员工相互打听、谈论工资。

时至今日，这种工资制被认为可以灵活反映企业经营状况和劳务市场供求状况，是对职工的工资收入实行保密的一种工资制度，某种程度上广受追捧。

大多数企业，大家都会遵守一个不言而喻的规则：不要去问别人的薪资是多少。有的公司甚至会明文禁止员工在一起谈论个人薪水情况。

我们认为，在中国当下的社会和人文环境下，薪酬保密还是绝大部分企业的最佳实践，正如某公司开展了一个有19 000多人参与的相关问卷调研，调研结果显示80%以上的企业实行的是薪酬保密制度。

调研中实施薪酬保密的企业比例如图7-3所示。

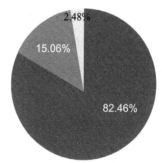

图7-3 调研中实施薪酬保密的企业比例

从企业角度来说，如果允许员工公布薪资，会让竞争对手更容易获得本公司的薪酬架构，从而在挖墙脚时可以利用信息的不对称，以更低的付出挖走本公司的人才，或采用更低的成本调整薪酬架构的市场对标分位值曲线，以获得外部市场竞争力。比如，销售人员的提成金额很容易造成产品销售、客户群体、产品结构等系列信息的泄露，高级管理人员的股权分红明显对员工持股计划的信息造成了泄露等。

从员工角度来说，一旦薪酬公开，人首先面对的是数字，很容易单纯地以多少比较，完全将背后的实质人为地忽略或者屏蔽，由此造成自身内心极度的不平衡感，这将很大程度上挫伤大部分员工的工作积极性；另外，人会无意识放大个人在某事件上的成就和功劳，这是人性的天然特征。因此当薪酬公开后，以绩效为解释口径的话，就会引起无休止的争论和扯皮，导致所有人认为绩效的目的就是兑现奖金，而让员工忽略了绩效管理背后推动公司绩效改进的本质。

因此，总的来说，我们还是建议**薪酬金额必须严格保密，避免相互攀比导致心态问题**，但问题是怎么保密？这个似乎很难做到。我们认为这里面有几个关键点：

（1）企业将薪酬保密原则作为公司底线或红线反复强调，在员工入职定薪、调薪、年度反馈等场合不断重复。

（2）针对涉及薪资的人员和管理者，签署保密协议，并约定违反规定将面临的处罚，通过潜在损失防范泄密。

（3）建立严厉的惩罚机制，一旦有人因打听或透露薪酬引起争议和抱怨，对打听的人、透露的人和两人的直接上级同时进行处罚，情节恶劣的采取辞退措施。

（4）梳理优化薪资核算、发放与报税流程，由薪资专员核算并制作工资表，通知财务准备好工资总额在相应银行账户，薪资专员直接与银行代发工资人员对接发送工资明细表，由银行直接代发，同时将报税工作由薪资专员负责，以此避免财务人员对工资表的了解，尽可能减少拥有完整工资表信息的人员。

当然，近几年，国内外有些企业在逐步推行薪酬公开并声称取得了很好的激励效果，国外的比如社交媒体公司 Buffer、数据分析公司 SumAll、送餐服务初创企业 Chewse 等，国内的比如 IT 服务商 LeanCloud 等少数企业。

从这些企业管理层透露的理念和想法来看，之所以采取薪酬公开主要是两个方面的原因，一是有利于建立透明、公平和信任的文化氛围，二是消除薪酬谈判带来的不公平和薪酬倒挂现象。但深入探究下，我们会发现这些声称采取薪酬公开的企业要么是 IT 互联网行业，要么处于初创阶段，而这两个特征的企业在权衡薪酬公开的弊端之后，认为薪酬公开的好处更为重要，但这并不能说明薪酬公开就是一种领先的实践和趋势。

因此，凡事不能光看表象，而是要辩证地看待，不管是薪酬保密还是薪酬公开，都各有利弊，关键在于结合实际场景，在利弊权衡之后进行选择。任何管理机制和手段都有适合的环境和土壤，如果不能针对性地理解和分析各种管理机制背后的逻辑和前提，而仅仅生搬硬套，最终将会水土不服。

第二节　算得出：校准认知、动态调整

心理学普遍认为人有自恋自大的心理，对于工作量、能力、贡献等的自我估计一般都会偏高。如果企业能够通过有效的机制，让员工自己在明确透明的政策指引下，清晰地核算出自己的收入，那就不存在产生不合理期望的问题。当然所谓的"算得出"，绝大部分情况下并不是真的让员工实时准确地算出当前的收入或奖金，而是让员工基于透明的政策和评价机制能够对收入数字有个相对准确合理的预期。

要做到"算得出"，即让员工对即将获得的收入有相对准确合理的预期，企业需要从两个方面入手：一方面是通过三套评价体系（岗位评价、人员评价和绩效评价体系）不断校准自我认知，另一方面是让薪酬激励体系与三套评价体系间形成紧密连接和动态调整。

首先，校准自我认知需要企业建立以下三套系统性的评价与反馈体系，并让员工参与、理解和认同。

（1）岗位价值评估体系。通过岗位价值评估让所有人理解企业岗位价值评估要素，进而认同不同岗位对企业价值存在高低差别。

（2）胜任力评价与人才盘点体系。建立针对性的企业人才标准（胜任力模型），基于人才标准组织实施人员评价与盘点，并组织定期的反馈辅导，帮助员工准确认知个人能力及优劣势。

（3）绩效评价体系。通过绩效评价与反馈体系，客观准确地衡量个人业绩贡献，让员工得到公平公正的评价和反馈。

其次，动态匹配调整是指企业能否及时基于三套评价体系对员工的评价结果对员工的薪酬激励进行动态匹配性的有效调整。比如：

员工是否有这样的预期——当我绩效表现好的时候，能及时拿到的奖金或总收入会明显高于绩效表现不好的时候？

员工是否有这样的预期——当我的能力在发展提升、工作效率在提高的时候，我能及时拿到比过去更高的总现金收入？

员工是否有这样的预期——当我的岗位发生变化、工作职责和责任承担更大的时候，我能及时拿到比过去更高的总现金收入？

当员工有这样一系列明确预期的时候，薪酬才会发挥真正的激励和引导员工行为的作用。

关于岗位评价、人员评价和绩效评价三套体系，其中岗位评价体系在本书第二章做了重点阐述，一般来说组织稳定状态下，岗位价值评估结果不会发生太大变化。人员评价体系，一是比较复杂，很多企业尚未建立有效的体系；二是能力改变的周期决定了人员评价的周期一般也在半年以上。而绩效评价与反馈需要更加及时，并在收入中合理体现，因此三套体系中与薪酬激励最紧密关联的还是绩效评价体系。

企业实践中，我们也发现很多企业在探索更加及时、数据化的绩效结果反馈与薪酬激励体系，其中以销售岗位最为常见。销售人员某个销售业绩达成后，基于公司提成政策能够直接计算出应得的提成收入。但除了销售岗位，其实还有很多岗位和场景可以探索这样的绩效及时反馈与兑现的方案设计，关于绩效奖金策略的设计与应用详见本书第五章。

Y公司是勘察设计行业的标杆企业，为城市规划、路桥交通、市政、地产建设等业主单位提供技术图纸设计与服务，业务运作方式为针对每个独立项目，组建设计项目组，项目组由项目经理和专业设计师组成。Y公司以设计师为主的生产人员占绝大部分比例，如何激发这部分群体的效率直接影响到企业服务品质和利润状况。

为了更及时地反映设计师的工作绩效产出，从而更合理差异化地实现人员激励与优胜劣汰，Y公司在咨询公司的帮助下，借鉴其他标杆企业的做法，引入并定制设计了一套针对设计师的工时制薪酬体系，并借助IT系统落地。

首先，Y公司建立了技术等级与任职资格体系，基于设计师的任职能力进行评级，然后，基于薪酬体系与人力成本测算，赋予不同级别设计师不同的工时单价，即每个工时可获得的对应报酬。

当某个项目确定后，项目经理会与公司讨论确认项目总体预算，其中就包括项目组成员的工时成本。预算确定后，项目经理有权在公司的设计师人才库中自由选择，与被选择的设计师人选沟通项目情况并确认完成这个项目双方能够接受的工时。在这个节点，该设计师就能够从理论上核算出顺利完成这个项目后可获得的工时收入。实际项目进展过程中，设计师根据自己参与项目进度每周提报工时，由项目经理核定确认，确认后的工时乘以工时单价就是本周该设计师从这个项目上可获得的工时收入。到月底，该设计师从所有项目上确认的工时收入加起来就可得出月度工资收入。

在工时制薪酬模式下，设计师的产出能够及时地在工时中得到确认和反馈，并及时核算出工时收入。同时，工时制实施后，同等条件的设计师之间可以基于实际工时进行排名，作为人员晋升发展与优胜劣汰的依据，实现对设计师的及时有效的激励。

第三节 拿得到：谨慎承诺、艺术沟通

凡有承诺，必须兑现，是企业管理最红线的原则，员工在看得清、算得出的情况下拿得到，才能信任公司。

但在管理咨询过程中，也确实看到过少量承诺不兑现的情况，导致员工与老板扯皮、对公司丧失信任。一旦员工对公司的信任度缺失，要么离职，要么当撞钟的和尚。而这些情况下很少真的是因为老板的诚信问题，主要是两个方面的问题。

（1）承诺的时候过于随意，让员工心理预期不断加大。

过度承诺或虚夸是不合理期望的主要来源。在人力资源实践中雇用双方要坦诚沟通、不过度承诺，避免对方心怀不合理的过高期望。企业要明确了解员工期望得到的，员工也要了解企业的要求以及能够给予员工的。实践中，往往在老板和管理者身上容易出现提前或过度承诺的情况，比如在招聘面试的时候给对方过高的预期，或者在晋升和调薪等涉及员工利益问题上提前或过度承诺，最终兑现不了或不能完全兑现，这些都会导致本来的正向激励因为员工心理期望被调高而变成负面激励。

（2）事先承诺和公布的方案未经仔细测算，未考虑各种极端情况下的调节机制，导致最终结果超出企业承受范围。

因此，企业在设计或调整薪酬激励方案时，一定要谨慎沟通与宣传，同时综合考虑企业成本和激励效果，做好激励方案的各种测算分析与推演，设计好极端情况下的调节机制，避免最终难以兑现的尴尬局面。

第八章

薪酬激励体系变革的操作指南

导 读
- 薪酬激励体系变革成功的关键在于坦诚沟通与适度参与。
- 所有的薪酬激励体系变革都将遇到拥护者与反对者，变与不变关键在于对企业与员工的长远价值是否有利。

核心模型：薪酬激励体系设计六步法

以上各章提到的种种理念、方法、工具、步骤，在实际操作中，可以归纳为"诚合益薪酬激励体系设计六步法"，从关键流程节点、方法论与工具、产出的成果三个层面，分为六大阶段对企业的薪酬体系进行设计并完成落地。

核心步骤一：岗位价值评估

"岗位价值评估"采用科学的评估工具对企业内所有岗位的相对价值进行评估，通过岗位价值评估能够明确各个岗位的薪级、职级，评估结果是薪酬体系诊断分析、薪酬体系设计的基础。岗位价值评估的内容在本书的第二章详细阐述。

核心步骤二：薪酬诊断分析

"薪酬诊断分析"是从战略、平衡、竞争、激励、成长、政策六个维度对企业薪酬激励体系及运行效果进行分析，了解企业付薪现状，寻找企业目前薪酬激励机制中存在的问题和改进方向。薪酬诊断分析的内容在本书的第二章详细阐述。

核心步骤三：薪酬策略选择

"薪酬策略选择"根据企业战略、企业特征与岗位特征确定岗位薪酬的水平策略、结构策略与绩效奖金策略，确定了相关策略就确定了对企业薪酬激励体系设计的方向和框架。薪酬策略选择的内容在本书的第三章详细阐述。

核心步骤四：薪酬体系与结构设计

薪酬体系与结构设计是基于整体的薪酬策略选择设计宽带薪酬体系，并在此基础上为各岗位拆分合理的薪酬结构。薪酬体系设计在本书的第四章详细阐述。

核心步骤五：绩效奖金方案设计

绩效奖金方案设计是为企业设计符合战略、发展阶段与岗位特征的绩效奖金激励方案，让员工了解应该如何努力才能获得更高的薪酬待遇，充分发挥薪酬激励导向作用，并让员工业绩和能力的提升能够及时得到体现。绩效奖金方案设计在本书的第五章中详细阐述。

核心步骤六：人员定薪测算

人员定薪测算是对员工进行评估并在新体系中定薪，并针对不同部门、不同层级、不同岗位类别分别测算薪酬变化情况，再次验证与薪酬激励策略的匹配程度，对薪酬激励体系进行微调。人员定薪测算在本书的第六章中详细阐述。

第八章 薪酬激励体系变革的操作指南

第一节 降薪的薪酬变革项目

在我们多年的管理咨询经历中，企业存在梳理薪酬激励体系需求的，多数因为需要提高内部的公平性，且对外能够具有一定的激励性，在人才的招聘与吸引上更具有竞争性。但企业面临市场环境、发展阶段、股东要求等种种情况时，对内部的激励要求也有所不同，当然也会存在整体体系的调整下降，降低企业的人工总成本等要求。

企业在操作降薪的薪酬变革项目时，面临着种种困难和阻力，很可能引发很多员工与公司的矛盾后还未能将降薪的项目实施落地，造成了人工总成本不降反升，或是核心员工的离开甚至是公司极大的动荡。那么降薪的薪酬变革项目究竟该如何操作呢？在项目操作中要注意哪些关键点才能保证项目的顺利实施？

关于降薪的薪酬变革，我们总结归纳了以下关键点。

一、明确降薪的原因并向员工坦诚说明

企业一般不会采取降薪的方式，只有在市场业务、现金流面临较大问题的时候才会降薪。但无论什么原因，与员工坦诚说明，获得员工的理解，统一企业上下共渡难关的思想，这是降薪操作的前提。无法获得员工理解的降薪必然会引起员工动荡，还可能造成法律风险，所以企业在决定降薪前一定要进行铺垫与说明。

需要注意的是，如果是因为外部的原因造成企业面临一定的困境，公司在内部的各种管理中，应该从各个方面体现出企业上下共同渡过难关的决心。倘若一方面要求员工降薪，另一方面老板却在大肆挥霍，这样的情况下降薪项目肯定难以推进实施。

在向员工说明时，尽量在公开正式的场合由公司老板进行说明，防止小道消息的传播，以免造成人心惶惶与员工不必要的担心。

二、与老板沟通人工总成本的降低目标或底线

在操作降薪项目之前,须明确要降低的目标是多少,虽然不得已要通过降薪渡过难关,但降薪的比例需要精确把握。

降薪比例过低,可能要考虑降薪的必要性,因为过低的降薪比例不仅不能解决企业的难题,反而在员工中造成影响与动荡。如果降薪比例过高,肯定也难以执行实施。

作为HR,需要与老板充分沟通对业务的预测,了解业务发展情况,并在此基础上制定降薪的策略,这样无论在方案的制订中还是对员工的解释中都能够清晰明确,而不是人云亦云。

三、制定合理的降薪策略并进行充分测算

降薪的项目并不是对每个员工都要降薪,而是应该制定合理的降薪策略。业务困难或降薪实施期间,应该保证对核心员工的保留,企业的业绩还需要依靠核心员工的产出,所以对核心员工应该不降薪甚至是加薪,对一般员工应该是少降薪或不降薪,对业绩较差的员工采取较大比例的降薪,在降薪的过程中可以对员工进行一定的淘汰,降低企业的成本压力。

根据以上原则与思路,HR应进行较为充分的测算,在降薪总额的要求下,合理地将降薪的目标分解到不同层级、不同部门、不同员工身上,用这样的方案与老板、部门负责人进行沟通,保障方案落地的可能性。

四、实施过程中充分沟通,特别是部门负责人的沟通

降薪的方案与测算结果需要与各级管理人员、员工进行充分沟通,保证过程的公平性、透明性,充分与各部门的负责人沟通,赢得他们的理

解，争取让他们与公司站在同一战线。要做到使他们充分理解方案，在与员工进行沟通的时候详细说明，同时说服员工。

五、慎用降薪

即使我们在降薪项目中做了充分的准备工作，能够保证降薪项目的平稳度过，但仍然需要谨慎使用降薪，无论给员工打了多少预防针，这仍然会让员工觉得公司缺乏对员工的保护，甚至觉得公司对员工不负责任。倘若仅仅是短期的业务困难，尽量通过其他的方式度过而非降薪、裁员等。降薪一定要慎用！

是不是把握住上面的关键点，实施降薪项目就万无一失了呢？其实，降薪项目在实际操作时还有一些必须要回答的问题：

（1）是不是全员按薪酬比例降薪？

并非如此。全员按薪酬比例降薪是一种粗暴的手段，同时也有极大的风险。如果采用这种方式，那降薪的项目基本可以宣告失败。薪酬同比例下降会造成原先优秀的员工降得更多的情况，加大了优秀员工离职的风险，最后的结果就是优秀的员工离开，能力差的员工留下。

降薪的比例一定依据不同层级、不同岗位、不同绩效进行区别，保证优秀员工、重要岗位员工的利益，优秀的员工不降薪甚至涨薪，业绩差的员工大幅度降薪，最终达成降薪目标。

（2）可不可以通过淘汰人员降低人工成本？

不建议。对人员的淘汰的确可以减少人工成本，但是纯粹的人员减少可能造成在业务恢复时人手不足的情况，此时又需要进行大规模的人员招聘。从招聘的一般规律来说，外部市场上的人员招聘成本比内部老员工的人工成本高，招聘进来后还面临着新老员工的薪酬平衡问题，这样反而造成人工成本的快速上升。

另外，降薪并不是要纯粹地降低每个员工的薪酬，而是降低企业的人工总成本，一定程度上提高人均效能。

（3）可不可以将降薪的多少完全交给部门负责人？

降薪应是 HR 与各部门管理人员充分沟通、共同决策的工作，无论是单独交给 HR 还是业务部门负责人都是不合理的，HR 应该在降薪方案制订的过程中保证过程公平合理，采用科学的管理方式进行操作，而部门负责人应提供对本部门员工的业绩现状与降薪建议，共同完成最后的方案。

（4）是否可以由全固定的方式变为固定加浮动的方式变相地降薪？

不建议，首先全固定的方式变为固定＋浮动的方式并不能多大程度改变企业在经营发展中遇到的困难，也不能为企业减少多少成本。而且，员工清晰了解降薪的目标，这种"自欺欺人、掩耳盗铃"的方式，肯定无法取得预期的目标。

第二节　固定变浮动的薪酬变革项目

一般来说，企业直接降薪的可能性比较小，企业面临着多变的外部市场，观察企业内部时，常发现大多数员工没有进取心，惶惶度日，公司的业绩与自己无关。老板们决定改变现状，按业绩付薪，引导员工行为，所以提出将员工的固定薪酬改成"固定＋浮动"的薪酬方式。这时 HR 应该怎么做，才能保证这个薪酬变革项目的顺利实施呢？

（1）提前各种吹风，降低期望。

无论是降薪还是变为"固定＋浮动"薪酬变革项目，从员工的认知来说，都是侵犯了员工的自身利益，一定会遭到员工抵制，特别是在员工难以理解的情况下。所以第一步应在企业内通过一定的渠道传播企业即将实施相关薪酬变革的项目，项目的内容是在企业内部实施绩效考核，让员工做好变革的心理准备。

不仅如此，甚至可以将绩效考核的薪酬方式、考核条件描述得更严格，一定程度上降低员工的期望，当实际情况比员工预期更好时，薪酬变革的接受度也会更好。

（2）澄清大锅饭的现状，人员激励效果差，获得核心人员的认可。

提前与核心员工沟通，阐述薪酬变革的原因与目的，结合员工激励效果差的现状，引起核心员工的理解与认可，保障核心员工的稳定。

（3）澄清出发点不是为了扣工资，是为了更合理的价值衡量，鼓励奋斗者，激励先进员工。

制订薪酬变革方案并向每一位员工宣讲，澄清企业的出发点不是为了扣工资，而是为了更好地激励员工，向奋斗者、业绩产出者倾斜。在新的薪酬机制下，优秀的员工薪酬更高，不合格的员工薪酬有所降低。不仅如此，企业甚至可以保证薪酬总额不变或有所增长，但需要在所有员工中根据大家的业绩表现再分配。

（4）薪酬梳理的基础上进行固浮比切分。

对薪酬激励体系进行梳理，合理切分固定浮动比例，既要保证大多数员工的安全薪酬，也要确保浮动部分具有一定的激励性。如果薪酬变革项目实施之后，员工固定薪酬部分变少了很多，员工对薪酬的安全感会降低很多，可能引起员工较大的波动。此外，拆分的浮动薪酬也要具有一定的激励性，能够激励员工的业绩导向，如果业绩的好坏所能影响的浮动薪酬比例很小或变化幅度很小，将难以激励员工。所以，需要针对不同岗位、不同层级切分固浮比。

（5）绩效考核方案的参与认同，让员工看到正向激励的机会。

绩效考核的方案需要员工的参与及认同，认知公司薪酬变革的目的是激励，不会因为提出过高的绩效考核条件或目标导致鲜少有员工能够达成绩效条件，演变成变相减薪。所以，合理的绩效考核方案也是实施这一类薪酬变革项目的前提，员工能够获得正激励的机会，才可能支持薪酬变革的实施。

（6）提醒管理层可能的人员波动和短期动荡。

无论是哪一种变革，再完美的方案也一定会损害某一些人的利益，遭到某一些人的反对。对于企业与管理者来说，要做好人员波动与短期动荡的准备，"所有的薪酬激励体系变革都将遇到拥护者与反对者，变与不变关键在于对企业与员工的长期利益是否有价值"，只要确保核心员工、优秀员工的稳定，一时的人员波动并不会影响变革的成功。

第九章

薪酬激励中的常见难点探析

第一节 "人"与"机制"的"先"与"后"

企业管理中经常面临各种先后的困惑,在为企业提供管理咨询的过程中有很多老板问过我们这样的问题:

(1)先找人后定战略还是先定战略后找人?

(2)先选人后定架构还是先定架构后选人?

(3)先选人后定激励机制还是先定激励机制后选人?

这些困惑和问题,归根结底都是关于"人"和"机制"哪个在先,哪个更重要。

小米雷军说过:"小米团队是小米成功的核心原因。当初我决定组建超强的团队,前半年花了至少80%的时间找人,幸运地找到了7个牛人合伙,全部是技术背景,平均年龄42岁,经验极其丰富。3个本地加5个海归,来自金山、谷歌、微软、摩托罗拉等,土洋结合,充满创业热情。"

真格基金创始人徐小平说过:"投资就是投优秀的人,即使商业模式不好也要投,我在投资的时候,不聚焦在某个领域,就是看人。"

类似这样的个案成功经验总结有很多,这似乎告诉我们一个显而易见的结论:人比战略、机制更重要,先人后机制。而这样的观点好像也被很多企业老板欣然接受，原因有两点：①老板在企业管理中确实遇到了"优秀"人才和"劣质"人才对企业业绩效果的反差，先人后机制的结论正好迎合了这些老板外部归因的想法，殊不知用人效果很大程度上取决于自身和机制；②很多企业老板没有精力和心思花在机制搭建上，因为这是一个需要创新且漫长积累的过程。

诚然，随着互联网时代和知识经济时代的到来，人发挥价值的空间越来越大，人对结果达成的影响也越来越显著。但是，任何管理原则和方法论都要放在适当的情境中才能发挥效果，管理从来都不是非黑即白，需要辩证地看待问题，抓住管理方法论背后的逻辑和本质。

再来看腾讯微信的例子，现在看到微信的成功，我们一定会归因于张小龙这个人，但往往这种简单的归因让我们忽略了问题的核心本质。

马化腾说："很多人只看到了微信的成功，其实在腾讯内部，有几个团队同时研发基于手机的通信软件，每个团队的设计理念和实现方式都不一样，最后微信受到了更多用户的青睐。在资源许可的前提下，即使有一两个团队同时研发一款产品也是可以接受的，只要你认为这个项目是你在战略上必须做的。容忍失败，允许适度浪费，鼓励内部竞争、内部试错，允许组织内创新。创意、研发其实不是创新的源头，允许自发创造的生态型组织才是。从这个意义上讲，创新不是原因，而是结果；创新不是源头，而是产物。企业要做的，是创造生态型组织，让现实和未来的土壤、生态充满可能性、多样性。"

从这段表述中，我们可以看到，首先，一定是先有了腾讯要做移动社交软件的战略，才有了后来的团队组建、研发和产品发布。其次，正是因为腾讯搭建了自发创造的生态型组织，鼓励内部创新与竞争，才有了在多个团队 PK 下产生的卓越微信产品。

我们应该深入思考这些问题：

到底是"张小龙"带来了"微信"，还是腾讯"生态型组织"的创新机制带来了"微信"？

阿里巴巴的持续成功是因为十八罗汉的个人能力还是因为"战略方向"和"合伙人"等一系列管理机制？

芬尼克兹的持续成功归因于宗毅和张利这两个人还是他们独创的裂变式创业的机制？

华为的持续成功归因于任正非个人还是不断搭建完善的"以客户为中心""以奋斗者为本"的机制？

一个球队的成功归因于明星球员（人）还是技战术（机制）？

无论是先人后机制，还是先机制后人，都无非是一种出于宣传目的的惊人之语。正如人与环境的相互作用造就了人类社会一样，企业的成功也一定是人与机制互相成就带来的，根本无法进行先后轻重的区分。与其说是因为某些人才有了企业的成功，倒不如说，因为这些人自带的经验和机制光环，让类似小米这样的企业在一开始就具备了其他企业不具备的机制优势。即使是企业初创期核心团队的筛选或者风投选人时确实要先关心"人"，他们关心的也不该是这个人所拥有的客户资源、人脉关系，更主要的是他们能迅速让组织高效运转的工作能力，也就是机制。组织的长远持续性的发展与成功，归根结底还是要依赖过程中搭建有效的机制，让机制引导和激发出创造性的优秀人才，才能让企业的发展生生不息，长久不衰。

第二节　先分后干还是先干后分

在管理咨询和培训实践中，很多企业老板被这个问题所困扰，经常对答案摇摆不定。所谓先分后干还是先干后分，是指分钱和出成果哪个在先。这其实是个"鸡生蛋还是蛋生鸡"的问题。如果先分后干，就意味着老板提前投入但可能面临员工不作为的风险；如果先干后分，企业将会面临员工对公司的信任感和安全感降低的问题，进而影响对员工的吸引和激励。

我们认为，企业应该建立有效的机制，实现"**边分边干、边干边分、动态调整、激励与约束对等**"。那么，如何建立这样的机制呢？首先，我们要分析下，企业可以用来分的是哪些。固定工资、短期奖金、长期股权、晋升发展等。接下来我们逐个展开分析。

一、固定工资

员工入职谈定薪酬，形成明确的激励预期，然后通常是干完一个月活，拿一个月钱，只要合理出勤，固定工资不太涉及扣减。从这个角度看，固定工资既算是老板的提前投入，也算是员工干活之后的所得，本身就是"边分边干、边干边分"。

但员工"干活好不好"要对分"固定工资"产生影响，也就是"动态调整"，既然无法对上个月已发的工资进行调整，那就要建立对后期"固定工资"影响的机制，也就是调薪机制，调薪周期可能是年度、半年度甚至月度。

另外，对于新进员工或者新调岗员工，固定工资的确定和调整也可以设置一个试用期/试岗期，考察通过后再调薪。

二、短期奖金

短期奖金（浮动奖金）表面上看是明显的先干后分，但要避免对员工吸引和激励存在的潜在负面风险，就需要制定清晰透明的政策，让员工对"干"好之后的"分"有明确的预期，让员工看得清、算得出、拿得到，其实也相当于企业提前有了对员工投入的承诺。同时，每期的浮动奖金都取决于当期绩效达成情况，激励与约束对等。

三、长期股权

相比于短期奖金的特点，长期股权更应该慎重考虑"先分后干"和"先干后分"的问题，因为激励周期是长期的，老板担心"分"后员工不再奋斗却依然享受红利，员工担心自己好不容易"干"出来，老板却不兑现。

因此，股权激励机制要想发挥真正的长期激励效果，需要设计分批分期持续性的股权激励体系，同时在每期方案中从参与的资格条件、方案启动的条件、个人额度分配的影响因素、解锁/行权/分红条件、退出条件等做好缜密设计，实现长期的激励与约束。

四、晋升发展：人员公平 PK 和竞争，能上能下

2018 年 7 月，恒大足球俱乐部公布了《关于全面理顺球队管理的通知》，其中有一条"调整球队编制 + 末位零奖金制"的严军令。俱乐部发布此次通知的重点在于强调球队将强化良性竞争机制，俱乐部一线队及预备队球员编制均调整为 22 人，总计 44 人。根据通知要求，一线队球员下放至预备队，由一线队主教练根据球员在夏训及封闭集训期间的表现，从预备队中选拔 22 名球员进入一线队。剩余球员下放至二队，由一线队主教练从二队及俱乐部 U-17、U-15 梯队中择优选拔 22 名球员进入预备队。

这种方式就是将一线队和预备队首先混合在一起，由主帅卡纳瓦罗挑人。重点是"实行动态轮换"，即一线队表现不佳的下放至预备队乃至二队，二队表现优异的晋升预备队，预备队表现优异的晋升一线队。

结合末位零奖金制规则，便形成了球员间"能上能下"的动态调整机制。

1. 下调及零奖金处罚

- 俱乐部成立技术评定小组对每场比赛进行技术统计和数据分析，从

"球员总跑动距离""高强度奔跑距离""传球失误次数""身体对抗次数及成功率""抢断次数及成功率"五项指标对上场球员的表现进行评定。每场比赛综合评定排名末位的球员将受到"零奖金"的处罚，连续两场排名末位的球员会被停赛一场并下放预备队。

- 如技术评定小组一致认为球队整体表现非常优异（赢得比赛），则免除本场末位处罚。
- 球员因不尊重裁判、不尊重对手、不尊重球迷等黄牌警告的将受到"零奖金"处罚。
- 球员严重违反赛风赛纪被中国足协追加处罚的则会被直接下放到二队。

2. 上调

- 在人员编制固定的前提下，一线队有球员被下调时，预备队中表现优异的球员将被上调，同时二队中表现优异的球员同样上调。

在我们的管理咨询过程中，也曾经制定过能上能下的动态调整机制：某游船观光公司的游船驾驶员动态调整。

在项目实施之前，该公司将驾驶员根据技能水平分为四个等级：高级船员、中级船员、初级船员、学徒。高级船员主要负责驾驶接待船；中级船员驾驶普通船；学徒因还不具备游船驾驶技能，先从拉船工作开始；但由于"人多船少"，初级船员具备驾驶技能却无船可开，所以这部分人只能去拉船或在中级船员休假时顶班。

不同等级船员的工作内容如表 9-1 所示。

表 9-1　不同等级船员的工作内容

船员等级	工作内容/可驾驶游船	船员等级	工作内容/可驾驶游船
高级船员	驾驶接待船	初级船员	拉船、中级船员休假时顶班
中级船员	驾驶普通船	学徒	拉船、学习驾驶技能

如此便产生了一些问题：

- 初级船员的晋升机会少，他们想要有船驾驶并通过实践不断提升自己的等级和收入只有两个选择——等公司购买新游船或者等中级船员升级或离职。
- 中级、高级船员的等级一旦确定便不会下降，使得一部分人坐享其成，升级后出现一些表现不佳的现象。

为了解决这些问题，我们为船员建立了周期为半年的动态调整规则，主要内容包括以下两个方面：

（1）高、中级船员的"末位淘汰"。

所有高、中级船员根据"发船次数""游客满意度（投诉次数）""安全事故发生次数""是否违规操作"等因素在各自等级中进行排名，高级船员中排名后 10% 的人降为中级船员，中级船员中排名后 20% 的人降为初级船员。

（2）初、中级船员的"能者补位"。

高级船员降级后产生的空缺由中级船员中排名靠前的补位，中级船员降级后产生的空缺则从初级船员中选拔人才补位。

不论是该游船公司还是恒大足球俱乐部，建立动态调整规则都是为了使团队内部成员之间形成一定的良性竞争，促使各级别的人都有争先意识。企业通过建立人员 PK、动态调整等方式，可以盘活内部人员、形成良性竞争的氛围，以提高企业整体绩效。

第三节　CEO 视角下的人力资本效能管理

如果 CEO 在人力资源管理方面只有精力关注一个点，应该关注什么？答案是人力资本效能，人力资本效能高低是人力资源管理水平和企业长久竞争力的重要标志。

中国的很多企业过去是在市场经济兴起的背景下靠粗放式的人才投入、市场机遇与营销拉动发展起来的，缺少坚实的管理基础，管理水平跟不上企业的发展，而现在的外部大环境需要中国企业回归科学管理、回归软实力，这也要求提高人力资源的效能。

那么，人力资本效能怎么提升？提升的路径是什么？提升的抓手是什么？标准是什么？如果没有一套可衡量的指标体系，我们就无法回答这些问题，那就谈不上效能管理，所以企业应该结合自身特点建立独特的人力资本效能指标体系。

人力资本效能可以通过两类指标来反映，一类是人均效益指标，另一类是人力成本投入产出比指标，两类指标的分子都是销售收入/利润等财务业绩目标，人均效益指标的分母是人数，如人均销售收入、人均产量、人均利润，人力成本投入产出比指标的分母是人力成本金额，比如销售收入/总现金收入成本、销售收入/人工总成本。

企业达成当年业绩目标是不是绝对是好的？不一定。如果你的企业财务业绩目标达成，但是人均效能指标在下降，这对于企业来说是需要警惕的信号，需要分析企业的运转效率是否在下降，如果转得越来越辛苦，未来可持续增长的后劲就会不足。

随着企业的发展，人力资本效能应该呈现以下趋势，创业早期核心团队产出效率很高，随着人员团队的扩展，人力资本效能可能会下降，但这是未来增长的必经之路。发展过程中，除了个别因为提前储备人员、业务转型等场景之外，人力资本效能应该整体往上提升。人均效能变化曲线如图 9-1 所示。

那么，老板或 CEO 应该如何做？在财务业绩目标明确的情况下，要求人力资源部门基于合理的人均效能指标测算人员编制及人力成本总额，具体步骤如下：

（1）分析往年人员总量、人工总成本和财务业绩目标间的关系，进行曲线拟合，形成人员总量＝f（财务业绩指标）和人力成本＝f（财务业绩指标）的相关关系。

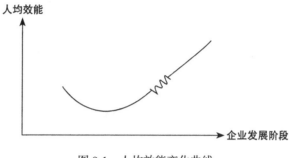

图 9-1　人均效能变化曲线

（2）选取外部标杆企业，收集数据进行对标分析。

（3）根据当年年初确定的财务业绩目标，确定人力成本总额及人员总量。人员编制与人力成本本测算模型如图 9-2 所示。

图 9-2　人员编制与人力成本本测算模型

同样的方法也可以用于针对不同业务及不同人员结构进行测算分析，合理测算不同业务或不同人群的人员编制及人力成本总额。

当然，传统评价人力资本效能的指标，如人均生产成本、人工成本费用率等正在失效。因为在工业化大生产中，利润主要来自进销差价，所以人工成本是总成本中最重要的一部分。而在互联网思维引领的商业模式下，利润并不完全来自于进销差价，甚至有时进销差价倒挂。以小米为例，小米1代手机单部制造费用接近2 000元，而其售价为1 999元，硬件并不是公司盈利的来源，通过MIUI建立的生态系统，产生的粉丝效应，才是支撑小米百亿估值的关键——硬件不赚钱，真正的利润来自软件及服务。再如滴滴、快的这种补贴消费者的行为，是通过扩大市场占有率，建立消费者使用习惯，而其背后积累的用户行为习惯数据，才是企业真正的利润爆发点。

因此，传统薪酬分析人力成本的指标，显然不能适应新兴互联网思维影响下的组织形态。人均UV（不重复浏览次数）、人均PV（浏览次数）、日人均覆盖用户数等新经济形态下的数据指标，或许可以帮我们更好地分析人力资本效能。

不管怎样，企业管理者和HR要针对性地设计一套独特的人力资本效能指标模型，并通过实时数据监控与分析，寻找机会点和潜在风险。

没有对比就无法分析和改进。因此，对企业自身的效能进行数据的统计之后，必须要与内外部进行对比，才能有效衡量自身所处的位置。比较的方法有：

- 时间维度——与过去比（同比、环比）。
- 内部比较——不同区域、不同产品线、不同事业部、不同部门……
- 外部对标——同行标杆企业/竞争对手、跨行业。

第四节　HR和管理者在"定薪调薪"中的角色

我们在企业管理咨询过程中，看到实践中有两种差异较大的做法：一种是"定薪调薪"以老板和HR意见为主，因为担心业务管理者本位主义破坏体系，增加人力成本；另一种是"定薪调薪"由业务管理者自主确定，老板和HR商量出一个总包金额，交给业务管理者分配。

这两种实践做法都不值得推崇，那HR和业务管理者应该如何在"定薪调薪"中体现合理的角色定位呢？答案既不是 HR 给员工"定薪调薪"，也不是业务管理者给员工"定薪调薪"，而是 HR 提供工具、制定规则，业务管理者借助工具对人员进行评价，人员评价结果根据既定的规则给员工"定薪调薪"。

那 HR 能提供什么样的工具和规则呢？"定薪调薪"其实是指如何确定员工的薪级薪档和调薪额度，这里需要 HR 提供的专业化工具包括：①岗位价值评估工具，基于岗位价值确定职级和薪级；②任职资格和人员评价体系，基于人岗匹配评价确定薪档，也就是在宽带中的位置；③绩效评价体系，基于人员评价和绩效评价结果确定调薪额度或比例。

这些工具需要专业型 HR 引入，而更关键的是要让业务管理者共同参与搭建类似的体系，这样他们才能充分理解和认同，然后实际运行过程中 HR 组织业务管理者对岗位及员工个人进行评价，帮助业务管理者更合理地区分员工胜任能力情况，从而实现差异化定薪与管理。这就是我们说的 HR 要想转型成为战略性业务伙伴，一定要赋能和支持业务管理者，而不是取代业务管理者来管理员工。

在"定薪调薪"过程中，除了技术工具之外，还包含了大量沟通环节。这其中包括 HR 与老板的沟通、与业务管理者的沟通、各负责人与下属员工的沟通等。

所以 HR 首先要明确自己与业务部门在调薪工作中的角色分工，其次经过充分的沟通引导业务管理者理解并支持调薪方案，进而共同完成调薪工作的推进。在角色分工上，HR 作为调薪工作的组织设计者，对调薪的规则、方法、工具有绝对的控制权，而业务管理者则应侧重于对员工的评价。在沟通上，定薪调薪前的沟通很重要，调薪后的反馈也同样重要。

在这里需要明确的是，定薪调薪方案和规则由人力资源部制定并不是不对业务管理者放权。业务管理者完全可以拥有对其下属员工业绩表现评价的自主权，HR 只控制调薪方案的规则而非每个人的具体数据，如此才能更好地控制调薪规则的公平合理性以及对员工的激励性,这也是"专业的人做专业的事"的最好体现。

第五节　新老员工薪资不平衡

某仓储物流公司工资处于业内的中端水平,为提高市场占有率,吸引高端人才加盟,老板马先生不惜花重金从同行挖了一名高级管理人才张某,进入公司任招商总监。张某的工资比现有的管理层的工资还要高很多。于是熬了很多年的老员工就很不满意了,运营总监吵着加工资,财务总监甚至提出离职,给企业的稳定和发展带来不小的影响。老板马先生没有想到,大家都希望招聘优秀的人才过来,但是还会出现这样的情况,影响和冲击这么大,他该怎么办呢?

跳槽涨工资,这在人才需求量大的地方已经不是什么秘密了。随着企业间人才竞争的加剧,"新老员工薪资不平衡"现象可能会越来越普遍,而且已经不仅局限于高层岗位,就连中基层岗位或业务技术类岗位都频繁出现。但这样会导致一个很大的问题,那就是新员工因为跳槽和市场稀缺性的问题,加入时的薪资比同等条件下的老员工要高出很多。虽然,企业强调薪酬的保密性,但世上没有不透风的墙。工资的不平衡会导致内部的不公平,老员工不满、离职率增高,企业优秀人才难以保留,企业薪酬成本会提升。最终,企业会陷入"人难留""人难招""人更难留"的恶性循环。

如何应对这样的困境?一方面,企业肯定不可能"因噎废食",就此停止外部人才引进;另一方面,企业应该正视并且开诚布公地对待此问题而不是回避甚至刻意隐瞒。企业可以考虑从以下几个方面着手解决:

（1）新员工的高薪酬采取体系内正常定薪＋特殊津贴的方式，比如招聘某位技术专家，一部分薪酬纳入正常的薪酬体系范围内，另一部分薪酬以"专家津贴""证书补贴""特殊人才津贴"等名头进行支付，只要该名头符合付薪逻辑同时又是老员工不具备的。

（2）新进员工的能力和绩效要显性挂钩，明确新员工的考核指标、任务，这样能够直观量化其工作业绩，不仅对新进员工有一定约束作用，也是给老员工的"交代"。

（3）可以在福利项目与标准等方面适当向老员工倾斜。比如司龄补贴，司龄达到一定年限可以享受住房补贴或无息房贷；增加资格和技能工资，比如达到"技师"级别给予一定标准的补贴，并将"司龄"作为达到"技师"级别的一个重要参考因素；建立"导师制"，从精神层面激励老员工；培训机会也可以向老员工倾斜。

（4）有的企业为了发展新兴业务，比如拓展互联网业务，引进新技术人才是不可避免的，而这些人才社会供给量少，工资相对较高。此时可以采取"新老隔离"的方法，例如为了拓展新业务，成立一个新部门，该部门与市场接轨，单独制定薪酬激励体系，以适应新人才、新业务的需要。在内部沟通与管理时，可以从工作职责、分工角度，向老员工解释新部门的能力、优势与前景，强调新业务对于企业发展的牵引力，避免新老之争。

（5）从长期动态调整入手，我们在第六章中提到的基于绩效—CR值双维度的薪酬动态调整机制至关重要，有意识地减慢甚至冻结同等绩效的新员工的加薪频率，同时加快加大同等绩效老员工的加薪节奏，实现"以时间换空间"，最终不管是新员工还是老员工，只要员工能力够强、业绩够优秀，自然可以匹配更高的薪酬，老员工也可以上调，但如果能力不够、业绩表现不佳，新员工也应该调降或者放弃。

（6）企业可以采取"梯队培养"的方式。在企业内构建人才梯队与培养机制，不能等到员工流失后再招聘同一岗位的人才，这样只会引起企业人工成本的不断增长。逐步引入"老带新"的方式,每年定期引入一定比例的基层储备员工,若出现人员流失,可从储备员工中选拔,减少核心人才从外部招聘的比例。

(7)不仅如此,企业需要定期进行人才盘点、市场薪酬调查,主动优化和调整老员工薪酬,防止"劣币驱逐良币"的现象发生,以免引起优秀人才的流失,导致企业陷入困境。

企业在付薪中应把握并让所有员工相信有这样一条原则,那就是:**从长远来看,企业一定是基于能力和价值付薪**。这就像经济学里说的,价值决定价格,可能有时价格会偏离价值,但最终还是会回归价值。

第六节 目标值设定偏差如何调整

"定目标"是激励方案能否成功实施推进的重要因素之一,"定目标"并非一味地追求高目标或保险目标,而是要根据企业经营目标、现状、市场环境等因素确定具有激励性且合理的目标值。可在企业经营中难免出现"计划赶不上变化"的情况,如果还按照既定目标实施激励方案,就会失去其激励作用以及对员工的引导作用。一般来说,目标值设定偏差主要有以下两种情况。

- **期初设定目标值偏低,过程中业务形势很好,怎么办?**

如果考核期的时间较短,在月度、季度内考核,且完成值与目标值之间的差距较为合理,建议按照既定的目标值进行考核激励。

如果短期内完成值与目标值之间差距非常大,或考核期的时间较长,是半年度、年度考核,目标值很低,不仅失去了其激励性,还会造成员工的奖金非常高。这种情况下首先我们要明确一点,那就是一定要按照既定的方案兑现,如果过程中修改激励方案或不再给员工发放奖金,会造成员工对公司、对老板的不信任，影响考核激励制度的严肃性，往后的激励方案也很难执行推进了。

但老板也不太愿意员工一次性拿过高的奖金，一方面可能对公司现金流有一定的影响，另外一方面可能造成员工获得大额奖金之后的保留问题与心态变化。其实，可以考虑与员工沟通，约定的激励奖金是否可以分期支付，这样不仅可以达到以丰补歉的效果，还可以有效保留员工。

当然，以上情况是我们不想看见和面对的，但市场环境的快速变化导致目标值的确定很困难，所以为了防止上述情况的出现，在设计激励方案时，应充分考虑各种可能出现的情况，约定在事前，做好防范。例如设置激励封顶值，虽然可能损失些许激励性，但不失为一种保险措施。

- **期初设定目标过于理想，过程中发现达成可能性非常低，怎么办？**

这种情况下，员工士气通常会比较低，甚至会抱怨老板年初定的目标不合理，画大饼、放卫星，甚至导致员工自暴自弃，不愿再付出努力。如果考核期较短，那么在下一个考核期及时做出调整，时刻保持激励性。

如果考核期较长，必须及时做相应的灵活调整，否则一旦员工认为目标注定达不成，奖金也没戏，缺乏自驱力的员工会干脆放弃努力，这样对于业绩的影响更大。但目标值的调整并不是直接将目标值调低，可以考虑以下两个关键点进行调整：

第一，及时。调整时间一定要尽可能早，不能等到考核期末，发现目标难以完成再调整。因为越靠近考核期末调整就越会失去长达一个考核期的激励作用，甚至让员工以后对于公司定目标的严肃性产生怀疑，在定目标时觉得无所谓，反正期末完不成老板会做调整。

第二，灵活。所谓灵活调整也不是对既定的目标和激励方案直接进行调整，而是和员工开诚布公地沟通表达外部行情的客观变化，可以将原有目标作为"挑战值"目标，同时再根据实际情况设立符合实际情况的目标。

当然，这样的目标较"挑战值"目标稍低，例如可以设置"目标值"和"门槛值"，门槛值应该是80%概率完成的，是保底目标；目标值应该是50%概率完成的，需要员工付出一定的努力才能达成。对于原有的激励方案可对应"目标值"目标，同时设置一个更具有激励性的方案对应"挑战值"，如果实际情况低于"门槛值"，奖金可能就会明显降低甚至归零。

总的来说，目标设定偏差在企业激励中是难以避免的，在出现偏差时，"调"与"不调"不仅要对外部环境与内部实际做出预估，更要注重从对员工的激励性、方案的严肃性等方面考虑，及时做出决策。

第七节 肥瘦业务提成激励的不公平

个人提成制与团队分享制都是对员工创造的成果进行激励，本书第五章中也提到，这两种绩效奖金关联模式是最具有激励性的方式，所以企业在激励员工时也更倾向于选择这两种方式。

"个人提成制"与"团队分享制"中的根据业绩提成都是一种提成激励，采用这两种方式激励难免会遇到这样的激励难题：公司为了合理布局，有不同的产品／项目／客户／业务／区域等，虽说都可以采用提成奖金的激励方式，但如果采用绝对值的销售额或毛利润等作为提成基数，绝对公平地采用"一刀切"的提成比例提取核算奖金，那必然带来各种问题。因为不同的产品／项目／客户／业务／区域一定存在天然的差别，而这些差别就带来了内部不公平，导致员工可能更倾向于选择"肥"业务，放弃"瘦"业务。

那如何有效规避肥瘦业务导致的提成激励的不公平呢？或者说如何更加公平地在不同产品、业务或区域间进行激励？

总体来说，消除不公平就是从底薪、提成基数、比例、激励方式等各个方面寻求解决办法，从而达到相对公平。

一、差异化的底薪与提成比例

对于企业来说，不同产品／项目所处的生命周期不同，在企业产品结构中有不同的重要性，甚至定位也有所不同，一定存在天然的差异，也难免造成员工对此进行选择。

如果不同产品／项目／区域之间不存在交集，员工相对独立，可以设置不同的底薪标准，销售 A 产品的员工底薪为 3 500 元／月，销售 B 产品的员工底薪为 4 000 元／月，所有提成奖金按照销售额 1% 的比例进行提成。

如果员工在不同产品／项目／区域间没有明确的区分，都可以凭借个人能力进行销售或成单，差异化底薪不再适合，可以设置差异化的提成比例，提高难度较大、业务拓展阶段的产品提成比例，将员工行为导向企业需要拓展的产品／项目。

二、内部 PK，自由选择，公平竞争

对于企业来说，可能并不存在绝对的"肥""瘦"项目，每一个产品／项目在当前阶段都有其存在的价值和意义，只是对于员工来说，个人的能力、经验在不同产品／项目的付出与价值是否符合其预期，公司的主观分配可能造成了不公平。企业可以将"选择"的权利交还员工／小团队，由员工／小团队自由选择，公平竞争，承担对应的责任，享受对应的成果。内部的公平竞争不仅能够有效促进员工／小团队的优中择优，而且能在企业经营中取得更好的业绩成果。

对于最终没有员工／小团队选择的产品／项目，企业要重新审视该产品／项目是否具有市场前景。如果答案为"否"，应该放弃。如果答案为"是"，可能是提成奖金方案设置得不合理，需要调整提成奖金方案，也可能是员工无法识别这种战略性产品／项目的价值，那么可以考虑采用下面一种方式。

三、着眼未来收益，构建合伙人机制

对于公司战略性的产品/项目，也许当前收益不高甚至没有什么收益，但未来收益很高，员工短期内不愿承担或投入"没有产出"的精力，公司可以设计对应的长期激励机制，例如项目分红、虚拟股权、合伙人机制等，鼓励有事业心的员工参与拓展，引导员工关注未来长远的收益，达成对"瘦"产品/项目的承接。

四、变"提成奖金"为"里程碑目标奖金"

"肥""瘦"项目因为提成比例的问题造成了不公平，其实可以考虑将提成奖金制改为目标奖金制，针对岗位和能力设定合理的奖金基数，针对不同的产品/项目/客户/业务/区域设置达成难度差不多的业绩目标，基于目标达成情况计算核发对应的奖金，这样就避免了产品/项目的天然差异，以员工的能力、付出来衡量价值。

不存在绝对的公平，但是能做到相对公平，在激励方案中应尽量做到对"不公平因子"的剔除，留下能够公平衡量的激励因素，很大程度上削弱了天然差异带来的不公平，这样的方案才是公平的激励方案。

第八节 如何激励与约束"空降兵"

近日，偶见一篇文章《有关人人网高管内讧事件》，系统梳理了人人网近年来高管离职情况及前因后果分析，其中提及一点：人人网高管出走，与 CEO 用人有很直接的关系，尤其是 CEO 对于"空降兵"的使用方面，导致了原有高管团队的离去。

诚然，随着企业发展壮大，对人才的需求程度也相应增加。绝大多

第九章　薪酬激励中的常见难点探析

数企业在创业初期并不重视人才队伍建设，且创业团队的能力发展速度落后于企业发展速度，人才成为中小企业进一步发展的瓶颈，空降兵成为缓解中小企业人才短缺的不二之选。空降兵大多来自于行业内成功企业，他们在先进企业的工作经历与经验能够帮助中小企业快速实现管理升级与转型。

然而在企业实践中，空降兵的使用效果不甚理想。从统计数据来看，中国民营企业引进"空降兵"失败的比率超过了90%，"空降兵"在企业的"存活"时间也非常短，一两年已算久，而大多数都是半年左右就离开。

空降兵的失败其实存在各种原因，但企业在原本组织管理框架下能够对高管或技术人才实现较好的管理，为什么对"空降兵"的管理就出现了问题呢？归根结底，是企业对"空降兵"的激励与约束机制没有做好，企业应该如何应对呢？

一、合理控制多方期望，提高存活率

ABC 公司是一家百亿规模的多元化民营集团，企业飞速发展需要快速引进高级管理人才，公司董事长对人才招聘也一直非常重视。近期，经猎头强力推荐的 J 高管前来应聘，董事长在简短的面试过程中谈到公司管理混乱的现状，J 高管简单陈述了自己的看法与以往的工作经验，赢得了董事长的高度认可。董事长明确表态薪酬和职位都不是问题，希望 J 高管尽快入职理顺内部管理。J 高管入职第一周，公司董事长从入职欢迎会到各种大小会议上都公开表达了对 J 高管的赞许和对其理顺内部管理的信心，J 高管每次也都会表达自己的雄心壮志。

J 高管入职后针对公司存在的问题相继制定并实施了一系列的管理改进措施，但管理提升并不是一蹴而就的，管理的改变也让部分员工不适应甚至抵触。三个月后，关于J高管工作效果的负面评价渐渐出现并传到了董事长耳中，而此时董事长也认为J高管三个多月带来的管理改进效果难以匹配当初寄予的厚望，于是开始在公开场合表露出对J高管的不满，同时对J高管职权进行了一定调整。而J高管对职权的调整也非常不满，偶尔也会抱怨董事长对其不信任不授权，双方沟通变少，也难以达成共识，相互质疑和不信任的情绪逐步加剧，最终J高管在被动消极怠工一段时间后主动选择离开。

ABC公司董事长面试时的过早承诺、入职初期的大量公开赞许等行为，使得董事长和公司员工都形成了100分的心理期望，当J高管三个月后成绩达到70分的时候，其实际能力和贡献还是可以接受的，但因为无法匹配董事长和其他人员100分的心理期望和要求，最终导致董事长的不满意和公司原有人员的排斥。同理，入职初期董事长的表现也让J高管对公司的认可、未来的成就形成了较高的期望，当出现职权调整或董事长些微的不信任时，直接导致其心理无法平衡与接受，最终选择离职。

企业在引进高端人才时，无论企业还是"空降兵"双方难免都有所期待与希冀，而忽略了客观存在的困难与问题，最终双方对"合理的成绩"有所失望，愈行愈远。"冰冻三尺非一日之寒"，存在的问题不可能靠一个人、一个制度、一套体系就立刻解决，给"空降兵"适当的理解与时间，是留住空降兵并让其发挥价值的前提。当然，空降兵本身也需要合理控制自身期望，人无完人，企业更是如此，保持足够的耐心与包容心，才是正确的方式。所以，无论是老板、员工还是"空降兵"，合理控制多方期望，才是长久之计。

二、通过高浮动或灵活调薪机制，基于业绩支付高薪

空降兵的薪酬水平通常较高，这种"高薪酬"往往带来两个方面的问

题，一是引起老员工的不满，可能对空降兵有所排挤；二是空降兵创造价值的能力还未经过考验，不知道付出的高薪酬是否值。这两种情况都是企业希望避免的问题。

所以，为空降兵设计高浮动或灵活的调薪机制，让其薪酬直接与价值创造结果挂钩，尤其对偏业务方向的空降兵，其收入的大部分应当与公司业绩挂钩，不仅确保其高薪酬有所依据，还能够确保物有所值。当然，业绩考核也并非盲目关注财务指标，对于客户、运营方面也要关注，避免空降兵因短期内业绩目标透支企业未来市场。同样，也可以根据企业实际需要设置对应的绩效指标，并给空降兵一定的时间去适应。

除了高浮动的薪酬模式，还可以采用灵活调薪机制。例如，在入职初期，约定发放较低的薪酬，每段时间（月度/季度）以10%的增长比例发放，到一定水平后封顶正常发放。这种方式给了企业对"空降兵"的考察时间，如果发现不合适能够及时"止损"，适当降低风险。

三、选择合适的股权激励工具，实现长期激励与约束

经过一段时间的考察、磨合之后，可采取股权激励的方式，将空降兵从"打工者"转变成为企业的股东，使其为自己工作，才能更好地使用、保留空降兵。

一般比较常见的空降兵股权激励机制有三种：期权、限制性股权、分红转股计划。

（一）期权

比如空降的核心技术人员要求200万元的年薪，这对于企业当下可能难以承受，但人才不可或缺，企业可以考虑将200万元的年薪分成两种形式给予，120万元现金和80万元期权。期权的兑现设置相应的条件，比

如约定 3 年的行权时间，3 年的目标达成之后，每年 80 万元的期权价格上涨之后，行权就能享有比每年 80 万元更高的收益（当然目标完成得越好，上涨的幅度越大，就越值钱），但是如果目标没有达成，每年 80 万元的期权就不值钱了。

（二）限制性股权

有些空降兵将给予公司实股作为进入公司时的必需要求，这对企业来说风险较大，因为并不知道该空降兵的能力与人品如何，能否为公司创造预期的价值。为了引进人才，也为了防范一定的风险，可以授予"空降兵"具备一定约束条件的股权，这种股权就称为"限制性股权"。可以设置工作时间的限制，锁定条件为在公司工作 3~5 年，未达到工作时长、中途离开，即使有工商注册，大股东都有权回收股份；也可以设置业绩承诺，比如约定 5 年内每一年需要达到的业绩条件，才能获得对应的股权，如果未达到业绩条件，即使工作时间够了，大股东还是有权回收股权。除此以外，还可以在股权回购时设置一些回购条件，如果是员工主动离职，大股东有权按照购买价回购；如果是赠予的股权，可以无偿回收。

（三）分红转股计划

在"空降兵"入职时约定虚拟分红权，在达到一定时间及业绩条件后可享受分红购买实股的计划。这种方式常用于新进高管的长期激励，既满足"空降兵"当下剩余价值收益分享的诉求，同时又为企业在给予员工实股前预留了一段时间的考察期。

HT 公司是一家二次创业企业，为引进及激励优秀的外部高级管理人才，并降低激励双方风险，制订了一套分红转股计划：

对象	副总、总经理助理、各部门经理及核心骨干
工具	• 公司无偿赠予激励对象 x% 的干股，干股只有分红权 • 年度分红分两部分发放：30% 当期现金兑现，其余 70% 存于专用账户，供以后购买实股使用
购股安排	• 在满足业绩条件的情况下，分红数额的 70% 必须锁定，计划开始实施满 3 年后，一次性强制用于购买公司实股
购股价格	锁定期（计划开始至激励对象可转股的时间）满后最后一次经审计的每股净资产
转股额度	激励对象转股总额度为公司总股本的 10%，具体根据其职位、部门性质等因素确定
资金来源	• 资金来源于分红专用账户 • 不足部分来源于激励对象现有资金 • 购股后账户上有余额的，公司以现金形式兑现余额
业绩条件	• 公司根据经营战略确定业绩考核指标，考核结果以考核系数 $f(x)$ 体现 • 若 $f(x) \geq 0.8$，则锁定期满后，被激励对象按原定计划购股 • 若 $f(x) < 0.8$，则锁定期满后，公司有权终止被激励对象购股资格，其专用账户的分红以现金兑现，计算公式为：实际兑现额度 = 分红账户余额 × $f(x)$

企业之所以在"空降兵"的使用上出现了问题，是由于企业与"空降兵"本身没有客观地看待人才的引进，双方对一段"新关系"的期望过高，忽略了客观存在的困难。如果希望更好地激励和约束"空降兵"，双方应回到理性的环境中，在事前对各种可能出现的情况做好约定，并给予这段"关系"足够的理性与耐心，这才是正确的解决之道。

第九节　如何激发业务团队从"老客户维护"转向"新客户拓展"

ZS 公司是一家从事防伪溯源防串货的高新技术企业，在行业中的影响力也是属于名列前茅，在过去的几年，企业一直由几个超大型客户支撑着，员工主要的职责就是维护与这些老客户的关系，并且挖掘老客户的新需求。对"老客户"的维护并挖掘其更深层次的需求的经营模式，在短期内能够支撑企业很好地发展。此外，客户更换新的供应商所需要付出的成本无论从时间还是经济上都是巨大的，在维护"老客户"上所花费的成本并不是很高。企业在服务"老客户"的同时只需要辅以一些全新中小客户的挖掘，足以支撑企业当前所需。

但从企业长远发展的角度考虑，对于老客户的依赖程度较大，也会存在一些问题。试想一下，当老客户对于企业的经营贡献额占比达到40%左右，企业的正常经营与运转完全依托于这些老客户的支撑时，一旦客户公司因为战略调整或者其他外部市场原因，更换了供应商，ZS公司所受到的影响可想而知。

因此ZS公司决定进行战略调整，由最初的依托维护挖掘"老客户"新需求向拓展"全新大客户"转变，不再单纯依靠现有的几个大型老客户，而是不断扩充企业的客户储备量，保证企业的长久持续发展。

基于战略的变化，企业在激励层面也做出了相应的调整。企业希望通过提高业务员拓展新客户的提成奖金比例，业务员能够将各自工作重心转向拓展全新客户。但由于其行业固有的提成机制，业务员拓展的客户能够每年持续地享有固定提成，因此随着老员工手中客户资源不断丰富，根本无须拓展全新的客户，只需要依靠挖掘老客户的新需求或者享有过往客户的持续性提成，便能享有不错的经济回报，业务员为何还要费尽心思去寻找全新客户呢？

面对这样的战略转型需要，如何引导和激励业务团队做出转变呢？我们在经过系统的调研和研讨分析后，给出了以下解决方案：

第一步，岗位架构调整。

将企业的组织架构重新进行调整，将业务团队划分为业务员及客户经理两类岗位，并且梳理出相应的岗位职责，由业务员负责主导新客户的签单工作，而客户经理进行老客户的维护及新需求挖掘工作，将两类岗位分开，专注在各自的职责范围内，这就解决了由于各个区域新老客户比例不同导致的员工精力分配不公平的问题。

第二步,明确两类岗位的薪酬结构及提成比例。

对于业务员,因为其职责定位就是拓展全新客户,因此提高全新客户首年个人提成比例至28%,一年后转交客户经理进行日常维护与深度挖掘。由于产品特性,部分新客户首年并不会大额下单,第二年的销售额却会大幅增加,但无法界定是客户自身原因导致销售额增加,还是客户经理的付出导致销售额增加,因此在转交后的第一年还会按照8%的比例给予业务员个人提成。到了第三年就会定义为老客户,成为业务员的老客户奖金池,一直享有5%的个人提成比例,这部分提成是企业长期支付的,但较以往这部分提成奖金比例有所降低。

不仅如此,我们还为ZS企业建立业务员专属的职位等级体系,依据业务员上年度实际完成销售收入情况设计业务员个人职级,依据其实际销售额在销售目标区间所处的位置确定其薪档,从而确定业务员个人当年月薪水平。当然此标准也会随着企业及行业的发展而进行变动调整,具体可以参考表9-2。

表9-2 不同职级销售人员月薪标准表

职级	年度全新客户销售额目标	职级月薪标准(元/月)		
		1档	2档	3档
S6	600万元—	15 000	16 000	17 000
S5	400万~600万元	13 000	13 500	14 000
S4	300万~400万元	11 000	11 500	12 000
S3	200万~300万元	9 000	9 500	10 000
S2	100万~200万元	7 000	7 500	8 000
S1	50万~100万元	5 000	5 500	6 000

业务员定薪档的规则为:完成销售额比例值=(个人销售额实际值-职级销售额下限)/(职级销售额上限-职级销售额下限)×100%,根据完成比例确定薪档。

定档比例值	$X \leqslant 34\%$	$34\% < X \leqslant 67\%$	$67\% < X \leqslant 100\%$
薪档	1档	2档	3档

此方案无论是从职级上还是从薪酬上都给予了业务员充分的认可与激励，鼓励业务员去拓展新客户。对于老客户池子较深，客户维护能力强，但可能已经不具备拓新能力的销售人员，怎么办呢？企业同样给予他们选择权，转做客户经理，享有较高的基本工资、客户维护团队提成及老客户新需求挖掘的个人提成。不过需要注意的是，在设计客户经理收入提成比例时，应避免出现业务员都转型成为客户经理，而无人再去拓展新客户的情形，这与企业的战略规划相违背。

整体而言，此方案的优势主要有以下两点：

首先，能够更好地解放业务员，让业务员全身心地投入到新客户的挖掘之中，保证企业战略的达成。

其次，由于之前的客户维护工作及拓新工作全部在一个业务员手中，客户与业务员的黏性在日常的维护工作中就会逐渐紧密，因此业务员的离职可能带来部分客户的流失。但将客户维护工作交由客户维护团队之后，无形之中就削弱了业务员与客户之间的黏性，增强了公司与客户间的关联，而客户经理团队人员，其工作的状态也难以承担业务员的业绩压力，离职的可能性较小，所以客户流失的概率也就自然而然地降低了。

企业在面临新老客户的业务重心转变，或是不同产品重心发生转变时，应充分考量两者对业务员个人要求的转变，设计有针对性、有引导性的激励方案，并为业务员们解决后顾之忧，相信这样的方案一定能具有激励性。

第十节 如何建立激励机制促进老带新

老带新的难点在众多企业中都存在着，有经验的老员工普遍不愿意培养新人，不愿将自己的经验分享，更别提倾囊相授了。那么老员工为什么不愿意带新人呢？其实主要有以下几个方面。

首先，企业没有相应的新人培养激励机制，我们在企业管理咨询过程中发现，一些企业希望新员工入职之后能够快速成长，因此设计了这样的制度：新人入职后，指定专门的"师父"对其进行培养。实际情况却是老员工并不会真正关心新员工的发展与培养，除非新员工品性很贴合"师父"，得到认同之后才会悉心培养。

其次，激励机制无法引导老员工承担新人培养的职责，尤其是在一些成长周期较长的销售行业中，因为在他们看来，"我花那么长时间去培养一名新人，将他培养出来给我带来的收益还不如把这时间投入到挖掘新客户之中。"

在这种情况下，我们该建立怎样的机制促进老带新，促进企业人才梯队的建设呢？

这里我们需要对培养对象进行区分，即**能够直接产生经济效益的人员与非直接产生经济效益的人员**。对于第一类人员，业绩提成是最为直接且最有效的激励方式，培养的徒弟越多，能力越强，那么个人所能够得到的经济回报也就越多；而对于第二类人员，因为无直接经济产出，因此在人才培养激励方式上就需要转变方式，以间接的方式让人才培养与其薪酬相关联。

那么我们先来讲讲对于第一类能够直接产生经济效益的人员，我们该如何激励老员工带新。

在正篇开始前，先讲一个关于猫和老虎的小故事。猫非常能干，有很多本领，希望能够增长自己本领的老虎听闻猫的本事之后，前来拜师学艺，而猫觉得老虎骨骼惊奇，是个可造之才就答应了。一段时间后，老虎从猫这里学到了许多真本领。在觉得自己已经学到了猫的全部本领后，老虎想着如果只有我独自具有这些本领该多好。于是老虎向猫扑去，猫无论怎么逃，都摆脱不了老虎的追杀，因为老虎的本领是猫一手教出来的。最终猫爬到了树上，老虎却不会爬树。聪明的猫庆幸自己所留的这一手，保住了自己的命。很多当师父的为了防止日后徒弟反水,总是留有一手,所以最后当徒弟的往往难以得到师父毫无保留的真传,最后就出现了一代不如一代的结局。那么如何打破这一僵局呢?

我们可以借鉴韩都衣舍的做法,一直以来韩都衣舍的小组制受到社会各界的研读分析,而韩都衣舍也鼓励小组进行分裂,这样就能够一直保持企业的活力。那么为什么每个组长也愿意将自己培养的得力干将分裂出去呢?因为韩都衣舍还存在着"提成培养费",这一制度规定,如果一个小组的成员分裂出去,重新组建了一个新的小组,那么他作为新小组的组长需要向原来培养他的组长缴纳一年的培养费,即每月需要将自己10%的奖金划分给他原来的组长。在这一制度的激励下,原来的组长也愿意小组成员进行分裂,因为分裂出去之后,他就额外又多出一份收入,教会徒弟饿死师父的窘境也就迎刃而解了。

在看完韩都衣舍的小组分裂式的激励后,我们再来将目光转移到被我们吃上市的海底捞是如何刺激店长发展能开店的徒子徒孙的。

海底捞将店长的收入与徒弟的餐厅挂钩,以鼓励他们培养更多有才能的店长。

在其店长的薪酬收入中,设定了如下提成比例以供店长选择。

A:其管理餐厅利润的2.8%。

B:其管理餐厅利润的0.4%,其徒弟管理餐厅利润的3.1%,其徒孙管理餐厅利润的1.5%。

这里我们可看到,A选项中的经济来源只能依赖自己的经营,而单店的盈利肯定会存在一定的上限;而B选项,尽管其从自己经营店铺只能够享有0.4%的利润,但是店长可从其徒弟甚至徒孙的餐厅获得比运营自己餐厅更高的利润百分比。而这种方式的提成奖金池不再局限于个人单店的发展情况,而是多家徒子徒孙所经营的店铺,就长期收益而言,孰优孰劣,一目了然。

海底捞以师徒制的方式将门店间利益绑定起来，引导各个店长多多培养独当一面的店长，让海底捞的市场占有率得到更大的提升。

与此同时，海底捞还任命15名曾担任店长或拥有丰富餐厅工作经验的资深人士担任教练，由他们对门店进行指导与支持，而这些教练的薪酬则与整体利润增长量挂钩。

我们再以德云社为例，作为当下最受欢迎的相声社团，其培养机制以初期缴纳学费，由师父传道授业为主。在学成之后，徒弟2年内的演出费尽数归由师父所得。之后，相声演员与社团采取分成制的方式，即每场相声演出的净利润由演员与师父进行分账，即徒弟做得越好，名气越大，师父分到的钱就越多，这也就是德云社愿意不断培养新人的缘由。

对于能够直接产生经济效益的人员，将师父与徒弟的利益捆绑，让师父实实在在看见培养徒弟能够得到的利益，相信师父们也会更加愿意带徒弟、带好徒弟、带更多的徒弟。

之前我们提到的都是新人培养之后能够直接带来经济收益的岗位，针对无法直接产生经济收益的岗位，诸如各类后台辅助岗位、技术类人员等，上述提到的关于业绩抽成的方式也就不再适合。那么我们该如何激励管理者或者老员工去培养新人呢？我们在这里给出两套方案。

1. 设置人员培养的考核指标

这里提到的关于人员培养指标设计也需要进行区分，并非直接强加人员培养的绩效考核指标。对于管理人员，岗位职责就包含有人员培养的职责，因此在其绩效考核中就可以直接加入人才培养的指标。但是对于经验较丰富的老员工而言，强行加入人才培养的考核指标，只会激起员工的强烈反对。在这种情况下，就需要制定专项人才培养激励奖金，给予一定的经济报酬，从而激励老员工有动力去培养新人，同时需要对其培养工作进行考核，依据考核结果发放奖金。

但是光有绩效考核指标或者专项的人才培养激励方案还不足以确保最终人才培养目标的达成，原因在于还未明确将人员培养至何种程度才能够算作其培养工作达到预期要求。在此基础上，就需要清晰设定人才培养的标准，以此作为标尺进行衡量。以售前工程师为例，当需要售前部主管培养出一个合格的售前工程师，其对应的标准就可以是他能够独立承担销售额为100万元的项目的售前支持工作。在这里，"独立"和"100万元"可以确保日后进行考核时不会出现模棱两可的现象，从而确保最终培养目标的达成。

2. 将人员培养纳入人员晋升的基本要求

这种方式以人才培养的硬性指标要求每个人都要承担起人才培养的职责。即在确定你所需负责的培养对象后，就需要不遗余力地培养其个人能力，否则就会剥夺升职权利。其意思很明确，如果在公司不能承担起带好徒弟的职责，那么也就意味着失去了晋升的机会，你永远只能经营自己的一亩三分地，长期下去，只能依靠企业年度普调来获得薪资的增长。这种方式对企业而言，既可以预防危机，又为公司储备了足够的人才。

首先，这样很好地解决了企业人才问题。即使某个人突然离职，也不用担心工作的缺位，马上就有人能够顶替工作。

其次，能够制约那些自以为是、将来可能自满的人。因为有足够的人员可以替代你，这样的竞争环境迫使你努力工作，提升个人能力。同时，作为师父的荣誉感也在一定程度上暗示自己需要更加用心地培养徒弟。

最后也是最为重要的就是，因为人才培养的要求限制，如果你拒绝承担培养他人的职责，也就失去了升迁的机会。为了能够晋升，当然要更好地培养接班人，既激励你又制约着你，让你不得不向前进，不得不追求进步。

所以，这种将人员培养纳入人员晋升的基本要求的方式就会迫使师父带出更多的徒弟，层级越高，人员培养的难度也就越高。如一位中级设计师如果想要晋升至高级设计师，就需要将 1 名设计助理培养至初级设计师，而当一名高级设计师想要晋升成为资深设计师，相应地其人员培养要求就变为培养 2 名中级设计师，以此类推。这样就迫使师父不断地前进，不会落个被饿死的下场。

归根结底，促进"老带新"就是需要企业设计种种激励方案，让老员工在"老带新"中有所得，无论是物质层面还是精神层面，充分激励才能引导、促进老员工培养徒弟。

第十章

互联网时代下的薪酬激励趋势

"人才是万科的资本。"

"人才是万科的第一资本。"

"人才是万科唯一的资本。"

近些年,互联网思维与雷军"专注、极致、口碑、快"的七字诀一起,迅速走红,广受追捧。在小米最得意的时候,雷军曾经问郁亮:房价有没有可能降一半卖?据说这让郁亮着实思考了一阵子。

带着对互联网思维和被颠覆的焦虑,万科管理团队走访了BAT、小米、海尔等企业,探寻互联网时代的突破之道。然而,在随后的2014年万科春季大会上,互联网的字眼全然不见踪影,事业合伙人喷薄而出,成为"影响万科未来十年"的关键词。

郁亮总结说:互联网时代本质是知识资本价值凸显,即人力资本主义,甚至提到"职业经理人制度已死,事业合伙人制度是必然趋势"。近两年商业领域中最戏剧性的"宝万之争",最终管理团队在某种意义上算是胜利了,这是"人力资本相对于财务资本话语权明显提升"最好的例证。

苹果乔布斯:我过去常常认为一位出色的人才能顶两名平庸的员工,现在我认为能顶50名。

2012年,在阿里任职八年的程维创立滴滴,六年时间估值800亿美元。

2015年,做了十年记者的胡玮炜创立摩拜,三年时间估值30亿美元。

管理者或组织时所表现出的发自内心的投入。

赫茨伯格双因素理论告诉我们，企业提供的安全感、监督、关系等是保健因素，做得不好会让员工产生不满而离开，而认可、成就等可以是激励因素，做得好可以激发员工敬业度。那么薪酬到底是仅仅可用于提升满意度的保健因素还是可以激发员工敬业度的激励因素？

答案其实是看如何设计薪酬结构。因为未来人的价值差异性越来越大，优秀的人才、敬业度高的人才对企业的产出和贡献是非常可观的，因此，识别和充分激励优秀的人才、敬业度高的人才将是薪酬激励设计的重要目标。互联网时代下的薪酬激励设计趋势将是基本工资占比逐步降低，变动奖金甚至长期激励收入占比将逐步提升，后者的合理有效设计将能够真正起到激发员工敬业度的激励作用。

因此，企业和员工都应该忘掉"员工满意度"，把目光转向"员工敬业度"。

趋势二：从"岗位"管理转向"任务"和"人才"的管理

"无边界组织"的概念源自 GE 的 CEO 杰克·韦尔奇，他在 20 世纪 80 年代邀请戴维·尤里奇教授担任总参谋长推动"无边界组织"在 GE 的落地，而后尤里奇出版了《无边界组织》一书。书中，尤里奇教授强调："企业应该关心的不是怎样消除层级，而是怎样建立健康的层级体系，让组织能够满足当今组织成功的新要求——速度、灵活、整合与创新。

过去的科层制组织体系下，"岗位"是组织的最小单元，基于稳定、分工和控制的思维，承载着组织赋予的细分职责并创造相应的价值。而现在，处在互联网 VUCA 时代下的企业，应该真正深入研究"无边界组织"，探索组织变革的方向和路径，实现从"岗位"管理转向"个人"和"任务"的管理。

一、对事："项目""任务"管理

阿米巴思维近几年越来越被推崇，究其原因有很多，但其中一个就是通过最小化经营单元实现组织扁平化，在每个小阿米巴范围内通过独立核算实现责权利对等，这点跟"项目"和"任务"特征很相似，明确的责任边界、结果目标和合理的权力分配，更便于激发和调动团队成员紧密协作，达成目标的积极性。

因此，我们看到很多企业沿着阿米巴管理的思路，将组织的管理视角放在了项目/团队/任务层面，比如技术服务型企业以项目组为管理颗粒度载体，房地产平台以项目为管理颗粒度载体，研发型团队以项目/任务为管理颗粒度载体等。

组织运营的基础从基于"指标和职能"变为基于"项目和任务"。未来企业的基础一定是"项目和任务"——以"项目和任务"为方向会更多地把"过程导向"变成"结果导向"。

传统组织用的是职务权威，但在项目/任务组织用的是角色权威。当组织以项目/任务为最小管理颗粒度时，接下来人力资源的问题应该就是项目/任务的目标是不是清楚？然后这个项目/任务需要什么样的专业和技能的组合？具备这些专业和技能的人从哪里来？也就是从"项目"和"任务"的管理进而落实到"人才"管理。

二、对人："人才"管理

宾夕法尼亚大学威廉·罗斯维尔教授说过：人力资源部将在 15 年内消失，取而代之的是人才管理部门。这句话并不是在说人力资源部门的价值在削弱，相反，在知识经济时代下，人力资源管理的价值更加放大，只是视角应该更多地放在如何搭建有效的组织环境，吸引和激发优秀人才，发挥人才优势，实现人力资源效率最大化。

2015 年，曾经在谷歌工作三年的黄峥创立拼多多，三年时间估值 200 多亿美元。

2015 年，在万科待了六年的毛大庆创立优客工场，三年时间估值 10 多亿美元。

…………

类似的创业神话最近十年不胜枚举，究其本质原因也是"人力资本主义"，这对企业人力资源职能来说喜忧参半，"人力资本主义"意味着人力资源职能在企业中能发挥价值的空间越来越大，但同时企业不得不面临"优秀人才对组织的依赖程度大大降低"的现实挑战。优秀的人才越来越难雇用到，原因有三：一是别人给的优惠条件、薪水比你给的更多；二是追求更好的机会主动离开；三是自己创业，成为你的竞争对手。

在互联网时代下，企业人力资源职能应该如何有效发挥，创建更有效的人员激励环境，为企业吸引、保留和激励更多的优秀人才？

接下来，我们将总结互联网时代下人员激励的几大发展趋势。

趋势一：从提升员工"满意度"转向激发员工"敬业度"

"我们是以客户为中心，怎么行政系统出来一个莫名其妙的员工满意度，谁发明的？员工他要不满意，你怎么办呢？现在满意，过两年标准又提高了，又不满意了，你又怎么办？"这是华为任正非在某次讲话中的原话。

- 你可以感到满意，但你不一定把满意度转化为更出色的工作表现，或者创造更好的工作业绩。
- 满意的员工不一定是高效的员工。
- 满意的员工，为了保持自己的"满意"，不一定愿意在公司需要改革的时候改革。
- 满意的员工可能只是中等，并不是非常出色。
- 为了鼓励员工改变现状和"向前进"，企业需要一定程度上的"员工的不满"。

众所周知，华为是一个"高工资、高效率、高压力"的组织环境，秉承着"以客户为中心"和"以奋斗者为本"的核心原则，但"以奋斗者为本"绝不是让奋斗者满意，而是同时给予奋斗者高工资和高压力，进而产出组织和个人的高效率。这其实也是本书提到的"345薪酬策略"的核心思想，针对投入度高的优秀员工及其所产出的良好业绩，给予更高的激励。

研究表明，过去企业所追求的员工满意度与员工效率和产出之间并没有直接的正相关关系。近几年，关于"员工敬业度"的概念逐步被企业所接纳，研究和实践都表明"员工敬业度"与"人力资本效能"之间存在正相关关系。

杰克·韦尔奇曾经说过：衡量一个公司稳健性的指标有三个，分别是现金流、客户忠诚度和员工敬业度。盖洛普研究员工敬业度位于前25%的工作单位在客户评级方面的表现要比位于后25%的工作单位的表现高出10%，在盈利能力方面高出22%，在生产率方面高出21%。

敬业度概念最早由Kahn（1990）提出，他认为敬业指的是给企业员工赋予明确的工作角色，而员工在过程中从体力上、认知上和情感上投入进去并真实地表达他们的自我。在此基础上，韬睿公司（TowersPerrin，2003）将员工敬业分为理性敬业（rational engagement）和感性敬业（emotional engagement）两个维度，以此衡量员工对工作的热情程度以及他们愿意为工作投入多久。其中，理性投入是指当员工认为个人能从团体中获得经济、事业或专业度上的收益时，他所表现出的"思想"上的投入。感性投入是指当员工信任、珍惜或喜爱他们的日常工作、工作团队、我们在第六章重点描述的人才盘点就是所有企业未来必须建立的一套体系，通过一套流程和方法来招聘、识别、发展、管理和保留企业需要的人才，提高组织内人才的透明度，从而帮助个人最佳地发挥长期优势，为组织提供持续的人才供应，以实现组织的发展目标。

人才透明度将是企业人才管理甚至组织核心竞争力的关键点，当企业能够充分有效地识别个人能力潜力等标签，就可以迅速把合适的人选拔出来，放在合适的岗位上，发挥最大价值。

中兴通讯 HR 管理，从面向岗位转为面向个人

中兴通讯早在 2015 年就意识到了"转型"的重要性，时任副总裁、全球人力资源总监的曾力先生在当年"第 9 届中外管理人力资本发展论坛"上的演讲中提到，中兴通讯是如何从"全产业链型传统制造公司"向"项目型公司"转型的。

1. 重新定义组织

- 从"层级部门"单元到"项目任务"单元。在国际上展开试点，以项目、任务为单元而非以传统的科室、部门为单元。
- 从传统的职务权威到角色权威。如一个人力资源项目调用了公司 50% 以上的高管参与。虽然项目经理在公司内部的行政级别都找不到，但参与项目的高管和中层干部、基层干部全部要服从他的指挥。
- 从面向岗位的管理到面向个人的管理。在实践中发现，基于岗位职能专业的职能分工，在项目里不是很重要。公司更希望看到的是"项目的目标是不是清楚""要完成目标到底需要什么样的专业和技能""具备这些专业和技能的人从哪里来"。

2. 项目管理分级

项目管理在中兴通讯分三级，事业部级、领域级、公司级，每一级都有定义，明确什么样的事情属于哪一级。对于一个具体的项目而言，主要角色包括：

- 项目指委会——承担项目，对项目重大事项进行把关，定期辅导项目经理。
- 项目经理——项目的主要负责人，负责内部协调、项目把控等事项。
- 项目核心角色——不同项目的核心角色不同，如销售项目的核心角色叫"项目铁三角"，包括客户关系、方案、交付；研发项目的核心角色包括质量、物流、知识产权、开发等。

3."贴标签"式的个人管理

公司在上 IT 系统的时候，要求必须实现一项功能——给每个人背上贴标签，且要可以无限扩张。这样公司便可以基于标签快速地识别项目所需人才，并进行调用。比如有次公司要做一个重要的宣传片，本来打算去外面请演员，结果发现公司内部就有童星，而且曾经是著名的童星，所以直接请该员工出演，最后出来的效果也很好。

新时代下的人力资源管理系统需要具备快速应对变化的能力，能够基于外部变化迅速打破组织边界，快速组建有机的团队，完成特定的项目"任务"和"目标"，而这种能力取决于对"任务"的分解和对"人"的能力、经验、特质的管理，这也是企业在面对外部快速变化的市场环境下必须做出的调整与改变。

趋势三："团队分享制"的绩效奖金策略将成为激励趋势

稳态下的个体单兵作战时代已经过去，VUCA 时代下，组织需要极强的灵活性和无边界协作来应对外部变化。因此，绩效管理的载体也应该从过去的"岗位"和"个体"转向"项目/任务"和"团队"。

团队作战，已经在诸如军队、政府、企业等各种各样的组织中得到广泛应用。有人在不久前做过调查，80%的《财富》500强企业都有一半或者更高比例的员工在团队中工作。此外，68%的美国小型制造企业在其生产管理中采用团队的方式。同时，几乎所有的高新科技企业使用项目团队组织达成业绩。

由福布斯发布的《2017年全球人力资源发展新趋势报告》指出，组织重组会使得企业更加关注团队绩效，而非个人绩效。不管经济形势如何，就业形势如何，更多的企业开始强调团队绩效和团队合作。虽然员工有个人职业生涯规划，但公司还是在不断重组团队，因为高绩效团队将是公司争夺未来业务成功的关键。组织重组的主要原因是千禧一代（80后）和Z一代（90后）从小参加团队运动，所以他们也希望在办公室有同样的团队合作。

事实上，组织正试图变得更加敏捷和灵活，以更好地应对客户需求和市场波动。几乎所有的公司都把"组织设计"（organizational design）作为企业人力资源管理的首要任务。思科是拥抱这一趋势的第一家公司，他们创建了一个"team space"（团队空间），这是一个专门研究团队高效工作的共赢智能平台。未来企业团队绩效肯定重要于个人绩效，随着组织更加扁平化、小团队化、敏捷化，团队绩效和个人业绩的考核方式也需要随之改变。微软在进行绩效管理变革之后，考核员工的是影响力，侧重考核员工对组织的贡献和团队的贡献以及对他人的帮助。笔者有个客户，他们在国内的公司全部以团队方式运作，没有固定部门也没有固定经理。所有员工可以随时组建团队完成项目。2017年，他们开始学习运用Google OKR进行目标管理。因为OKR强调的是透明，是团队业绩和团队合作，而非个人绩效英雄主义。

而在管理咨询实践过程中，我们依然发现大量的企业家和管理者执着于"千斤重担人人挑、人人头上有指标"的过度考核方式，错误地认为这样能够更好地激励每个人，而忽略了很重要的两个问题：团队协作和管理成本。过度分解指标到个人看似科学，实际上现代企业绝大部分工作都已经离不开团队合作，即便是过去典型的单打独斗的销售岗位，随着销售的技术性和深度服务的要求，也开始走向团队作战，比如华为的销售铁三角就是典型的团队绩效。同时，很多企业对每个岗位实施KPI都以流于形式告终，浪费了大量的管理精力，还搞得管理者和员工怨声载道。

回归绩效管理的本质，是通过绩效衡量推动绩效改进，实现组织目标。因此，我们应该把视角和重心转向团队绩效的管理，做好组织目标的分解与达成一致，并通过激励机制设计推动各个团队的每位成员为达成团队业绩而努力奋斗。

华为铁三角

提起华为大家都不陌生，华为的铁三角相信很多人也有所了解。

华为铁三角模式的雏形，最早出现在华为公司北非地区部的苏丹代表处。2006年8月，业务快速增长的苏丹代表处在投标一个移动通信网络项目时没有中标。在分析会上，总结出导致失利的原因有如下几点：

- 部门各自为政，相互之间沟通不畅，信息不共享，各部门对客户的承诺不一致。
- 客户接口涉及多个部门的人员，关系复杂。但是在与客户接触时，每个人只关心自己负责领域的一亩三分地，导致客户需求的遗漏，解决方案不能满足客户要求，交付能力也不能使人满意。
- 对于客户的需求，更多的是被动响应，难以主动把握客户深层次的需求。

为此,苏丹代表处决定打破楚河汉界,以客户为中心,协同客户关系、产品与解决方案、交付与服务,甚至商务合同、融资回款等部门,组建针对特定客户(群)项目的核心管理团队,实现客户接口归一化,形成了由"客户经理""解决方案经理""交付专家"三个核心角色组成的小团队,称之为"铁三角"。其后该模式在公司范围内推广并逐步完善。

华为铁三角如图10-1所示。

华为铁三角的精髓在于为了目标打破部门、个体间的角色壁垒,形成以项目为中心的团队运作模式,使铁三角直接对准客户。从此销售不仅仅是一线销售人员的工作,而是小团队作战,客户需要什么我们就支持什么。如此不仅更容易达成客户满意,而且达成了任正非所说的"让听得见炮火的人呼唤炮火",使组织对外界变化的反应更加敏捷。

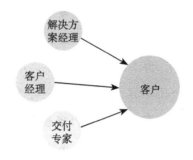

图10-1 华为铁三角

置诚管网的合伙人组织

置诚管网是一家以非开挖技术为核心、为通信网络和城市管网建设提供工程技术服务的公司。所谓非开挖技术,就是不用挖开路面,直接把通信、电力、燃气、自来水等各种地下管线铺设好,可称之为城市微创手术。

置诚管网过去实行常规的组织架构。总经理下面设副总,副总下面按行业分为通信、能源、长输管线等三个事业部,事业部里有市场、生产、安全质量等专业分工。在这样的组织结构下,公司发现部门之间的衔接很有问题，工作效率非常低。比如非开挖项目是一环扣一环的，非开挖团队撤场之后，开挖团队和修复团队进场。在衔接的过程中，非开挖团队会把现场的一些维护设施带走，就会造成开挖团队要重新做维护设施；如果不带走，开挖团队做完之后，这些维护设施又不能达到非开挖团队的统一要求。而且各事业部每个前后衔接的专业部门之间都存在这样的协作问题，部门之间经常会发生类似的矛盾冲突。

为了提高管理效率，增强竞争力，置诚管网让员工组成一个个闭环的小团队，在公司内部称之为合伙人组织。在合伙人组织中，那些在公司内部表现很突出的人会成为各个小团队的老大，然后由其带上两三个人作为这个团队的核心，然后再从公司里配全其他的专业，目的是使团队能够解决客户的所有问题，形成业务闭环。且合伙人组织在公司内部会得到很大的授权，很多事由团队自己决定，不用再向副总或总经理汇报，决策速度非常快。

置诚管网小团队如图 10-2 所示。

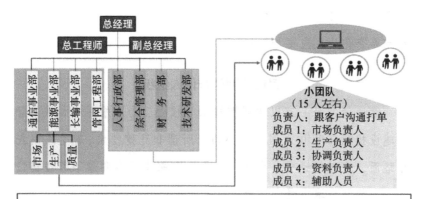

图 10-2　置诚管网小团队

置诚管网的员工中,中专、大专学历的接近60%,本科以上学历的占25%左右,公司的人员素质并不是特别高,大部分人不是靠自我的职业素养来驱动的,很多情况下要靠上级监督,但公司管理层的监督能力毕竟有限,随着人员增多,效率就越来越低。最好的方法是小团队内部相互监督,所以在绩效管理与利益分配上,都把小团队视为一个利益共同体,使其相互监督,共同完成业绩目标。

思考下,阿米巴、团队铁三角、小组制、团队裂变,这些组织与激励变革为什么越来越流行?背后的逻辑和本质是什么?

面对"团队"绩效管理的趋势,薪酬激励机制的匹配设计同样起到关键性的作用,企业需要建立一种科学的薪酬激励机制来鼓励和激发团队合作达成业绩。企业应该将薪酬与个体绩效挂钩转向与团队绩效挂钩,针对团队设计专门的薪酬激励方案和计划。

关于三种绩效奖金策略,在本书第五章重点进行了阐述。结合多年管理咨询实践,我们看到一种发展趋势:目标奖金制和个人提成制将越来越少,团队分享制将成为主流和趋势,原因在于团队分享制很好地解决了目标奖金制关于"业绩量化"和"激励性不够"的问题,同时也符合"团队"绩效管理的趋势。因此,之前提到的一系列组织与激励变革的热点机制背后的本质逻辑就是团队分享制。建议大家再仔细阅读第五章中关于团队分享制的设计方法及相关案例,掌握团队分享制方案设计的步骤及前提。

当然,在实施团队绩效与激励后,可能很多人会想那会不会团队成员绩效难以衡量进而出现"大锅饭"现象。答案是有可能,因此,我们需要考虑从以下几个方面入手建立相应的机制解决这个问题:

首先,团队分享制中的"团队"划分应该遵循一定的原则,人数不能太多,管理者和员工之间要能够相互监督。

其次，有条件的话，可以考虑成立若干同性质的团队进行良性竞争，甚至建立机制鼓励裂变孵化新的团队，这样便于每个团队成员形成团队拼死作战的狼性氛围。

再次，绩效管理侧重于"团队"和"项目/任务"，同时建立对"人"的管理体系，比如胜任力评价体系、价值观评价体系、人才盘点、晋升发展体系等，通过对人的持续全面的评价实现能上能下、能进能出的动态调整。

最后，企业可以在基于团队绩效薪酬和个人基本薪酬系统之外，采取一种以团队完成目标为前提的薪酬奖励制度，使员工的奖金、晋升、加薪以及其他各种激励都会以他们在团队合作中的表现为衡量标准。

趋势四：绩效设计的视角从压榨考核转向激发激励

2006年，天外伺郎一篇名为《绩效主义毁了索尼》的文章开启了关于"KPI"众说纷纭的时代，文章中指出索尼公司在实施绩效考核后产生的弊端：扼杀了创新精神、员工不再具有过去的奉献精神、利益主义抬头、责任感缺失、不信任感破坏团队精神等。

再到近几年，企业界不断传出"去KPI"的说法，腾讯的张小龙对微信事业群发出"警惕KPI"的呼声，李彦宏在内部信中将百度的掉队归咎于"从管理层到员工对短期KPI的追逐"，雷军干脆宣布小米"继续坚持'去KPI'的战略，放下包袱，解掉绳索，开开心心地做事"。支付宝原董事长彭蕾通过内部信批判"校园日记、白领日记"事件，其中就提到一句，"在所谓的用户活跃度面前，可以不择手段无节操？！"

在实际的企业管理咨询辅导过程中，我们切身体会到老板对"考核""KPI"又爱又恨的复杂情感，一方面很多企业家都认为"绩效考核"是反人性的，另一方面又承认企业大了不得不设计一套绩效考核体系。经过近百个绩效体系设计落地项目的成功经验和失败教训总结,关于在互联网时代下的"绩效设计",我们有两个核心观点。

- **核心观点一:绩效 ≠ KPI ≠ 奖金计发,企业管理 ≈ 绩效管理 ≈ 绩效改进。**
- **核心观点二:绩效设计应该立足于"战略"和"激励"的视角。**

核心观点一中的前半句不用过多解释,绝大部分人都能理解和认同,而如何理解"企业管理 ≈ 绩效管理 ≈ 绩效改进"呢?管理就是带领团队达成目标和结果,而绩效管理恰恰融合了对目标与结果的界定分解和对团队成员工作的分配与激发调动这两件事情。而企业不断发展就是一部不断挑战和跨越新目标的奋斗史,这过程中要做的就是:通过绩效管理体系,衡量绩效达成情况,进而识别、分析和推动绩效改进,最终实现挑战性目标。

考核 vs. 激励如图 10-3 所示。

核心观点二指出的是有效的绩效管理体系设计应该立足于两个至关重要的视角:战略和激励。因此,项目实践中我们应该极其重视企业战略和目标的研讨与澄清,邀请更多的人参与其中,因为单单这样的参与过程就可以满足员工的知情尊重、归属感、参与感、一定的自主性等显著提升"敬业度"的高层次需求,同时也能激发员工对战略和目标更加理解和认同。

考核	激励
• 做不好扣减	• 基于业绩激励
• 负面反人性	• 正面引导
• 分清责任	• 团队共创
• 岗位个人视角	• 组织和团队视角

图 10-3 考核 vs. 激励

其次,很多企业老板都很希望自己的企业能够实现"千斤重担人人挑、人人头上有指标"的状态,殊不知这样繁重的指标设计与分解实则耗费了巨大管理成本,导致团队协作困难或最终流于形式。因此,我们应该回归绩效管理的正确视角:通过激发和激励,引导员工正确的行为,实现战略和目标。

趋势五："股权激励"和"事业合伙人"将成为核心人才的激励主旋律

- 阿里巴巴合伙人。
- 小米生态链。
- 万科事业合伙人。
- 韩都衣舍小组制。
- 永辉超市合伙人。
- 爱尔眼科合伙人。
- 华为虚拟股权激励。
- 芬尼克兹裂变式创业。
- ……

你再也雇不到优秀的人才，除非你跟他合作。

近些年，不管是在新兴互联网行业，还是传统制造零售等行业，异军突起发展成为行业标杆的企业，都纷纷实行了各种各样的合伙人等长期激励机制。为什么合伙人制度盛行？

互联网时代是基于大数据的知识经济时代，是真正的人力资本优先发展，人力资本与货币资本共治、共享、共赢时代。在基于互联网的知识经济时代，在企业价值的创造要素中，人力资本成为价值创造的主导要素。一方面，人才资源要素是最活跃、最具价值创造潜能的要素，处于优先的位置；另一方面，人才资本与货币资本具有同等的公司治理、资源调配和剩余价值分配的话语权。

具体来说，人力资本优先体现在：第一，人力资本的投资与发展要优先于货币资本；第二，人力资本对剩余价值具有索取权，要参与企业利润分享；第三，人力资本凭借它的智慧要参与企业的治理与经营决策。

互联网时代的本质是人力资本主义，人力资本的重要性不言而喻，同时，人力资本对组织的依赖性又大大降低。因此，越来越多的企业选择建立各种各样的"合伙人"机制，更有效地吸引、保留和激励企业核心优秀人才。

通过合伙人制度，实现背靠背信任，实现组织利益的捆绑，风险共担。合伙人制度帮助大组织解构成若干业务单元，不同的业务单元可以灵活作战，贴近产品，贴近用户，深度把握产品痛点。

接下来，我们想谈一谈关于"股权激励"和"事业合伙人"机制的几个核心问题。

一、概念辨析：阿米巴、股权激励和事业合伙人

（一）阿米巴

阿米巴经营（Amoeba operating）——被誉为京瓷经营成功的两大支柱之一。阿米巴经营是指将组织分成小的集团，通过与市场直接联系的独立核算制进行运营，培养具有管理意识的领导，让全体员工参与经营管理，从而实现"全员参与"的经营方式，是京瓷集团自主创造的独特的经营管理模式。

比如某陶瓷产品有混合、成型、烧结、精加工四道工序，就将这四道工序分成四个"阿米巴"，每个"阿米巴"都像一个小企业，都有经营者，都有销售额、成本和利润。"阿米巴经营"不仅考核每个"阿米巴"的领导人，而且考核到每个"阿米巴"人员每小时产生的附加价值。这样就可以真正落实"全员经营"的方针，就能发挥企业每一位员工的积极性和潜在的创造力，把企业经营得有声有色。

因此，阿米巴经营模式的本质核心有以下几点：

- 划小经营单位，独立核算，管理会计。
- 全员经营，培养与企业家理念一致的经营人才。

- 一种**经营管理体制**，其本质是**赋权**管理模式，解决"责"和"权"的问题。

（二）股权激励

股权激励，是企业为了激励和留住核心人才而推行的一种长期激励机制。股权激励主要是通过附加条件给予员工部分股东权益，使其具有主人翁意识，从而与企业形成利益共同体，促进企业与员工共同成长，从而帮助企业实现稳定发展的长期目标。

因此，股权激励的本质核心有以下几点：

- 通过股权激励与附加条件给予员工部分股东权益，形成利益共同体。
- 包括实股和虚股，指向未来，激励与约束并存。
- 一种所有权体制，其本质是分配机制，解决"责"和"利"的问题。

（三）事业合伙人

所谓的合伙人有两种：一种是法律意义上的，即合伙人企业中的合伙人，包括有限合伙人和普通合伙人两种类型，普通合伙人承担无限连带责任，有限合伙人以所投入的财产份额承担有限连带责任。另一种是企业管理意义上的，我们称之为事业合伙人。事业合伙人是企业为适应知识经济时代的发展要求，真正激发知识资本的创造力而设计的一种内部制度安排。事业合伙人不同于法律意义上的合伙人。

"事业合伙人"这个词被大众所熟知，要感谢万科在2014年面对互联网冲击焦虑的情况下提出并且成功得到应用。

我们对"事业合伙人"的定义：共担、共创、共享，长期、动态地保持"事业合伙人"的责权利一致。

- 共担：共担风险，共担治理责任。过去理解的合伙制，合伙人只出力不出钱；而真正的合伙制，事业合伙人既要出钱又要出力，还要出资源。
- 共创：在企业内部，每个合伙人基于组织对自己的责任及目标，把每个人的优势和能力真正发挥出来，创造持续性的经营结果。
- 共享：剩余价值共享、信息与知识共享、资源与智慧共享，不是简单的利益共享。
- 长期、动态：合伙人机制要基于业绩结果更大程度更合理地体现激励差距，同时引导基于未来创造价值，获得长期利益，通过动态调整激发长期奋斗，激励与约束并存。
- 责权利一致：未来的企业一定是平台化＋自主经营体，一定是建立共享平台后加上一个一个的自主经营体。在韩都衣舍叫小组制，在腾讯叫工作室，在华为叫铁三角，在海尔叫创业小微，实际上都是平台＋自主经营体。因此，"事业合伙人"机制实现的是自主经营体的"责权利"一致，而平台充分对自主经营体进行赋"权"、赋"利"、赋"能"，激发活力。

自主经营体的"责、权、利"机制如图 10-4 所示。

图 10-4　自主经营体的"责、权、利"机制

综上所述，我们对阿米巴、股权激励和事业合伙人的概念区分可以直观地在图 10-5 中呈现出来。

- 阿米巴聚焦"内部经营管理"，股权激励聚焦"所有者利益"。
- 股权激励是对阿米巴经营管理机制落地的保障。
- 阿米巴"独立核算"是股权激励落地起效的前提。
- 阿米巴和股权激励是事业合伙人的前提。

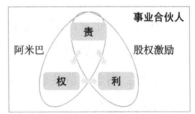

图 10-5　事业合伙人关注"责、权、利"

二、股权激励工具图谱

股权激励是"事业合伙人"机制的核心，而市面上关于股权激励的工具和套路似乎有很多，分红权、期权、限制性股权、项目跟投、虚拟股权……究竟哪个适合自己的企业？

结合几十个股权激励案例实战与研究，我们总结了以下十种常见的股权激励工具及逻辑图谱，帮助读者厘清不同工具间的区别及应用场景。具体如图 10-6 所示。

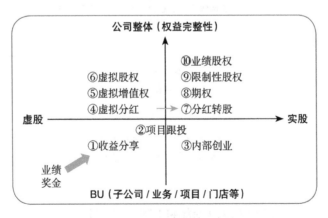

图 10-6　股权激励工具图谱

- **收益分享**：在公司层面或业务/项目层面，在达成预先设定的业绩目标后，按照固定奖金总额或提取销售额/利润的一定比例的方式，核算业绩奖金，并采用递延支付的方式分 N 年兑现，充分体现达标或超额完成目标后的长期激励。

  典型案例：企业年度利润分享计划、研发团队项目奖金。

- **项目跟投**：在项目/子业务层面，员工按照一定方式投入资金，与项目利益捆绑，共享项目收益，同时承担项目风险。

  典型案例：万科项目跟投。

- **内部创业**：企业提供资源，让那些具有创新意识和创业冲动的内部员工在企业平台和生态内进行创业。双方通过股权、分红等方式成为合伙人，实现从创意原型到市场价值，独立创造并与平台分享市场价值。

  典型案例：芬尼克兹裂变式创业。

- **虚拟分红**：虚拟分红权的拥有者仅享有参与公司年终利润的分配权，而无所有权和其他权利。

  典型案例：晋商身股。

- **分红转股**：是一种转增股份的分红方式，即将激励对象的分红收益兑换成公司股份并授予激励对象。可用于引进新高管时，双方相互考察阶段。

  典型案例：新进高管判断期。

- **虚拟增值权**：公司给予激励对象的一种权利，可以不通过实际买卖股份，仅通过模拟认购的方式获得由公司支付的公司虚拟股份在规定时段内的价值增长差额。

  典型案例：国企高管长期激励。

- **虚拟股份**：指经公司股东同意记载在股东名册但不在工商部门登记的股份，对外不产生法律效力。其持有者享有分红权和增值权，无法律意义上的所有权和其他权利。

典型案例：华为虚拟股。

- **期权**：一种选择权，公司给予被激励对象在满足一定条件后的一段期限内以事先约定的价格购买公司股权的权利。

典型案例：美的集团期权激励。

- **限制性股权**：公司先授予被激励对象一定数量／比例股权，并设定锁定期及解锁条件，达到相关条件解锁后方能享受股权全部权益。

典型案例：上市公司限制性股权激励。

- **业绩股权**：公司用股权作为长期激励性报酬支付给激励对象，股权的转移由激励对象是否达到了事先约定的业绩指标来决定。

三、"股权激励"和"事业合伙人"落地成功关键

"股权激励"和"事业合伙人"落地成功关键如图10-7所示。

分饼格局 × 做成概率		
期望管理		
艺术沟通	谨慎设计	动态持续，引导长远
• 了解预期 • 宣贯澄清	• 要素设计：对象及额度的标准、价格折扣、时间及绩效条件 • 配套设计：授权、流程、信息等管理机制优化	• 常态化机制，分期分批实施 • 绩效约束和退出机制

图10-7 "股权激励"和"事业合伙人"落地成功关键

（一）沟通宣贯

（1）事前：股权激励方案设计前，与激励对象一对一沟通，了解对公司发展、未来成长空间、管理优化、激励额度与收益预期等方面的想法。

（2）事中：股权激励方案设计过程中，与激励对象沟通讨论，澄清公司发展规划、责权划分、信息公开、管理优化、绩效目标设定、额度分配

因素等,引导被激励对象关注公司长远发展。

(3)事后:股权激励方案审批后,组织面向激励对象甚至更大范围进行宣贯,公开透明并引导其他人对公司后续股权激励计划的期待。

(二)配套体系优化

股权激励要真正落地发挥作用,除了责和利的分配机制之外,还需建立配套体系,实现责和权的匹配。

(1)授权分工体系:满足合伙人的自主性需求。

(2)流程协作体系:实现合伙人间高效协作产出结果的需求。

(3)信息报告体系:实现对合伙人充分尊重、知情权及决策参与权。

(三)动态持续性机制设计

(1)做好股权激励规划,分批持续性实施。

(2)设置绩效约束,分期有条件兑现。

(3)退出机制设计。

(4)预留股权激励池。

(5)设计动态股权调整机制。

通过对落地流程关键节点控制,保障成功落地。

趋势六:新生代员工激励不再只是"钱",需要全面激励体系

曾有位客户在一开始时不无轻视地将我们设计的薪级薪档比喻为让员工"爬格子",与他们以前比较简陋的薪酬数值系统相比,无非就是"格子更多,爬的方式不同罢了"。这样说当然是不准确、不全面的,完全抹杀了"格子"的复杂性,这恰恰是最有设计价值的地方。但不得不说,"爬格子"这种比喻,某种程度上确实道出了传统薪酬管理工具或者大多数规

范化管理工具颇具象征性的形象。

无论是薪级薪档、人才盘点、岗位价值评估，还是其他很多人力资源、非人力资源的管理工具，本质上是在将人/工作进行分级分类，再将人/工作分成子丑寅卯和三六九等，再为金字塔式的组织结构形成等级和模块的依据。

这没什么不对的，在竞争激烈的环境中，金字塔形的结构确实是长期最稳定和生存概率最高的。但传统的工具忽视了一个重要的问题——尽管长期是稳定的，但如果组织不能提供一种整体感，那么每个个体都会因为向上的冲动而不断冲击这个结构，以至于短期来说，缺乏整体感的金字塔形组织最不稳定、最易溃散，而传统管理工具基本上都是在制造差异感、疏离感。

也就是说，组织不能让人在一段时间内安于本职工作，而是时时刻刻想着更多的利益、更高的位置，那么这个组织会很容易失败。有人会很惊讶：什么？人人争先、人人向上居然不是好事？对，不完全是，除非处于高速发展期，这种个人的发展需求可以被很好地满足时，这是最好的事，就算有什么问题也会被发展掩盖。而一旦企业发展遭遇停滞或困境，在这种强化了等级和差异的组织结构中，你觉得会有多少人愿意与企业携手闯过难关？（"让那些领导、那些拿高工资的去拼命？"）还有什么理由和资源激发和满足员工的发展动力？（"公司干成这样，你还想升职加薪？"）

当然，不是说企业不该追求对员工的激励分级，那样连生存都难以维系，就不要谈发展和面对困境了。而是说，我们要警惕传统管理工具这种激励的弊端，即它们都是通过树立了一个外在的榜样目标（更高的等级、更好的表现、更多的收益等）去激励和分化员工，当这个目标因为种种原因难以实现时，与之匹配的负激励的效果也很强烈，更不要说这种分化行为，对员工协作意愿的破坏。我们需要一些不依赖外在目标的激励方式，和降低分化带来的不平等感的管理工具。**亦即全面激励体系的另一半：非物质激励。**

员工的内在潜能激发与有效激励，就是我们找到的答案。随着新生代员工日益成为人力资源主体，传统的薪酬激励方式难以满足员工的期望要求，难以激发员工的内在潜能及价值创造能量。如激励手段太过单一，激励过程缺乏员工的互动参与，绩效考核滞后导致激励不及时、激励失效，以及无法吸引、保留人才等。

被业界誉为"互联网革命最伟大的思考者"的美国教授克莱·舍基（Clay Shirky）称人人时代已经到来。人人时代，个人的力量将被充分释放出来。当员工不再依赖于组织，而是依赖于自己的知识与能力时，员工与组织的关系必将发生变化，组织必将发生变形。当组织扼杀了个体的个性与创造力时，他可能就会离开你。这一趋势实际上加剧了企业激励对于非物质部分的需要，人越是重要，就越得哄好，而单纯的物质激励已经无法满足这个需要了，简单来说，就是这样。

那么，内在动力的激发和激励，要从何处着手呢？用经典的马斯洛需求层次模型来分析即可得到。新时代的员工普遍在安全及生理需求方面得以满足，逐步转向上面三层的非物质需求，爱的需求、尊重的需求和自我实现的需求。而这三种需求，则正好对应了人类幸福感的三个组成部分：归属感、成就感和自主感。这也正是所有非物质激励的作用领域。

基于马斯洛需求理论的幸福的三个基本需要如图10-8所示。

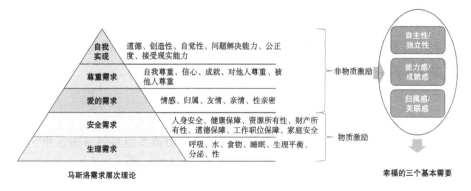

图10-8 基于马斯洛需求理论的幸福的三个基本需要

因此，面对逐渐崛起的个体价值及新生代员工需求特征，以及为了对抗传统激励工具带来的人与人之间竞争性的增加和协作性的下降，企业的组织机制与领导方式都得发生巨大的转变，企业在搭建完善的短期及中长期物质激励情况下，需要投入更多关注和精力在非物质激励的三个重要方面上：**归属感、成就感和自主感**。

一、归属感

归属感，是指人归属于某一群体，与这个群体中的人有紧密关联的需要。直白点，就是让员工感觉到现在身处的企业或者团队就是他所想要的"家"，而且是那种运转良好的"家庭"，至少不能成为很多经营失败的那种让人不想待的"家"。

归属感主要有三个来源：

一个是组织的特殊性——我们不一样。

一个是组织的一致性——我们是一类人。

一个是员工在组织中的参与感——我是一分子。

（一）组织的特殊性

大至军队、宗教组织，小至密友圈子，这些有鲜明归属性质的团体，几乎都有很明显的能区别于其他组织的标志物。简而言之，看到××××就知道是不是自己人了。而最典型的标志物，就是组织特有的**共同语言 / 行为 / 记忆（故事）**。

阿里的企业"黑话"系统

阿里有一些知名的企业"黑话"，阿里的员工能够轻易地从中找到共同的记忆、风格和对话方式。新组建的团队成员报上各自花名和帮派，熟悉感就能油然而生，协作起来就会更加容易顺畅。

花名：淘宝一开始就是一个BBS，它其实就是要进入到一个社区中，每一个人要去注册一个论坛里的用户ID，又有一帮人趣味相投，开始用武侠小说的名字来注册，花名就开始出现了。

形成气候之后，大家发现它还能起到另外一个作用，就是类似于外资企业的英文名。因为员工如果见到老总，让你直呼他姓名，你又不好意思，但是叫上一个人的花名，你就觉得又亲切，又平等，又没有什么要顾忌的，于是花名就开始流传开来。

现在的花名已经不局限于武侠，只要自己觉得能代表性格个性就可以，相当于外号一样。

倒立：一帮人关在屋子里没事干，筋骨又痒，一个人会倒立，他就倒上去了，大家觉得好玩，就有两个人倒，三个人倒，一堆人开始倒，他们要比赛，开始叠罗汉，那么就出来了，比谁罗汉叠得多，比谁坚持的时间长，倒着倒着，发现它还有新的含义：当人倒上去的时候，人的脑袋被充血，充血的时候，整个人看外面原来那么熟悉的办公室看得想吐的时候，突然发现已经感觉不一样了。倒立看世界，换一个角度看世界，创新的文化意义就被赋予了出来。

帮派：这个怎么出来的呢？其实原来在传统的组织结构模式下，人跟人之间是直线的关系，一条线上去的。但是在淘宝会发现有很多的工作，跨部门之间的协同越来越多，这种东西你要都靠老板们、主管们出面协调会很难，那么这帮小二，他们一个班、一个班，同一期的学员之间平常因为一些项目的合作，大家都很有感情，这些人就成了一个帮派。

然后，逍遥派、武当派，这些派就出来了，这些出来的时候，包括团队建设费等预算就开始往民间的帮派去了，你们只要整得出花样，你们只要搞得出提案，公司给你钱，你们来搞，民间的这些帮派组织就这么起来了。后来还有武林大会，各个分舵的舵主出来了，这就是当时的一些场景。

淘宝的这些文化，就是当初大家一群人觉得好玩弄出来的。当初最早的时候，小二跟客户沟通，比现在要亲切万分。

裸聊： 公司越来越大、层级变多之后，要打通这些界限，就有了"裸聊"，比如说子公司总裁在那一天，带着所有对议题感兴趣的一线员工过来，敞开聊，对公司有想法，有意见，在那一刻敞开聊，而且现场做决定，这就是所谓的裸聊，没有等级界限的区别。

如果公司里没有一种开放透明的文化做背景，这类事是做不起来的——一帮员工跟老总坐在那儿，低着头不说话，听老总发言，听完发言走人。

（二）组织的一致性

组织的边界通过上述文化符号界定清楚之后，是否有归属感就要看这个组织内部的行为是不是具有一致性了。如果行为举止和目标去向感觉不是一路人，又怎么会有同行的感觉呢？这就需要塑造共同的组织文化，即使命、愿景和价值观。

宝洁"不需要记住的理念体系"

宝洁的价值观包括领导才能、主人翁精神（ownership）、诚实正直、积极求胜（passion for winning）、信任。每一条价值观下，都有相应的解释或行动指南。宝洁的公司原则，是"由公司的宗旨和价值观产生下列原则和行为依据"。包括尊重每一位员工、公司与个人的利益休戚相关、有策略地着眼于工作、创新是成功的基石、重视公司外部环境的变化和发展、珍视个人的专长、力求做到最好、互相依靠互相支持的生活方式共八条，也有相应的解释。

此外，在宝洁中国的网站上，还有公司的远景目标与承诺。宝洁的远景目标是成为并被公认为是提供世界一流消费品和服务的公司。宝洁的承诺是：每天，在世界各地，宝洁公司的产品与消费者有四十亿次的亲密接触。

宝洁人的入职第一训就是学习文化理念。新员工入职培训的第一天就是人手一本PVP培训手册，听人讲解PVP。但是，即使这样，也存在一些问题。我国的文化手册，总结得头头是道，对仗工整，好懂易记。企业文化落地遵循的组织行为学基础被称为知信行模型，知道并记住，是第一要务。但宝洁的显然不是，句式不统一，也不容易看出更进一步的内在逻辑来。宗旨、愿景、承诺，加上五条价值观、八条原则，谁也记不住。事实上，宝洁并不要求员工记住这些理念。为什么呢？因为宝洁是通过管理架构将企业文化落地的。

事实上，宝洁公司的文化落地逻辑不是知信行这条线索，而是通过一套管理方法，将文化理念嵌套进员工的具体工作中。宝洁公司自认为一项伟大的管理发明，甚至足以和矩阵管理结构这样的组织创新齐名，就是从PVP推演出"成功驱动力模型"（success drivers）。

其核心思路，就是将价值观细化并量化为对员工的素质要求、能力要求和行为标准，用于人才培养和考评，植入流程和岗位，这样，只要按要求做事，就是在践行企业文化了。

但要注意的是，如果使命、愿景和价值观太缺乏个性而又宣传过度，这会破坏归属感的第一个因素——组织的边界感，这是很多企业的企业文化难以取得想象中效果的根本原因所在，本书因为篇幅限制，暂不予展开论述。

（三）组织的可参与性

归属感建立的第三个因素则比较复杂，很多方面都可能影响参与感的建立，其中一个很容易忽略但又很重要的因素是：信息公开。

信息的公开与透明对于归属感的影响是可想而知的，在生活中，不能第一时间知道朋友身上发生的事，人们都会觉得这是把自己当外人。在企业中也一样，信息的不公开透明，除了导致信息传播效率低下甚至内容扭曲等问题外，最主要的就是会让员工感觉到不被信任和认可，有一种被排除在外的感觉。在这种情况下还需要员工保持高度的激情和动力，那只能认为是爱得深沉了。不难看出，信息的公开透明是保障员工参与感的重要内容。

二、成就感

当有了归属感之后，员工就一定会自发想着为企业做出贡献，实际上已经有了内在的动力了，但这种动力还需要好好维护，而成就感和第三部分的自主感，正是用来维护员工的内在动力的。因为如果员工在企业里一直感受不到自己这些努力的价值，缺乏了成就感，那他们的内在动力也会逐渐消失，无论他对于企业是否认可、留恋。

而最有成就感的活动，无疑就是各种各样的游戏了（从哲学意义上说，工作本身乃至整个人生，也是一种游戏），因此近些年所谓的游戏化设计相关理念越来越多地借鉴到工作设计当中。游戏设计理念不仅对成就感的塑造有价值，对于归属感和自主感也十分有用，其中影响员工成就感最主要的几个关键元素是：挑战、竞争和奖励/反馈。

(一) 挑战性的任务设计

这一点相信很多有关培训激励的书籍或者讲座都会提到，一项任务如果缺乏挑战性则会让员工难以保持持续的动力，例如很多重复性的工作；而如果一项任务挑战性太高，则会导致员工有畏惧心理或因为完不成而产生挫败感，同样会影响成就感的塑造。合格管理者的标志之一，就是能够进行恰当的任务分配。组织也可以通过技能分析等手段帮助管理者实现这一点。

(二) 竞争／排名

如果一项任务无论如何都缺乏内在挑战性，怎么办？比如一些单调重复的工作。美国连锁零售商塔吉特（Target）通过设计一款游戏巧妙地解决了这个问题。塔吉特超市里的收银员看似和其他收银员没有什么区别，但是他们的结账速度却是其他地方收银员的 5～7 倍。奥妙之处在于，该企业设计了一种游戏，让收银员每结完一单都能从电脑屏幕上看到自己的结账时间在所有收银员中的排名，排名和当日奖金额度挂钩，日清日毕。

竞争／排名本质上也是在增加挑战性，只不过有挑战的不是工作本身，而是这个竞争排名的系统。挑战的本质就是"难度适中的更高标准"，当这些更高的标准一级级组合起来，就成了排名，而当这些标准落在了技能和职位方面，排名就变成了职业等级，对企业而言，这就是成长性的职业发展。

例如，盛大公司在企业内部推行经验值管理模式以后，其员工像游戏中的人物一样，每个人起初均有其相应的职级和经验值，他们则通过"练级"提升经验值，级别到了就会自动获得晋升或加薪的机会。这与传统的职级体系职位管理并无本质上的不同，只不过引入了更为可视化的数值系统，让员工可以得到对于自己成长旅程的即时反馈，这里应用的就是成就感的第三个重要来源：即时认可和即时反馈。

（三）即时认可与建设性反馈

1. 即时认可

即时认可是指全面承认员工对组织的价值贡献及工作努力，及时对员工的努力与贡献给予特别关注、认可或奖赏反馈，从而激励员工开发潜能、创造高绩效。

移动互联网的普及一方面使员工的需求和价值诉求的表达更快捷、更全面、更丰富，另一方面，也使企业对员工的价值创造、价值评价与价值分配可以更及时、更全面。因此，互联网时代呼唤即时认可激励，并且也为即时认可的实施提供了技术基础。企业可以通过移动互联让组织对员工的绩效认可与激励无时不在，无处不在。员工所做的一切有利于组织发展、有利于客户价值及自身成长的行为都可以得到即时认可和激励。即时认可和激励能给组织带来良好的组织氛围、更高的绩效产出，提高员工对组织的满意度，为员工提供优秀的企业社交网络平台，实现激励措施的多元化与长期化，提升员工的自我管理能力和参与互动精神，给企业带来更多的协作、关爱和共享，维护员工工作与生活的平衡，有利于公司文化和制度的落实与推进。

实践中，很多企业会设计独特的内部积分系统，用于组织成员间的相互即时认可。

罗辑思维的节操币

罗辑思维从来不对员工的工作时间进行管理，而更多依靠员工的自我管理，而自我管理很容易陷入自我放纵，怎么解决这个问题呢？"节操币"制度。每个员工每个月可以获得10张节操币，每张相当于人民币25元。他们可以用这张节操币在我们周边的咖啡厅和饭馆随便消费，还可以获得打折和 **VIP** 待遇，公司月底统一与这些饭馆结账。

但是，节操币不能自己使用，必须公开赠送给小伙伴，而且要在公司公示你为什么要把节操币送给他，说明具体原因。节操币成了硬通货，每月公司会公示当月节操王。这种公开的赠予和公示，就是一种最好的认可和反馈。

每年收到节操币最多的节操王，会获得年底多发三个月月薪的奖励。所以，每个人都能看到一个公开的数字，这个节操币的交易情况，反映了每个人与他人协作的水平。

很少收到节操币的人，一定是协作水平和态度比较低的，而且是由全体员工每天的自然协作做出的评价，是一张张真实的选票。这种落后的人，会很快自觉改善，或者离开公司，他们会感受到强烈的压力。

2. 建设性的反馈

由福布斯发布的2017年全球人力资源发展新趋势报告指出，**传统年度业绩考核演变成持续的回顾与辅导**。在绩效管理流程上，越来越多的企业在淡化一年一次的考核打分与强制分布，而更加重视对员工日常的反馈、沟通与辅导。因为现在的年轻人都出生在20世纪90年代中期，他们喜欢及时地反馈，而非每年年底的那次例行绩效面谈。持续沟通与反馈将成为管理的常态。

很多公司顺应移动互联网时代的变革趋势，进行了绩效管理体系的革新，并给这些及时反馈取了很好听的名字。比如 Adobe 的 check-ins（检查）机制，工作目标是每年设置，但工作进展回顾会定期反馈，这使得他们主动离职率减少2%。还有 GE 的 touchpoint（接触点）绩效系统，经理运用 APP 和员工每天都有机会检查工作结果和提高能力，这使得 GE 在过去一年的生产效率提高了5倍。IBM 的 checkpoints（检查点）和微软的 connect（连接）也是侧重在绩效的持续反馈与沟通上面。

三、自主感

在拥有了归属感和成就感之后，一个人作为一个社会组成部分的心理需求已经基本被满足了。最后就只剩下，完全属于自己个体的那部分需求了，即自主感。自主感这种心理需求，与归属感其实是有些矛盾的。因为人既需要感觉到自己是个温暖集体的一部分，也需要确认自身独立的存在，而不是淹没在集体中，成为毫无个性的机器。人需要感觉到很多事是可以由自己来掌握的。这种需求一旦冒出来，就必须要得到满足，如果一直得不到满足，就会越来越强烈。很多传统的企业文化或非物质激励方式所隐含的集体主义的倾向，多数时候都是在否定人的这种基本需求，这也是这些激励方式难以发挥作用、饱受诟病的原因所在。企业要做的，不是消灭人的自主需求，而是尽可能满足员工在工作中的自主感。

所谓自主，就是自己决定，简而言之，就是让员工参与决策。问题在于，当企业进入比较严格的制度化、流程化的管理阶段时，非管理层级的员工越来越少有机会进行决策。这时想要满足员工的自主感，就只有两条路可选了：一是在工作标准化程度不高的环节让员工更多参与设定；二是在工作标准化程度很高的环节，尽可能给员工提供更多的选择。

（一）参与设定

所谓参与设定，极端情况下就是让员工自己决定，这就是授权。而大部分难以授权的时候，参与设定意味着与员工的大量沟通、研讨，共同确定方案、指标这样的过程。

如果有熟悉 OKR 这个工具的人，应该会理解 OKR 真正的精髓不是那自上而下或自下而上的目标设定过程，而是这个过程中极其大量的横向、纵向沟通。OKR 强调的敏捷和沟通，需要各级管理人员投入大量的精力澄清与沟通本级 OKR，引导辅导下级员工深入探讨 OKR，同时以季度为周期，通过周例会、季度中期审视、季度末评估等方式来推进 OKR 的达成。

为什么同样是指标，OKR 逻辑下设定的，就比 KPI 逻辑下设定的要更让人有动力？当然不是指标本身有什么不一样（尽管确实有一些）。本质上，OKR 更能激发员工动力的原因就在于尊重了员工的自主感。

（二）提供选择

当工作的方式方法已经非常明确，毫无决策的空间时，就必须也只能在一些无伤大雅的细节方面，增加可供员工自由选择的权利了。

比如，灵活的工作时间。上面提到的罗辑思维在公司管理中有个重要的特点，是没有上班的起止时间，也没有打卡机。特别是在城市通勤时间很长的情况下，这种规定非常让人有幸福感。

比如，弹性福利。做过工作福利的 HR 肯定会有个感受，明明是一件给员工提供价值的好事，但做好了未必会得到什么褒奖，做得不好却会遭受谩骂，企业花了钱，HR 花了精力，然后企业、HR 和员工没一个满意的。如果用弹性福利，就能很大程度上缓解员工的不满——自己做出的选择，含着泪也要接受。

比如，取消一切不必要的标准化规定。集体主义理念下的领导，非常喜欢各种场合下的整齐划一，比如制服、文件格式、行为举止等。这也不能说不对，但是否每项标准化都有实际价值，这需要管理者和 HR 花费心思去考察。比如让员工提交个人工作日志或工作总结时，是不是一定要有个标准格式？诸如此类，不一而足。

最新版
"日本经营之圣"稻盛和夫经营学系列
任正非、张瑞敏、孙正义、俞敏洪、陈春花、杨国安 联袂推荐

序号	书号	书名	作者
1	978-7-111-63557-4	干法	[日]稻盛和夫
2	978-7-111-59009-5	干法（口袋版）	[日]稻盛和夫
3	978-7-111-59953-1	干法（图解版）	[日]稻盛和夫
4	978-7-111-49824-7	干法（精装）	[日]稻盛和夫
5	978-7-111-47025-0	领导者的资质	[日]稻盛和夫
6	978-7-111-63438-6	领导者的资质（口袋版）	[日]稻盛和夫
7	978-7-111-50219-7	阿米巴经营（实战篇）	[日]森田直行
8	978-7-111-48914-6	调动员工积极性的七个关键	[日]稻盛和夫
9	978-7-111-54638-2	敬天爱人：从零开始的挑战	[日]稻盛和夫
10	978-7-111-54296-4	匠人匠心：愚直的坚持	[日]稻盛和夫 山中伸弥
11	978-7-111-57212-1	稻盛和夫谈经营：创造高收益与商业拓展	[日]稻盛和夫
12	978-7-111-57213-8	稻盛和夫谈经营：人才培养与企业传承	[日]稻盛和夫
13	978-7-111-59093-4	稻盛和夫经营学	[日]稻盛和夫
14	978-7-111-63157-6	稻盛和夫经营学（口袋版）	[日]稻盛和夫
15	978-7-111-59636-3	稻盛和夫哲学精要	[日]稻盛和夫
16	978-7-111-59303-4	稻盛哲学为什么激励人：擅用脑科学，带出好团队	[日]岩崎一郎
17	978-7-111-51021-5	拯救人类的哲学	[日]稻盛和夫 梅原猛
18	978-7-111-64261-9	六项精进实践	[日]村田忠嗣
19	978-7-111-61685-6	经营十二条实践	[日]村田忠嗣
20	978-7-111-67962-2	会计七原则实践	[日]村田忠嗣
21	978-7-111-66654-7	信任员工：用爱经营，构筑信赖的伙伴关系	[日]宫田博文
22	978-7-111-63999-2	与万物共生：低碳社会的发展观	[日]稻盛和夫
23	978-7-111-66076-7	与自然和谐：低碳社会的环境观	[日]稻盛和夫
24	978-7-111-70571-0	稻盛和夫如是说	[日]稻盛和夫
25	978-7-111-71820-8	哲学之刀：稻盛和夫笔下的"新日本 新经营"	[日]稻盛和夫